重庆市教育科学“十三五”规划2020年度立项课题：“三全育人”视域下的高校思想政治教育协同育人机制研究（课题批准号：2020-GX-357）

重庆外语外事学院2021年度校级科研重点项目：“三全育人”体系下的高校辅导员角色定位与作用发挥研究（项目编号：KY2021009）

高校辅导员角色定位与作用发挥研究

陶 辉 著

图书在版编目（CIP）数据

高校辅导员角色定位与作用发挥研究 / 陶辉著 . --
北京 : 中国原子能出版社 , 2021.11
ISBN 978-7-5221-1658-7

Ⅰ . ①高… Ⅱ . ①陶… Ⅲ . ①高等学校 – 辅导员 – 工
作 – 研究 Ⅳ . ① G645.1

中国版本图书馆 CIP 数据核字 (2021) 第 218278 号

内容简介

本书属于高校辅导员方面的著作，由相关概念解析、高校辅导员角色发展相关情况简述、高校辅导员角色冲突分析、新时代高校辅导员的角色构建分析、高校辅导员职业能力的提升、高校辅导员综合素养的提升、高校辅导员在思想政治教育和心理健康教育及创新创业教育中的作用发挥等部分组成。全书以高校辅导员角色定位与作用发挥为研究对象，阐释了高校辅导员角色定位的理论逻辑及作用发挥的构建路径。本书理论体系完善、思路清晰、逻辑缜密、内容全面，对从事高校学生管理工作的辅导员及思想政治教育工作者具有一定的参考价值。

高校辅导员角色定位与作用发挥研究

出版发行	中国原子能出版社（北京市海淀区阜成路 43 号　100048）
责任编辑	王齐飞
装帧设计	河北优盛文化传播有限公司
责任校对	宋　巍
责任印制	赵　明
印　　刷	三河市华晨印务有限公司
开　　本	710 mm×1000 mm　1/16
印　　张	16.25
字　　数	310 千字
版　　次	2021 年 11 月第 1 版　　2021 年 11 月第 1 次印刷
书　　号	ISBN 978-7-5221-1658-7
定　　价	85.00 元

前言

高校辅导员是特定历史时期的特殊产物，自诞生至今为我国社会主义事业建设培养了一批又一批的建设者和接班人，是高校教育不可或缺的力量。随着我国高等教育的迅速发展，高校辅导员的工作越来越重要，工作内容也从单纯的学生思想政治教育扩展到教育、管理、服务等诸多方面。高校辅导员角色的科学定位关系到学生的健康发展、辅导员工作的成效以及学校的长远发展。随着时代的进步，大学生的成长与生活环境发生了极大的变化，以往的辅导员角色已不能满足当今社会发展的需要。新时代对高校辅导员提出了新的要求，辅导员的角色也应该与时俱进地做出调整和改变。只有在合理定位高校辅导员角色的基础上，高校辅导员的职能作用才能得到进一步的有效发挥。

本书首先对高校辅导员、高校辅导员角色等概念进行了解析；其次简述了高校辅导员角色发展的相关情况，分析了高校辅导员角色冲突的相关原因及调适路径；再次，提出了新时代高校辅导员角色构建、高校辅导员职业能力提升、高校辅导员综合素养提升等进一步完善高校辅导员角色定位的相关对策；最后，阐明了高校辅导员在思想政治教育、心理健康教育、创新创业教育中的作用。

全书集系统性、科学性、新颖性于一体，知识性、趣味性强，语言描述准确，章节划分合理，结构体系完整，能够为高校辅导员的角色定位与作用发挥提供合理建议和科学指导。

本书在撰写过程中参考了一些专家、学者的研究成果和著作，在此对原作者表示衷心的感谢。由于时间仓促，水平有限，本书不足之处在所难免，恳请广大读者、专家批评指正。

目录

第一章　相关概念解析

第一节　角色

一、角色的概念

“角色”一词最先是戏剧中的一个专有名词，特指戏剧舞台上所扮演的剧中人物及其行为模式。美国著名的社会学家米德认为，“角色”这个概念主要是强调自我与他人角色之间的相互关系，是自我在反思的基础上，通过学习扮演他人的角色而发展起来的。“扮演他人的角色”是从交往的伙伴的角度观察自身的能力，是实现人们之间相互作用的必要条件。美国人类学家林顿对现代角色理论的发展同样做出了开拓性的贡献。1936 年，他在《人类研究》一书中论述了地位与角色的关系。他认为，个体处在社会的某一地位时，不仅拥有这个地位，还会和这个地位形成天然的联系。一个人在生活实践中彰显自己的地位、行使自己的权利时，其实就已经进入了“角色”扮演的过程。后来，美国社会学家戈夫曼将人们日常生活比作剧院里的演出，把角色作为研究社会行为的一种方法，并对角色理论进行了独到的研究，由此引起了社会学界和心理学界对“角色”问题越来越多的探讨。

随着人们对“角色”问题研究的深入，通过对角色的分析来解释社会行为的角色理论也逐渐形成，并成为社会心理学中的一个重要理论。

那么，什么是角色呢？角色理论的最初提出者米德在阐释自己的理论时，并没有用概括的语言给出“角色”的定义，只是通过一种生动灵活的比喻隐含地告诉我们，“角色”就是不同的人在类似情境中表现出类似的行为。为了进一步探究“角色”的具体定义，后来的许多心理学家、社会学家和社会心理学家从不同的角度进行了长期探讨和研究。但他们对“角色”都有不尽相同的概念界定。社会学家一般认为，角色是人们对社会中某一特定身份的人的一种行为期望，是与其所属社会地位和社会身份相一致的、兼顾权利与义务的规范和行为模式，是其他社会群体或组织的构成基础。心理学家认为，角色就是个体在特定社会关系中执行其所属位置对应全部职能的总称。从这两个定义可以看出，前者偏重从社会层面来理解角色，明确界定了角色的作用及性质；后者从个体层面来理解角色，从社会关系、社会运作等对角色的影响中把角色仅规定为特定社会关系中有关个体的概括性描述，而没有对角色的作用进行明确的界定。社会心理学家在研究社会角色时，则把这两个层面的内容有机地结合起来，通过对角色的分析和角色行为改变的研究，来解释角色社会行为的改变以及社会组织和机构的运作，这是一个动态的过程，也是角色理论的意义所在。因此，角色的概念应该有一种动态的含义，从而把其定义为个体在既定的社会关系中认真履行所属社会位置应承担的职能，形成一种个体规范和行为模式并通过角色行为表现出来。

无论社会学家、心理学家还是社会心理学家，我们分析他们对角色概念的界定就能发现，角色的定义应包含三个基本要素：第一，角色是一套社会行为模式；第二，角色是由人的社会地位和身份所决定的；第三，角色是符合社会期待的。因此，角色就是在特定社会地位中按照一定的社会规定形成的一系列行为模式。

二、角色的主要特征

（一）客观性

角色的客观性包括两层含义：一方面，特定的社会文化、社会历史决定了角色的产生和存在，正是社会生产生活不断发展才造就了形形色色的角色，所以角色是社会客观发展的产物，我们不能脱离社会客观需要而凭空想象出任意“角色”；另一方面，角色的本质及其在社会活动过程中的地位、作用是客观的。这就要求人们客观地对待自己的角色，扮演好每个角色，行使特定的权利，履行特定的义务。

（二）扮演性

如同演员在舞台上扮演角色一样，人在现实中同样要扮演各种社会角色，只不过人们是以广阔的社会生活作为舞台的。什么是“扮演”？简单地说就是按照一定的规范要求来说话、办事。角色的扮演主要包括以下几方面的内容：一是角色扮演的认知，指个人要明确学习与其地位有关的角色的意义、情境等；二是角色扮演的方式，指个人实际扮演一个角色的方式；三是角色扮演的技巧，指个人有能力观察不同类型的角色期待，并根据自己的能力强弱选择角色扮演的技巧，以实现角色期待。

（三）对应性

种种社会角色的存在都是相对的，只有有可对应参照的角色作为前提，此角色才有存在的可能。没有妻子就没有丈夫，没有学生就没有教师，没有病人也就没有医生。社会角色都是相互对应而存在的。社会学把这些相互对应而存在的社会角色称为“角色伴侣”。所以，我们在研究某个角色的时候，不可避免地要了解和掌握与这个角色相对应的角色是怎样的。

（四）多重性

每个人在社会系统中不可避免地处于多种身份之中，每一种身份又都有一个与之相关的角色。正如美国社会学家戴维·波普诺说的那样，一个单个的身份可能具有许多有关的角色，亦称“角色丛”。几个角色围绕一个身份，体现了其身份的内涵和要求。因此，每个人扮演的角色绝不只是一种角色，而是许多角色。例如，一个社会工作者可能担当服务提供者、支持者、管理者、研究者、协调者、政策执行者等多重角色。

三、角色的要素

（一）角色扮演者

社会上没有抽象的个人，只有承担着各种社会角色的个人。因为个人是角色的主体者、承担者和扮演者。换言之，角色是以个人为对象，是个人因其地位或身份而扮演的。每个人在社会中的生活方式是多样的，他们扮演的角色也是千差万别的，离开人的存在环境，只是把角色理解为一种规范，是不足以说明角色的内涵的。有人把角色的名词用于团队或组织，称之为团队角色或组织角色。但无论是团队角色还是组织角色，最终都要分解落实到个人，仍以个人为对象，分别考察角色在团队或组织中的地位和作用。本书所探讨的角色专指个体角色。

（二）地位和身份

地位是指人们在社会关系中所处的位置。身份是指在社会或法律上的地位，它强调了人们所享有的权利和义务，告诉人们是做什么的。一个人有了身份和地位，不一定就扮演了相对应的角色。当个体处在社会的某一地位时，不但拥有这个地位，而且会和这个地位形成天然的联系。当一个人在生活实践中彰显自己的地位、行使自己的权利时，其实就已经进入了“角色”扮演的过程。因此，从一定意义上讲，身份和地位是构成角色的前提和基础。人没有身份和地位，也就无角色可言。人的身份和地位发生了变化，由此派生出来的角色也就会发生变化。

（三）权利和义务

每个角色的权利和义务都取决于其背后某个社会阶层或群体的固有规定。义务和权利是相互联系、相互依存的。履行义务是行使权利的前提，行使权利是履行义务的保证。因此，现实的社会要求每个公民在扮演不同的角色时，在享有宪法和法律规定的权利的同时，必须履行宪法和法律规定的义务。不同的权利和义务对应着不同的角色。角色权利是指行使角色身份所完成任务的相应权利、利益和其他条件。角色义务是指角色身份所应承担的责任和其他义务。角色是权利和义务的统一体，角色不同，权利和义务也不尽相同。实际上，扮演某个角色的过程就是将这一角色所包含的权利和义务付诸实践的过程。

（四）社会期待

角色是社会对处于一定地位的人的行为的规范要求。因此，任何一种角色实际上是一种社会所期待的行为模式，也是社会群体或组织的基础。美国著名社会学家帕森斯在《社会行动的结构》中指出，任何社会都具有符合自身特质的一系列“角色期待”，它意味着社会每个成员都会期待扮演或充当一定的社会角色，同时社会以奖励和分配系统来为这种角色期待提供相应的保护。社会角色期待及其保护机制具有强化和制约社会每个成员行动的作用，个人社会行动的选择能够促使角色期待的实现。

（五）行为方式和习惯

在长期的社会生活中，各种不同的社会角色往往会形成各自特有的行为方式和习惯，这些特有的行为方式和习惯则会成为各种角色的识别符号，人们根据它可以判断出对方的身份以及扮演的角色。同时，社会和群体总是期望无论一个人扮演何种社会角色，都要遵循既定的规范。例如，教师要为人师表，医生要救死扶伤等。行为方式和习惯是由既定的社会文化或群体文化长期积淀而成的，经由人们长期的重复才使这种行为方式和习惯成为自觉或不自觉的一般性活动。显而易见，不同的社会群体都已形成固定的、普遍的行为方式和习惯，并且通过群体中个体成员的积极维护而得以不断地保持和延续。在这种群体行为方式和习惯的共同作用下，不同职业、不同身份的人们形成了不同的角色形象和行为风格。

构成角色的几个基本要素不是彼此截然分割的，而是在联系、制约中相互促进、相互发展的，无论在时间还是空间上，都具有同存在、共发展的特性。一种角色作用发挥得好不好就在于这几个要素所形成的行为模式的功能能否得到充分的发挥和协调。

第二节 高校辅导员

一、高校辅导员的含义

在西方，辅导员对应的名词是“counsellor”，特指具有丰富学生工作经验的大学事务管理者，他们为学生提供辅导咨询及学习、生活等方面的全方位服务。我国的辅导员制度起源于 20 世纪 30 年代，初建于 20 世纪 50 年代初期。高校辅导员在我国高校一直肩负着开展大学生日常思想政治教育的重要职责，并且作为思政工作队伍的核心力量，发挥着越来越重要的作用。

对高校辅导员这一概念，虽然我们从具体的工作内容、工作性质、任务要求、义务职责等多方面进行过界定，如思想政治教育、心理健康辅导、学生日常管理、就业创业指导、组织校园文化活动等，但是翻阅新时期国家颁布的一系列与辅导员相关的文件不难发现，即使高校辅导员作为一种职业被提及多次，无论国家、教育部还是高校都从未对辅导员这一职业给出过明确定义。一个职业的形成必然是社会分工不断细化的结果，新职业是为了提高工作效率才应运而生的，并随着社会的不断发展被社会认同，推广到相关生产部门。我国辅导员工作从诞生那一刻起，就不是与社会分工相随相伴的，而是源于政治需要，是党加强对高校领导的一项政治工作，是在保证高校政治功能基础上的不断拓展。所以，与一般职业相比，由于其工作的繁杂性和职责的多变性，高校辅导员的职业界定始终较为模糊。

《中国大百科全书（教育卷）》是这样解释“学生政治辅导员”一词的：

“中国高等学校的基层政治工作干部，基本任务是在校、系（科）中国共产党组织的领导下，全面关心学生成长，对学生进行思想政治教育。”1989年出版的《简明思想政治教育辞典》从素质和任务两个方面对“政治辅导员”做了具体阐释：“政治辅导员是高校党组织派到各年级做学生思想政治工作的基层干部……政治辅导员的职责和任务是宣传马克思主义、毛泽东思想和党的路线、方针政策，做好学生日常思想教育工作；关心学生的学习，解决学生思想问题；引导学生开展有益的课外活动；帮助学生正确处理和解决生活中的实际困难；发现和培养学生骨干，配合党团组织做好发展工作；参与和执行学生的奖惩。”①

中共中央、国务院2004年颁布实施的16号文件《中共中央国务院关于进一步加强和改进大学生思想政治教育的意见》以及教育部2005年出台的《教育部关于加强高等学校辅导员班主任队伍建设的意见》都特别强调：“辅导员是高等学校教师队伍的重要组成部分，是高等学校从事德育工作，开展大学生思想政治教育工作的骨干力量，是大学生健康成长的指导者和引路人。”②

《普通高等学校辅导员队伍建设规定》中对高校辅导员做了更明确的概念规范：“辅导员是开展大学生思想政治教育的骨干力量，是高校学生日常思想政治教育和管理工作的组织者、实施者和指导者。”这一表述不仅更加丰富、明确了高校辅导员的内涵，还进一步拓展了高校辅导员的外延。

根据以上论述，我们可以把高校辅导员的定义阐释如下：从宏观视角来看，高校辅导员是大学生思想政治教育工作的组织者和实施者，是大学生健康成长的引路人；从微观视角来看，高校辅导员承担着学生思想政治教育、日常事务管理和专业辅导咨询服务三项主要工作，它具有教师和干部的双重身份。

二、高校辅导员的界定

高校辅导员在我国曾经有三种构成模式：一是“双肩挑”模式，以清华大学为代表；二是专兼结合，以专职为主导模式，以复旦大学为代表；三是专兼结合，以专职为主体模式，以长安大学为代表。自2006年教育部24号

① 陈立民．高校辅导员理论与实务[M].北京：中国言实出版社，2006：2.

② 教育部思想政治工作司．加强和改进大学生思想政治教育重要文献选编（1978—2014）[M].北京：知识产权出版社，2015：402.

令《普通高等学校辅导员队伍建设规定》颁布实施后，诸多高校开始调整辅导员的构成模式，逐渐由以兼职辅导员为主发展为以专职辅导员为主。

如何界定高校辅导员，其标准不同，结果也有较大差别。比较权威的界定标准是《教育部办公厅关于开展普通高等学校辅导员队伍建设情况自查工作的通知》（教思政厅函〔2008〕37 号）附件 3《关于界定专职辅导员、一线专职辅导员、兼职辅导员、班主任范围的说明》（以下简称《说明》）中的有关规定。《说明》界定了班主任与辅导员的区别：班主任通常是指从专业课教师中选聘的带班负责教师；辅导员是指专门从事大学生日常思想政治教育工作的业务管理人员。《说明》还明确了专职辅导员、一线专职辅导员和兼职辅导员的区别，总结下来主要包括以下几个方面。

按工作性质，辅导员可分为专职辅导员和兼职辅导员。专职辅导员是指在一线从事大学生日常思想政治教育的人员，包括院（系）党委（总支）副书记、团总支书记、学工组长等副处级以下从事学生工作的人员。具体还可再细分为一般专职和一线专职两部分。一般专职辅导员包括在院（系）做大学生思想政治教育管理工作的团委书记、学工组长和党委（党总支）副书记等，他们主要从事大学生和一线辅导员的教育管理工作，严格意义上讲是院（系）大学生日常思想政治教育工作的领导者、决策者，他们一般不直接带班管理学生；一线专职辅导员指长期在学生工作一线从事大学生日常思想政治教育的班级辅导员，不包含学工组长、团总支书记、党总支副书记等。兼职辅导员是指在不影响其专职工作的同时兼职从事辅导员工作的人员，他们一般会将主要工作精力投入行政管理和专业教学中，辅导员只是他们的第二职业。按照不同来源，兼职辅导员又可分为行政教辅兼职（如学校学生工作部门、校团委等相关职能部门工作人员，院系其他行政干部、教辅人员等）、专业教师兼职、研究生兼职等。

按人员身份，辅导员可分为教师辅导员和“学生”辅导员。部分高校出于人员编制等问题的限制，根据工作需要，采取从高年级学生当中选聘优秀人员充实辅导员队伍的做法，以此弥补辅导员数量的不足。他们有的是从本校免试推荐的硕士研究生、博士研究生中择优选报符合辅导员综合素质的应届毕业生担任“2+2”“1+3”“2+3”等类型的辅导员，也有的是从高年级的优秀本科生或研究生中直接选聘的兼职辅导员。

三、高校辅导员的工作职责

高校辅导员的工作职责是高校辅导员内涵的重要组成部分，2017 年教育部修订的《普通高等学校辅导员队伍建设规定》对高校辅导员的工作职责进行了明确的规定，概括起来主要有以下几点：在思想政治教育层面，强调要帮助高校学生树立正确的世界观、人生观、价值观；在道德品质培养层面，强调要引导学生养成良好的心理品质和自尊、自爱、自律、自强的优良品格；在解决学生学习生活实际问题层面，强调要了解和掌握高校学生思想政治状况，落实好贫困资助、就业指导、班级建设、党团建设等实际工作，并协助思想政治理论课教师开展经常性思想政治教育活动等[①]。

第三节　高校辅导员角色

一、高校辅导员角色的定义

每个人在纷繁复杂的社会生活中都扮演着属于自己的角色。个体正是通过不同角色的行为，以及不同角色之间这样或那样的联系，从而在社会生活中结成各种各样的社会关系。任何一种社会角色的扮演都取决于一定社会的需要，并随着社会的变化发展而不断增加新的扮演角色。高校辅导员角色的产生和确立是与人民政权建设及高等教育事业的迅猛发展密切相关的，并显现出同步发展的趋势。

通过前面对角色和高校辅导员含义的阐释可以得出以下结论：高校辅导员角色就是指高校一线专职辅导员在大学生日常思想政治教育、事务管理和各类专业辅导等工作过程中所表现出来的符合社会期待的行为模式。高校辅导员角色既代表高校辅导员个体在社会群体中的地位与身份，又包含着社会和他人对高校辅导员的期待，既包括社会公众、学校管理者和学生对辅导员角色的社会期待，又包括辅导员对自身“应然”行为的角色认知，以及在这种期待和认知下的一整套权利、义务、规范的行为模式。由于高校辅导员包括从事辅导员工作的个体和群体，因此高校辅导员角色也理所当然包括个体角色和群体角色。本书所指向的主要是高校辅导员的个体角色。为了更好地理解高校辅导员角色，我们从以下几个方面分别阐释。

第一，从社会结构中认识高校辅导员角色。社会结构是指诸社会要素

① 教育部思想政治工作司.加强和改进大学生思想政治教育重要文献选编（1978—2014）[M].北京：知识产权出版社，2015：493.

的组合方式。社会结构的具体形式很多，大体上可分为两类：一类是社会整体结构。按照历史唯物主义的观点，社会是由生产力、生产关系（经济基础）、上层建筑这种自下而上的三个层次构成的社会结构。另一类是社会具体结构。社会、行业、产业、家庭、机关、企业等都是社会具体结构构成部分。从社会具体结构中认识高校辅导员角色，其基本方法就是将高校辅导员角色置于现代社会结构之中，了解高校辅导员角色在现代社会结构中有没有位置、处于何种位置。显然，“有没有位置”是第一位的问题，是高校辅导员角色的基础；“处于何种位置”是“有没有位置”确定以后进一步要确认的位置坐标。《普通高等学校辅导员队伍建设规定》中具体指出：“辅导员是开展大学生思想政治教育的骨干力量，是高校学生日常思想政治教育和管理工作的组织者、实施者和指导者。辅导员应当努力成为学生的人生导师和健康生活的知心朋友。”由此可见，作为社会具体结构的重要组成部分，高校辅导员工作在现代社会结构中是有位置的，而且是重要位置。如果没有高校辅导员角色，高校辅导员工作就没有人去做，所以高校辅导员角色的重要性可见一斑。

第二，从权利、义务方面认识高校辅导员角色。任何社会角色都有一整套权利和义务。角色权利是指行使角色身份所完成任务的相应权利、利益及其他条件。高校辅导员的角色权利主要指在职责范围内行使教育的自主权、支配权，获得辅导员工作必需的经费、信息、设施等工作条件，获得个人生存、发展（如教育）等物质和精神报酬的权益。角色义务是指角色所应承担的责任和其他社会义务。高校辅导员角色义务则是指高校辅导员所应承担的社会使命与工作职责，主要包括社会责任、政治责任、道德责任以及为人师表、率先垂范的责任等。高校辅导员角色的权利、义务应由法律加以确定，并在政策及有关章程中做出具体规范，以增强其权威性，从而做到制度化、规范化。

第三，从社会期望方面认识高校辅导员角色。所谓“社会期望”，就是指人们对角色履行特有责任和公共社会义务的期待，即期待、希望行为角色做什么，做得怎么样。例如，人们期待领导者在知识、才能、政绩等方面明显高于一般人员，“像个领导”；而在功利、待人、服务等方面不谋私利、热情待人、关心职员，“不像领导”。人们对高校辅导员角色也有社会期待，而且期待很高。例如，人们期待他们在开展大学生思想政治教育和管理工作中要具有丰富的知识储备，要有扎实的理论功底，要有严于律己的高尚品德，要有解决学生成长成才中各种困难的能力等。在现实生活中，社会各方面群体对高校辅导员的角色期待往往过高，甚至高出了辅导员角色应当承担的职责和义务，导致他们不能恰如其分地评价高校辅导员的角色实际。因此，社会期望应确定在一个适当的程度和范围内。高校辅导员正确理解其承担的角色和回应社会的期待也是思想政治工作者角色扮演成功的重要方面。

二、高校辅导员角色辨析

（一）高校辅导员角色与高校专业教师角色

通常意义上讲，高校辅导员属于德育教师角色，高校专业教师则主要承担智育教师的角色。就两者的区别而言，高校辅导员的工作重点在于通过对学生的日常管理和教育不断提升大学生的思想道德素质；专业教师则更多地关注对大学生知识的传授和技能的培养，不断夯实学生的专业基础知识，提升学生的思维能力。从工作范围来看，高校辅导员的工作范围既有深度又有广度，涉及大学生思想、学习、生活的方方面面，高校辅导员正是通过全方位、立体式、多角度的管理与服务把大学生德育工作融于各方面的工作之中。高校专业教师的工作范围则相对狭小，主要集中于专业知识的讲授、学生思维能力的培养方面。但同时不能否认两者的工作有交叉之处，即高校辅导员在日常工作中也有传授知识的职能，高校专业教师同样也有做好德育工作的职能，只不过各有侧重而已。

在高等教育中，德育和智育都是不可或缺的两大元素，两者是大学生健康成长与成才的关键。从这个角度上看，辅导员角色和专业教师角色在目标实现上是一致的，都是为了促进大学生的健康成长，把大学生培养和塑造成为国家的建设者和社会主义事业的接班人。因此，辅导员角色与专业教师角色之间需要彼此协助，相互合作。辅导员主要通过培养学生良好的学习和生活习惯，提升学生自觉学习、自我教育的能力，进而为专业教师授课创造良好的环境；专业教师主要是通过课内外的知识和技能的传授和训练，不断提升大学生的思维能力和实践水平，促进学生自我认知能力的提升，减轻辅导员在学生事务中的压力和负担。同时，两者的相互沟通与合作可以更高效、更有针对性地开展教学和管理工作。

（二）高校辅导员角色与高校思想政治理论课教师角色

思想政治理论课教师在高等教育中承担着思想政治教育及公共政治的课程教学任务。高校辅导员与思想政治理论课教师都属于思想政治工作者，在日常工作中存在诸多共同点。从工作目的来看，无论高校辅导员还是思想政治理论课教师，其目的都是提升大学生的思想道德素质；从工作内容来看，两者都是以引导大学生树立正确的世界观、人生观和价值观为工作立足点，引导学生确立正确的理想信念；从工作指导思想来看，两者的工作中都坚持以马克思主义为指导，深入贯彻党的各项方针、路线和政策。

高校辅导员角色与思想政治理论课教师角色之间也存在着一些不同的地方。从实现方式上来看，思想政治理论课教师的思想政治教育工作主要通过课堂理论授课和课外实践教学的形式展开，辅导员则是结合大学生日常生活、学习、事务管理等方面的实际展开思想政治教育工作的。相比较而言，辅导员与学生的日常接触会更多些，往往将思想政治教育贯穿于日常生活的点滴事务处理之中，发挥管理和服务的育人功能，与学生的接触和交流较多，对学生的了解也相应地比较透彻；思想政治理论课教师与学生接触的场所主要是课堂，通过知识灌输、传递等方式对学生进行思想政治教育，彼此之间的互动性较差，即使是实践教学活动，与学生的接触也不是经常性的。

（三）高校辅导员角色与高校行政管理者角色

与高校辅导员发生直接联系较多的是校、院（系）层面的行政管理人员。大学生思想政治教育的中坚力量除了高校辅导员外，高校行政管理人员也肩负着大学生思想政治教育工作的主要职责。两者工作性质极其相似，都要对大学生思想政治教育进行有效的管理、组织和实施；两者工作目标基本一致，都是通过思想政治教育推动和促进大学生的德、智、体等全面发展，不断提升大学生的综合素质，并且在工作中都要坚持以学生为本，尊重思想政治教育的规律和原则，着力提升大学生思想政治教育的时代性和创新性，增强大学生思想政治教育的感召力和吸引力。

就角色定位而言，高校行政管理者与高校辅导员也有区别，前者主要组织和协调大学生思想政治教育的整体工作，后者则是按照上级的管理要求有计划、有步骤地开展具体的思想政治教育活动，两者之间属于领导与被领导的角色关系（高校辅导员虽然在身份上也属于管理干部，但是辅导员的角色决定了其大部分时间是一个被领导者）。从实现方式来看，高校行政管理者角色主要定位于领导者层面，即主要负责决策事务和领导事务，通过对辅导员工作的领导、指导、监督与检查，从而为大学生思想政治教育工作健康有序地开展创造政策条件和环境条件；高校辅导员角色则主要定位于政策实施者层面，在高校行政管理者制定的工作目标、工作原则指导下，相应地运用当代大学生喜爱的新方法、新技术、新载体对其进行思想政治教育工作。

高校辅导员角色是高校行政管理干部与学生沟通的桥梁与纽带，高校行政管理干部开展思想政治教育工作的对象是学生，但他们和学生往往不会直接接触，进行沟通交流的机会不多，而与大学生直接接触的就是高校辅导员。高校行政管理者制定的工作目标、教育计划及管理制度等相关内容都要通过高校辅导员这个中介传达给大学生，而大学生出现的问题及反映的建议也会通过高校辅导员传达给行政管理干部。显而易见，高校辅导员就成为一个重要的桥梁，发挥着上传下达的作用。

三、高校辅导员角色特征

（一）角色承担的意识形态性

我国高校辅导员制度设立的最重要的意义是保证了高校对大学生进行有效的思想政治教育，培育了一批具有远大理想、信念坚定、努力为中国特色社会主义建设贡献力量的现代化人才。因此，不断加强和改进对大学生的思想政治教育是我国高校辅导员的首要任务，这一任务内容就决定了高校辅导员要对大学生进行理想信念教育和爱国主义教育，体现了辅导员角色承担的意识形态性。高校辅导员对大学生开展理想信念教育的核心内容就是大力开展马克思主义理论教育，帮助大学生确立马克思主义的立场、观点和方法，培育正确的世界观、人生观、价值观，坚定走中国特色社会主义道路的政治信念。同时，高校辅导员要对大学生进行党性教育，引导他们积极学习和掌握党的路线、方针、政策，提高大学生的政治意识和政治责任感、使命感。

（二）角色形象的示范性

高校辅导员角色形象是指这一群体的精神状态、个性品质、行为风格、言行习惯、思想品德、文化素养、价值观念、生活方式以及身体条件等方面的总和，这个“总和”既包括内在的方面，又包括外在的方面，只有这样，才能形成高校辅导员角色总的形象。2017 年修订的《普通高等学校辅导员队伍建设规定》指出：“辅导员应当努力成为学生成长成才的人生导师和健康生活的知心朋友。”因此，我国高校辅导员的角色功能也表现为辅导员角色的示范表率作用。“身正为师，德高为范”，高校辅导员要始终严于律己，要起到榜样和示范作用。我国古代教育就十分注重身教与言教的结合，提倡知行合一，强调内省、慎独，也就是说，辅导员既要保证自己言行的正确性，又要发挥榜样示范的作用，通过积极乐观的言行影响自己的学生。通常意义上讲，思想政治教育的实效性与榜样的示范教育作用紧密相连，高校辅导员能否以身作则、为人师表直接决定着思想政治教育的成功与否。因此，辅导员的一言一行对学生起到了直观示范的作用，辅导员是否德才兼备直接影响到其工作成效的好坏。

（三）角色实现的专业性

角色实现是指角色主体在认同职业身份的基础上，明确角色意识，领悟角色期待，把握角色定位，使自身所扮演的社会角色成为现实的过程。辅导员角色的成功扮演不但需要具备丰富的专业知识和技能，而且需要具有高度的事业心和强烈的责任感。只有辅导员的综合素质和专业素养不断提升，才能提高思想政治教育的实效。纵观人类教育发展史，现代教育与古代教育最大的区别就在于现代教育越来越注重专业性。在现代教育理念的指导下，高校辅导员作为高校教师的一个特殊群体，应充分履行其作为思想政治教育教师和管理干部的职责和使命。这就要求高校辅导员要具备思想政治、心理健康、教育管理等相关学科的知识和技能，在辅导员自身的职业化和专业化上下功夫，不断提升其专业水平和综合素质，只有这样，才能增强思想政治教育工作的实效性，使自身成为促进大学生发展与成才的育人专家。

第二章　高校辅导员角色发展相关情况简述

第一节　高校辅导员角色定位的演变

一、我国高校辅导员角色定位的起源

1924 年，黄埔军校创建出了我国高校辅导员的前身——政治指导员。黄埔军校的创办人孙中山先生尊崇着“教育为神圣事业，人才为立国之本”的教育理念，本着以学生为根本的办学目标，创办了黄埔军校，同时军校以苏联红军为榜样，设立了党代表和政治部，并建立了一系列工作制度。其中设置政治指导员这一项具体措施开启了我国高校辅导员角色之路。在军校中，政治指导员接受政治部的指导，“为辅助本校政治教育与各种政治工作能于革命的意义之下更适合各部队官长与学校的需要”①，其职责主要有考查全校师生政治教育的实际效果，调查师生对政治教育的意见及敦促师生军纪风纪养成等内容。随着中国共产党军队实力的不断增强，中国工农红军大学于 1933 年在江西成立，后迁至延安，更名为中国人民抗日军事政治大学。为了使学校的思想政治工作有效地进行，学校为各中队分配了政治指导员。政治指导员的主要职责是对官兵（中国人民抗日军事政治大学的学生）积极开展思想政治教育工作，加强对官兵的政治素养培训，提高官兵的政治思想觉悟，协助上级对官兵的管理和教育，对官兵的思想、学习和日常生活等工作负责。

由此可以看出，“政治指导员”这一称呼明确彰显了当时辅导员的政治属性，政治指导员这一群体为革命战争培养出了优秀的官兵，为国家做出了

① 广东省立中山图书馆，广东省档案馆 . 黄埔军校史料汇编 [M]. 广州：广东教育出版社，2020：205.

卓越的贡献。政治指导员积极地团结了各个红军大学内的官兵，按照中国共产党的正确路线贯彻执行各项任务。在这一特殊时期所产生的特殊角色也为日后的辅导员角色奠定了基础。

二、我国高校辅导员角色定位的探索

随着中华人民共和国的成立，全国各高校各大院系进行调整，高校各项工作也陆续展开并逐渐步入正轨。1950 年，教育部为加强对在校大学生和教职员工的思想教育工作发布了《关于实施高等学校课程改革的决定》的文件。1952 年，中共中央转发教育部党组《关于在高等学校试行政治工作制度的报告》，该报告就高校试行政治工作制度提出了几点要求，大致总结如下：全国高等学校应有准备地在校内设立政治工作机构，其名称可称为“政治辅导处”；工作对象为全体教职员工和学生；政治辅导处设主任一人，辅导员若干人；政治辅导员应挑选教师、学生中的优秀党员、团员充任，平均每三百名左右的学生设政治辅导员一人，其任务为辅导学生政治学习和社会活动，组织推动教职员工的政治理论学习和社会活动，尽可能参加学校党、团支部的领导工作，可兼任政治理论课助教，以便逐渐培养成为学校工作中的骨干和政治理论教员。同年年末，清华大学党委书记蒋南翔同志在研究分析了当时高校人才培养的背景后提出，为了保证党对高校的领导，高校应建立一支思想政治工作队伍，这既解决了高校思想政治教育的问题，又推进了高校人才培养模式。在这一年里，国家明确了政治辅导员的身份职能以及政治辅导员的主要工作任务。1953 年，清华大学首次向党中央提交了关于创立政治辅导员制度的相关报告并获得了中共中央的批准。随即，清华大学从全校学生中挑选了思想觉悟较高、学习成绩优秀的学生担任政治指导员，并延长了他们的学习年限，形成了有别于军事大学的“双肩挑”型政治辅导员。顾名思义，这些政治辅导员既要承担教职工作或学习，又要承担思想政治工作。起初，选择学生来担任政治辅导员是因为蒋南翔同志希望这些政治指导员能够熟悉学生情况，了解学生思想，能与学生有较多的日常接触，为日后更好开展工作做好基础铺垫。

清华大学在高校开展政治辅导员工作可谓是开创先河，它使高校的政治辅导员完全有别于之前的军事大学政治指导员，脱离了军事化模式，明确了高校政治辅导员的工作职责和发展方向。“双肩挑”型政治辅导员是高校辅导员的初始角色，随着时代的发展和变迁，辅导员这一角色也在不断磨合、变化，但“双肩挑”型政治辅导员为这一角色的演变埋下了伏笔。

三、我国高校辅导员角色定位的波折

1960—1966年是辅导员角色发展十分重要的一个阶段。由于当时的社会背景及经济发展，党中央进一步制定了新的教育方针。高校将德、智、体全面发展列入学生发展规划之中，强调高校要培养出又红又专的优秀革命接班人，且对大学生思想政治工作要提高重视程度。“高校六十条”（《教育部直属高等学校暂行工作条例（草案）》于1961年被中共中央批准颁布，条例首次提出高等学校应设立专职辅导员，且专职辅导员应具有足够丰富的政治工作经验。接着，国家要求各高校在两到三年内以一名辅导员负责一百名学生的比例将专职辅导员配齐，并开展学生工作。最具代表性的《关于政治辅导员工作条例》这一文件以正式法规的形式出台，这一举措开启了我国高校辅导员制度的大门，也体现了当时在高等教育领域对辅导员这一角色的迫切需求。从对专职辅导员的设定来看，国家持续重视高校思想政治教育工作，并使其更加详细且富有特殊的意义。为了进一步促使辅导员工作的有效开展，高校选聘了一批具有一定政治工作经验的干部和政治理论丰富的教师作为政治辅导员，这更有利于政治辅导员工作的顺利开展，且使工作内容变得更加专业化和细致化。将政治工作经验丰富的人和政治理论扎实的人引进政治辅导员队伍之中，这无疑壮大了辅导员队伍，也使辅导员角色增添了专业色彩。

在之后的特殊十年中，辅导员的形象遭到破坏，高校辅导员制度被搁浅，一切思想政治教育工作被迫停止，高等学校的整体工作面临史无前例的困境。1977年，国家恢复了普通高等学校招生全国统一考试，再次重启思想政治教育工作大门。1978年10月，教育部出台了《关于讨论和试行全国重点高等学校暂行工作条例（试行草案）的通知》，文件规定：“在一、二年级设政治辅导员或班主任，从专职的党政干部、政治理论课教师和其他青年教师中挑选有一定政治工作经验的人担任。”同时，政治辅导员既要做思想政治工作，又要坚持业务学习，有条件坚持半脱产，担任部分教学任务。从那时起，国家恢复了高校辅导员制度，辅导员的工作也相继展开。

国家要求高校设置专职政治辅导员，也标志着国家开始对高校思想政治教育工作进行进一步的细化，高校辅导员也成为一个重要的社会角色。从社会学的角度来看，任何一种社会角色实际上是一种社会所期待的行为模式的表现，其行为模式是由一系列的权利和义务构成的[①]。由此可见，正是因为

① 吴铎，文军．社会学[M].（2版）．北京：高等教育出版社，2011：2.

国家对这一角色有需求，对这一社会角色有着一定的期望，才使专职政治辅导员角色在高校这一特殊的社会环境中产生。另外，为学生的思想政治教育工作能够顺利开展，高校在选聘条件上有着严格的规定，只有具备一定相关政治工作经验的人员才有资格担任政治辅导员。这不仅壮大了辅导员队伍，还丰富了辅导员的工作经验。

四、我国高校辅导员角色定位的发展

1977 年，我国恢复了高考制度后，高等教育系统再一次进入了井然有序的状态，为保证高校更好地培养人才，高等教育逐渐步入了加速转变的时期。教育部和团中央于 1980 年 4 月联合发布了《关于加强高等学校学生思想政治工作的意见》，文件将辅导员"双肩挑"工作模式恢复正常，并提出高校政治辅导员不仅是党政工作队伍的重要部分，还是师资队伍中的重要成员，所开展的各项工作皆是为了培养更为全面的优秀学生，并对政治辅导员的晋升问题与薪资待遇问题做了详细的规划说明。一年后，教育部发布了《高等学校学生思想政治工作暂行规定（征求意见稿）》，指出高校应为每 120 名左右的在校大学生分配 1 名政治辅导员，并调整了辅导员的工作形式，高校可从高年级本科生及以上学历学生中选拔出各个方面较为突出的学生党员作为兼职辅导员。中共中央在 1987 年发布的《关于改进和加强高等学校思想政治工作的决定》中提出，高等学校的每个院系、专业和班级均应被分配 1 名政治辅导员来辅佐管理学生，无论其工作性质是专职还是兼职。此时，国家和高校已经开始意识到辅导员的重要性，并以政策文件的形式对辅导员的培养、选用及发展方向等问题进行了统一规划。正是因为有着国家相关政策的支持，辅导员队伍才得到了可靠的人员扩充和更为强大的发展动力。

在这一时期，部分高校开始着手加强思想政治教育工作，尝试寻找更加有效的工作模式。与此同时，辅导员这一角色有了新的特点。首先，国家在这一时期对辅导员这一角色赋予了新的定位，用制度和政策等形式支持他们的工作，并给予其相应的保障，让辅导员可以安心投入工作，扮演好其角色。其次，辅导员角色行为发生了变化。从原本单一的思想政治教育扩展到大学生具体事务的管理，辅导员与学生之间的联系也开始变得更加紧密，学生也增加了对辅导员的期待。

20 世纪 90 年代，我国进入了一个信息化发展的时代，高校学生思想政治教育工作迎来了新的挑战。随着社会环境的改变，大学生的管理问题、心理问题以及就业问题日益显现出来，时代的变迁自然引发了学生的变化，这对辅导员的职业素养有了新的要求。为了更有效地解决问题，国家颁布了一系列政策支持高校工作。为了使专职思想政治工作者更正规、更有效地开展工作，国家于 1990 年下达了政策文件并开始为高校专职思想政治工作者提供正规的培训。在随后五年中，辅导员队伍在不断扩大的同时，辅导员制度逐渐变得更为职业化，国家也在此期间不断地强调辅导员的重要性以及其在高等教育领域的重要地位。1995 年颁布的《中国普通高等学校德育大纲》第一次单独使用了“辅导员”这一称呼，并重新提及了辅导员的身份、角色定位、工作内容以及与学生的人数配比比例。

在这十年中，辅导员队伍结构逐渐稳定，从原来的“双肩挑”模式逐渐转变成以专职为主、专职和兼职相结合的新模式。伴随着高等教育规模的扩大，国家对大学生思想政治教育工作有了新的要求的，同时越来越重视辅导员队伍的建设工作，制定了一系列制度和政策，在辅导员的人员选聘、教师培训、职位晋升以及薪资待遇等方面进行了详细的规划和安排，为辅导员队伍的良好发展打下了坚实的基础。

五、我国高校辅导员角色定位的创新

进入 21 世纪，随着高校的不断扩招、高校环境的不断改变、教育及教学的改革以及网络发展和就业新形式等一系列翻天覆地的变化，辅导员的工作职责和角色扮演面临前所未有的挑战。辅导员的工作职责已不再像以前单方面地对学生思想政治工作负责，辅导员的职位也不再是单一的思想政治教育工作者了。2000 年，教育部强调，在高等教育工作中，加强和改进大学生的思想政治工作是一项重要且沉重的任务，各高校应意识到对学生开展思想政治教育工作的重要性以及加强思想政治工作队伍建设的紧迫性。作为开展大学生思想政治教育工作的重要组织者和执行者，教育部认为辅导员应具有一定的理论素养并且政治立场坚定，各高校应打造一支专兼结合且有着高素质的辅导员队伍。2004 年，中共中央、国务院第 16 号文件《中共中央国务院关于进一步加强和改进大学生思想政治教育的意见》中再次强调了辅导员的重要地位，还为辅导员增添了两种新的角色——在人生道路中指引学生健康成长的“指导者”和“引路人”。这两种新角色的出现使高校辅导员刷新了社会对辅导员角色的认识，在打破人们传统意识中“思想政治教育工作者”的最初印象的同时，获得了社会的关注。为了更好地贯彻落实第 16 号文件，教育部针对辅导员专业化发展方向等主要问题提出了《教育部关于加强高等学校辅导员、班主任队伍建设的意见》，在辅助辅导员有效开展思想政治教育工作的同时，为我国辅导员工作提供了可靠的保障。2006 年对辅导员角色来说，可谓是至关重要的一年，国家在大力发展高等教育事业的同时，特别关注高校辅导员队伍的发展问题。2006 年 4 月，教育部专门针对高校辅导员队伍发展和建设工作召开了讨论会议，并于 7 月开展了高校辅导员培训，通过培训促进辅导员个体及队伍得到高质量的水平提升，还根据当时的社会背景对辅导员提出了新的要求。同年 9 月，国家颁布了专门针对高校辅导员队伍发展问题的规定——《普通高等学校辅导员队伍建设规定》。文件在阐明了辅导员角色定位的同时，对辅导员的工作要求和工作职责、配备要求和选聘标准、培养规划和发展要求等问题进行了标准、统一的规范。这份以辅导员为中心的纲领性文件的颁布为辅导员的工作提供了坚实、有效的保障。2007 年，国家更是在各城市相继开展各类培训研修活动，目的就是让辅导员变得更为专业化，让辅导员队伍更为规范和强大。2012 年，国家还为辅导员开展了职业技能大赛等系列活动，为辅导员提供了展现自己实力的专业平台。2013 年，教育部针对当时高等教育所面临的实际情况对辅导员制订了新的 5 年培训计划（《普通高等学校辅导员培训规划（2013—2017）年》）；2014 年，教育部针对高校辅导员的职业能力制定职业能力标准。2017 年，教育部以第 43 号令的形式修订出台了《普通高等学校辅导员队伍建设规定》更能体现当今辅导员的重要身份和社会地位。与之前的第 24 号令相比，第 43 号令规定辅导员在负责大学生思想政治教育工作的同时，负责对学生进行日常管理，对此，国家对辅导员角色重新进行了定位并为其赋予了组织者、实施者和指导者的身份，还赋予了辅导员两种新角色——“人生导师”和“知心朋友”。结合实际情况分析，由于当代大学生多为独生子女且面临的各方面压力较大、较多，辅导员应在日常校园生活中与学生成为朋友，对学生关心爱护，并巧妙地以朋友的身份在发现问题的第一时间与学生进行沟通和交流，及时地为学生进行心理压力疏导和心理问题开导，多为学生开展心理健康知识普及活动，以知心朋友的身份为学生营造良好的、适应其身心健康发展的环境。第 43 号令还对辅导员选配制度、工作职责、培训发展以及管理与考核等方面做了更详细的规定。

由此可见，自 21 世纪以来，辅导员在高校中已成为必不可少的重要角色，在高校中拥有“教师”和“干部”的双重角色身份。为了适应我国新世纪高等教育和社会经济的发展，辅导员角色也在不断地发展和变化，在原本的思想政治教育工作者和学生事务管理者的基础上，增加了学生辅导咨询服务者的新角色。辅导员的工作职责也发生了潜移默化的改变，从原本的单向教导式关系变成师生双向共同交流的平等关系。

第二节　高校辅导员角色考量的内容及意义

一、高校辅导员角色考量的主要内容

辅导员要想扮演好角色，需要重点要关注四个问题，即“该做什么”“能做什么”“怎样做”和“做得怎么样”。与这四个问题相对应的高校辅导员角色考量的主要内容为角色定位、角色素质、角色实现和角色评价。

（一）角色定位

高校辅导员角色定位是指高校辅导员根据社会的需求、自身的需要在社会生活中找准自己位置的过程。高校辅导员承担着思想政治教育管理者、引导者和执行者的角色，在社会生活中必须找准自身的角色定位。通常意义上讲，人们不能进行正确的角色定位是由于对自身缺乏正确的认识与评价。由于人们对自身及社会期待的估计不足和评价错位，从而造成在角色定位时与自身实际所应当承担的角色不符，高于或低于自己实际可以承担的角色，从而造成角色错位。由此看来，高校辅导员要找准自己的角色定位，一定要实事求是地认识自身和辅导员角色期待，对辅导员角色进行正确的评估，做到既不要角色定位过高，也不要角色定位过低，从而避免角色错位现象的发生。

（二）角色素质

高校辅导员在日常思想政治教育和管理过程中逐步形成和发展起来的、在角色活动中发挥作用的一种基本品质就是高校辅导员的角色素质。高校辅导员角色素质和高校辅导员素质既有联系又有区别。角色素质是在角色扮演过程中体现角色底色的素质，是扮演角色所应具有的素质，而不只是作为一个高校辅导员所应有的素质。它主要包括高校辅导员要具有塑造大学生的政治品格、为中国社会主义建设事业培养可靠接班人的角色思想道德素质；不断地更新、扩充和丰富自己知识的角色知识素质；履行角色职能、完成角色任务的各种角色能力素质等。

（三）角色实现

高校辅导员的角色实现是高校辅导员角色研究的核心和关键。角色实现先要求角色主体具备角色责任意识，明确角色要求规范，领悟角色社会期待，把握角色定位，使社会角色的扮演成为现实。无论角色如何定位，角色素质如何全面，如果角色不能实现，一切都毫无意义。只有在角色实现的过程中，高校辅导员角色才能寻求正确的角色定位，而其角色素养及角色实践水平也只有在角色实现中进行检验，才能真正体现出高校辅导员角色的“应然”之责和时代使命。

（四）角色评价

所谓角色评价，是指人们根据角色规范和角色社会期待对某种角色所进行的褒贬评价，即人们依据“应然”角色比较、衡量个人的实际角色行为，做出判断并指出其角色差距的具体活动过程。高校辅导员的角色评价是评价主体依据一定的评价标准，对高校辅导员角色现实的或潜在的价值做出判断的活动。

角色定位、角色素质、角色实现和角色评价是衡量一个人能否成功扮演高校辅导员角色的主要依据，它们之间不是相互割裂的，而是紧密联系的。其中，角色定位是前提条件，角色素质是核心内容，角色实现是主要目的，角色评价是关键环节，它们共同构成了角色研究的整体框架。

二、高校辅导员角色考量的现实意义

高校辅导员角色内涵会随着社会的发展、教育形势的变化和大学生全面成长的需要而不断地丰富和完善，具有鲜明的时代特色。所以，对辅导员角色进行全面的考量有着重要的现实意义。

（一）应对教育形势变化的挑战

在新的教育形势下，高校辅导员在工作中会面临许多未知与挑战，这也对高校辅导员角色提出了更高的要求。具体来讲，教育形势的变化可以分为外部环境形势变化与内部环境形势变化。

1. 应对外部环境日益复杂化的发展趋势

第一，社会全面转型，多元价值并存。当前我国社会正处于不断变迁与飞速发展的全面转型中，经济、政治、社会、文化等领域都发生着深刻变革。经济体制改革及社会结构转型深深影响着人们的价值观念与思维方式，多元价值并存，各种道德观念、价值判断标准都能够被社会中全体成员、部分成员甚至个别成员所承认、容许而共存、交融，相互影响，共同发展。多元的价值观念虽然对生活在其中的社会成员有积极影响，但也不乏消极、落后因素。这种双面性对辅导员的影响在于尊重个人价值取向的倾向虽然可以激发辅导员工作活力，提高工作热情，但也容易削弱对辅导员工作至关重要的责任意识、奉献精神以及集体观念等；注重现实价值的倾向虽然使辅导员工作更务实，但也更容易使辅导员产生功利化思维；多元价值取向虽然有助于丰富辅导员工作内容，拓宽工作途径，但也容易使辅导员产生迷茫与混乱甚至不知所措。在充满激烈竞争与利益矛盾的情况下，辅导员个体常常会面对各种价值观念的碰撞、冲击，甚至相互冲突。虽然社会对辅导员角色的思维定式要求辅导员形象要极具示范性，道德高尚、大公无私，但是辅导员作为个体，在现实中受到种种观念冲击，难以实现对价值观念的超越，因而会产生心理冲突、思想困扰以及精神压抑。

多元的价值观念不仅影响辅导员，还影响着大学生。辅导员的角色职能要求辅导员对大学生进行主流核心价值观的引领，但多元的价值观念给各方面都不太成熟的大学生带来了更大程度的冲击。传统的以说教形式为主的思想政治教育不足以使学生应对多元文化及价值观念的冲击。而作为引领者的辅导员自身尚处于冲突和迷茫当中，对于学生提出的困惑和问题难以有效解答，更难以引领学生把握正确的价值观念、处理好各种复杂的利益关系，也就同“思想问题的解惑者”的角色期待有一定距离。

第二，新媒体迅速发展，机遇与挑战并存。随着经济社会的发展和互联网科学技术的进步，以电脑、手机、数字电视等为终端的新媒体应运而生，人们的生产、生活和学习观念在很大程度上被改变，新媒体成为人们获取外界信息的重要方式。高校青年学生是新媒体的主要使用群体，新媒体的广泛运用给他们带来了多方面的影响，同时对辅导员工作产生了不同影响。

辅导员工作由于新媒体的运用而实效增强。第一，新媒体有助于拓展辅导员工作时空，让高校辅导员可以随时随地、跨越时空、及时有效地开展工作。辅导员给学生发布信息、沟通情感、布置工作可以通过互联网及时完成，高效便捷。他们可以随时关注学生群体活动，及时发现学生存在的问题，合理引导学生的思想心理，并且做到及时发现、有效防控、防患于未然，提高了工作的时效性。第二，新媒体有助于更新工作观念。辅导员可以改变传统的说教形式，通过QQ、微信等媒介及时对学生进行心理疏导和思想引导；辅导员可以改变传统的管理模式，通过发起网上投票活动，参考支持率来检验工作效果，查找问题所在；辅导员可以通过浏览学生网络空间状态，第一时间了解学生思想心理状态，及时进行有效的教育和引导。新媒体的功能与特性优势以及新媒体时代大学生的个性特点都推动了高校辅导员及时更新工作观念。第三，新媒体有助于创新工作方法。网络思想政治教育的诞生及发展使辅导员工作方式及途径发生了很大的变化。如今，辅导员开展各项教育管理工作开始借助学生论坛、电子邮件、专题网站等形式，很多高校也纷纷建立了BBS、微信官方认证公众号、主题教育网站及工作博客等新媒体工作平台。

但我们不得不看到，新媒体的迅速发展也为高校辅导员最直接的工作对象——大学生带来一定的冲击与挑战。首先，新媒体对大学生的价值观念产生了一定影响与冲击。随着新媒体技术的发展和传播功能的增强，学生了解信息的渠道更多、更广，足不出户就可以在瞬间获取全世界的信息。而大学生本身社会阅历较浅，鉴别力、判断力还有待提高，一旦淹没在杂乱无章的信息海洋中，就很难分清和判断信息的对错、是非、真假，不知怎样利用对自己成长有利的信息，难以抵御不良信息的影响，导致价值评价标准模糊，价值取向紊乱，价值观念受到一定冲击。其次，新媒体对大学生行为规范产生了一定影响与冲击。新媒体的传播方式集声音、画面、影像于一体，传播形式生动、形象、直观，会全方位地刺激受众的各种感官，网络的虚拟性又会使人们获得更加丰富的想象和交往热情。而青年学生好奇心较强，缺乏一定的是非鉴别力和自我约束力，因此极易沉溺网络，加之传统社会道德规范的约束力在网上相对减弱，很可能会造成大学生道德责任感削弱。对网络游戏、网络聊天的沉迷在一定程度上会影响大学生正常的学习和交往，导致成绩下滑、人际关系紧张、网络孤独、网络心理依赖等后果产生。最后，新媒体海量信息中也不乏消极颓废甚至反动、色情的信息，这些信息会对大学生的日常行为规范产生一定的影响与冲击。

2. 应对内部环境日益多元化的发展趋势

第一，高等教育大众化改革，出现了新的办学模式。相较精英教育时代，高等教育的大众化虽然扩大了可以接受高等教育的人员范围，但是那些原本被排斥在外的、学习目标不明确、学习能力不足甚至厌学的学生也一并涌入高校，使学生的基本素质参差不齐，整体水平有所下降。这为高校的思想政治教育及管理工作带来了一定困难，也给辅导员工作增加了一定难度。第二，高校后勤社会化改革，学生管理出现了新的问题。高校后勤社会化改革带来的新情况使辅导员工作面临着新挑战。首先，收费制度改革对不同层次的学生群体产生了不同的影响。相对于家庭经济困难的学生来讲，家庭经济条件相对富裕的学生容易产生优越感和享乐心理。而家庭经济条件稍差甚至困难的学生容易产生思想压力，在其他方面也不是很自信，甚至出现孤僻、自闭等心理问题。其次，校园文化氛围的改变对学生成长产生了影响。一方面，高校在推进市场化和保持原有学术氛围中进行着两难选择；另一方面，新的管理体制使师生直接交流的机会减少，校园原有的文化氛围减弱，学生不能时刻受到校园文化熏陶以及得到教师的言传身教，大大降低了大学生思想政治教育效果。最后，生活方式变革深深影响着当代大学生的思想及心理状况。随着生活水平的不断提高，部分学生的节俭意识和自立意识有所减弱；生活方式上舒适度和自由度的增加容易使大学生养成懒散、拖沓的行为习惯；突破传统的班级基本单位，公寓制使高校“同室不同学”“同室不同班”的现象较为普遍，大学生群体分化现象明显，再加上学生来源构成日益多样化、性格日益个性化、行为方式更加自主化等，使高校辅导员的教育及管理面临更复杂的情况，对高校辅导员提出了更高的要求。

进行高校辅导员角色全方位考量，分析新的教育形势下高校辅导员的角色定位、角色素质、角色实现方面等不适应新的教育形势的情况及问题，有利于高校辅导员与时俱进，成功地实现角色转换。

（二）满足大学生全面成才的期待

从思想政治教育视角观察发现，在经济全球化、市场化、多元化的新时期背景下，当代大学生的思想呈现出新的特点。

第一，理想性与务实性兼有。新时期大学生在高校接受了系统的马克思主义教育，热爱党、热爱祖国、热爱社会主义，自立自强，自觉认同并践行社会主义核心价值体系，思想主流健康、积极向上。与此同时，大学生更注重追求自身价值与利益，对个人的成长成才极为关注，价值追求更加趋于理性务实。在如今的大学校园中，大学生热衷考取各种资格证书，较为关注奖学金、助学金评选，以“加分”为目的参加各种社团活动等，这些都可以看出大学生价值追求的务实性特点，也反映出了大学生的社会责任感和历史使命感相对弱化。

第二，自主性与依赖性并存。新时期大学生可以通过多种途径获取知识信息，通过参加各种活动丰富人生体验，因此思想也较为早熟，尤其具有自主意识，不迷信权威，勇于提出自己的见解。同时，不得不注意的是新时期的大学生具有较强的依赖心理。一方面，大学生依赖父母，他们大多出生并成长于独生子女家庭，家庭条件较为优越，被父母视为掌上明珠并得到了百般呵护，养成了对父母的依赖思想；另一方面，大学生依赖网络，信息时代为他们提供了新的空间，智能手机、电脑成为大学生不可或缺的工具。

第三，开放性与封闭性交错。开放性是指当代大学生好奇心强，认知反应快，善于接受新鲜事物，勇于接受新的挑战，具有开放的心态、多样化思维以及多元的价值取向。封闭性是指当代大学生由于大多数是独生子女，自我意识较强，成长环境没有给他们足够的机会锻炼耐挫能力以及坚强的意志力，因此当遇到挫折与困难时，他们容易情绪波动，但又不善于和教师、学生沟通，容易产生封闭的思想。虽然他们愿意自己承担、自己处理、自我消化，但由于缺乏足够的经验往往事与愿违。

第四，道德认知高与道德践行弱相伴。当代大学生普遍认可社会公德在社会生活中的重要作用以及宝贵价值，认同公民基本道德规范及核心价值观念，看到不良的行为及习惯也会对其进行批判。但在实际生活中，部分大学生往往又存在着“知多做少”甚至“只知不做”的相反现象，在道德规范的实际行动中，难以做到慎独、笃行、持之以恒。

高校辅导员的角色权威受到一定程度冲击是因为“00后”学生群体作为辅导员的主要工作对象，虽然思维活跃、反应敏捷、容易接受新鲜事物，但同时自主意识增强，逆反心理较重，对辅导员工作有一定程度的抵触。工作对象的综合素质更加全面，成才需求更加迫切，对辅导员提出的要求也就更高。传统的角色实现方法已经不足以使辅导员满足这些变化提出的新要求，因此只有进行角色创新，根据社会以及工作对象的发展变化创造性地思考和运用新的角色实现方法，才能适应新变化提出的新挑战，满足工作对象的期待。因此，进行高校辅导员角色的考量，了解大学生思想行为特点以及对高校辅导员的角色需求，分析大学生角度角色期待的满足现状等方面存在的问题，有利于高校辅导员更有针对性地实现角色创新，以更加适应工作环境、工作对象变化带来的新要求，更好地满足大学生全面成才的期待。

（三）促进高校辅导员的专业化发展

伴随我国经济、社会、教育等方面的发展，高校辅导员的角色定位及内涵也在与时俱进地发生变化：角色定位上由单一角色“政工干部”到既是教师又是政工干部双重角色的演变；角色身份上由学生政治学习的指导员到大学生的人生导师和健康成长的知心朋友的转变；角色职责上由管理向教育、管理、服务并重的转变；等等。如今，随着我国高等教育改革和发展，高校辅导员的工作职责由服务学校、院系发展到服务学生全方位发展，不仅承担着大学生思想政治教育职责，还包括党团建设与组织发展，班级管理，学习、就业、心理健康等辅导与咨询，事务性工作处理等职责。高校辅导员角色的职责和内涵不断延伸，基本形成了囊括教育、管理以及服务的立体化职责体系。因此，高校辅导员在角色实现的过程中，应当根据时代的发展不断进行角色调整，以实现辅导员角色的优化以及完善。

具体来讲，辅导员角色的优化一要体现时代性。辅导员角色支持环境不断发展，工作对象思想心理特点不断变化，要求辅导员更新教育理念，提高工作水平，充分体现时代性，构建教育、管理和服务相统一的专业体系，不断提升职业化水平；要求辅导员充分发挥个人主动性和对工作的创造性，与时俱进地增加知识储备，增强服务意识，采取灵活多样、新颖实用的工作手段与方法，及时对学生进行有效引导。二要体现多元性。一方面，要丰富高校辅导员角色内涵，实现高校辅导员整体的专业化定位；另一方面，要通过多种途径鼓励和引导辅导员结合自身及学生实际，通过专业选聘、专题式研讨、团队式合作、分类培训指导等方式促进辅导员个体分类细化，从而在辅导员队伍和个体两个层面，实现多元化、专业化发展。这就对辅导员提出了一个更高的要求，为了胜任不同时空的多元角色，其自身必须熟悉不同角色的行为方式及职责功能，并有效地进行角色转换。三要体现专业化。辅导员的专业化在个体层面是指辅导员个人关于工作或者职业的专业性、技术性水平不断提高，专业水平获得持续发展和完善；在整体层面，是指高校辅导员的工作性质要体现科学化、专家化、职业化，角色具有稳定性和长期性，工作效果要有说服力和感染力，具有成效。在专业化、职业化不断增强的现代教育体制下，辅导员作为德育教师，应充分履行其教师职责，而不是由自己“填补”教师职责的空白。

对高校辅导员角色进行全方位考量，发现高校辅导员个体与其所承担的角色之间存在的差距，归纳个体的实践角色与理想角色差异的普遍性问题，明确角色距离，有助于高校辅导员摆脱角色实现的困境，从而有针对性地实现角色优化，促进高校辅导员的专业化发展。

第三节　高校辅导员角色演变的发展趋势

高校辅导员角色的发展演变有着一定的物质基础，与所处的历史时期紧密相关。高校辅导员角色作为社会职业角色的一种，考察其发展演变的基本趋势必然体现在角色定位、角色规范、角色技能、角色实践、角色评价等方面的发展演变上。探析高校辅导员角色演变的基本趋势，应当围绕经济发展、社会变革、高等教育等主要方面，只有将研究高校辅导员角色演变与研究党和国家的要求、社会需求、高校要求、学生需求结合起来，才能更加深入地了解高校辅导员角色的发展演变、现实表现以及未来走向。

一、角色定位由单一到多元

角色定位是高校辅导员队伍顶层设计的体现，角色定位是否科学、合理、清晰，影响着高校辅导员的角色认知、角色扮演。在高校辅导员制度建立初期，高校辅导员的角色定位呈现单一化的特点，角色定位模糊不清；随着我国经济快速发展，高校辅导员角色定位由单一化向多元化转变。在高校思想政治工作备受关注、党和国家不断加强高校辅导员队伍建设的背景下，高校辅导员角色定位作为一项基础性工作，得到了一定的发展，角色定位更加清晰明了，角色定位多元化趋势显著。当前高校辅导员角色定位仍在进一步演变中，朝着更加多元化、科学化、专业化、精细化的趋势发展。

在中华人民共和国成立初期，高校辅导员的主要工作是加强对大学生的政治引领，这是一种较为单一的角色定位。从建国初期到改革开放前这一历史阶段，由于国内外形势的影响，高校辅导员队伍在初步建设后遭受重创，角色定位在不断探索中前进发展。在这一阶段，中国共产党虽然积累了一定的思想政治教育优良经验，但是面临着国外敌对势力的不断进攻，面临着社会、高校中的各种突发事件，要不要建立职业化队伍、如何进行高校辅导员角色定位、如何加强和改进大学生思想政治教育，这些都是高校思想政治工作面临的问题。探索适合中国实际的高校辅导员制度，明确高校辅导员的角色定位，成为高校思想政治工作的重要内容。在这一时期，高校辅导员主要由青年教师和优秀的高年级学生担任，主要的工作内容是加强对大学生的政治引导。但是，关于高校辅导员怎样把握角色定位、如何培养角色意识、怎样增强角色观念尚未有科学理论的指导。在这一时期，高校辅导员的角色定位是单一的、模糊的、不稳定的。

随着经济的发展、社会的进步，社会分工更加明细，高校辅导员的角色定位较前一阶段更加多元，更加明确。高校辅导员作为高校思想政治工作队伍的重要组成部分，其主要构成主体已不再局限于兼职辅导员，而是开始设立专职辅导员，形成了专兼职结合的高校辅导员队伍。在这一时期，随着社会学的科学发展、思想政治教育学的创立发展，高校辅导员角色定位有了一定的学术支撑，角色定位呈现出更加专业化、科学化的趋势。相较前一阶段，高校辅导员的工作职责主要集中在教育、管理方面，但是工作职责还存在宽泛、模糊的问题。高校辅导员的工作职责中增加了心理健康教育、网络思想政治教育等方面的内容，这就要求高校辅导员不仅要开展形式多样、生动活泼的教育活动，还要做好班集体、宿舍和年级工作，同时做好学校与家庭沟通的桥梁。因此，相较上一个阶段的加强对大学生的政治引导，这一阶段的高校辅导员承担的工作内容更为丰富，角色定位也更加明确。

2004—2012 年，高校思想政治工作进入了快速发展阶段，党和国家出台了一系列政策、文件，助力高校辅导员队伍朝着专业化与职业化的方向建设。高校辅导员作为大学生日常思想政治的教育者和管理者，更加关注大学生的全面成长发展，这一时期的高校辅导员队伍呈现出专兼职结合、专职为主的构成模式。高校辅导员不仅要通过各种方式做好大学生的日常思想政治教育，还要密切关注大学生的成长发展动态，特别要做好网络思想政治教育等方面的工作。在这一阶段，社会心理学不断发展，将社会心理学的内容体系运用到高校思想政治工作中，结合日益创新完善的现代思想政治教育学，为高校辅导员角色定位提供了科学的理论支撑。在这一时期，帮助大学生树立正确的世界观、人生观、价值观，帮助大学生养成良好的道德品质，指导学生党支部和班委会建设，做好勤助学贷款工作，维护校园稳定等，成为高校辅导员的主要工作内容。相较前一阶段，高校辅导员角色更为丰富，角色定位更为专业化，高校辅导员工作更加注重科学性、实效性、创新性。

随着中国特色社会主义进入新时代，高校辅导员也面临着新的发展境遇。一方面，高校辅导员角色定位更加积极主动地适应社会发展需求，呈现出更为精细化的特点；另一方面，随着“00 后”进入大学校园，高校学生的思想行为特点、学习兴趣、学习方式发生了重大变化，为更加适应新时代高等教育的要求，使大学生成长为能承担民族复兴大任的时代新人，高校辅导员的角色定位有了进一步完善。虽然较上一阶段高校辅导员的角色定位没有本质的变化，但更能反映出高校思想政治工作的创新性和科学发展要求。高校辅导员作为大学生的教育者和管理者，要做好思想理论教育和价值引领，做好网络思想政治教育，做好理论和实践研究，做好心理健康教育与咨询工作，做好职业规划与就业创业教育，做好党团和班级建设，做好学生思想事务管理，做好校园危机事件应对等。高校辅导员角色期望更加清晰明确，工作职责内容更加精细。与上一阶段相比，高校辅导员的每个具体角色建设的内容更为详细具体。

二、角色规范由突出政治到内容全面

角色规范是指个体在角色扮演过程中必须遵守的行为准则[①]。角色规范具有社会性，是在长期的社会生活过程中形成的，在个体的社会实践活动中表现出来的。角色规范并不是一成不变的，而是在一定的社会中形成，并以特定的社会背景为转移的，不同的社会、不同的制度文化、不同的个体对角色规范有着不同的认识。角色规范与个体在社会关系中所处的位置紧密相关，并成为影响人们行为的重要调节器，角色规范与个体的行为密切相关。高校辅导员角色规范是在长期的思想政治工作实践中形成并发展起来的，随着时代的发展变化而不断调整完善。纵观高校辅导员角色的发展演变历程，角色规范既包括成文的行为准则，如高校辅导员行为规范、高校辅导员职业能力标准、高校辅导员队伍建设规定等，均是以书面形式或规章制度规定下来的行为准则，又包括不成文的、约定俗成的行为准则，如高校辅导员师德建设等。高校辅导员应根据角色规范的要求，不断适应社会需要、高校要求、学生需求，自觉调适自己的心理和行为。

高校辅导员角色规范随着高校辅导员制度的建立和完善而不断丰富发展、更加全面。高校思想政治工作必须由素质优良的辅导员来开展，否则其生命线的作用就难以发挥。例如，如何建成素质高、能力强的高校辅导员队伍始终是高校难以回避的问题，因为不同阶段辅导员的素质内涵、能力要求是变化的。从中华人民共和国成立至改革开放初期，高校辅导员队伍建设虽然也有多方面的要求，但是对政治素质特别重视，突出强调高校辅导员队伍的政治性，这与当时的社会大环境、大背景是一致的。随着改革开放进程的启动和发展，尤其是针对当时党和国家干部队伍年龄老化，知识、精力、专业结构不能适应社会主义现代化建设需要的实际情况，我们党把“革命化、年轻化、知识化、专业化”作为新时期党的干部政策的指导方针。在

① 奚从清．角色论：个人与社会的互动 [M]. 杭州：浙江大学出版社，2010：112.

反思“十年特殊时期”中，思想政治工作从经验到科学的转变也成为一种时代的呼唤[①]。改革开放初期至党的十四大召开，高校辅导员的主要任务是加强大学生政治观念的引导，加强大学生教育工作，其他方面则是作为高校思想政治工作队伍的一部分强调的，如在政治素质方面，要有坚定的共产主义信念，坚持四项基本原则，在思想上、政治上与党中央保持一致；在知识水平方面，有一定的马列主义、毛泽东思想的理论修养和党的政策水平，科学文化知识面广；在工作能力方面，要有从事思想政治工作所必需的能力，工作积极，作风正派，秉公办事。这一时期虽未形成独立的高校辅导员角色规范体系，但是为后期高校辅导员角色规范的建立与发展奠定了良好的理论基础，提供了良好的实践经验。

1984—2004 年，高校辅导员的角色规范进一步完善，高校辅导员角色的整体要求确定为政治强、业务精、作风正。在新的工作内容方面，对高校辅导员有了更进一步的角色规范。例如，在网络思想政治教育方面，强调高校辅导员是网络思想政治工作队伍的一部分，要具备较高的政治理论水平，熟悉思想政治工作规律，较好地掌握网络技术，熟悉网络文化特点；在大学生心理健康教育工作中，高校辅导员要积极开展心理健康教育，不断提高大学生心理健康素养；在大学生住宿管理方面，高校辅导员要入住大学生公寓，能够与大学生“同住、知情、关心、引导”，通过对大学生住宿管理，了解大学生的思想动态，关心大学生的思想状况、生活状况，引导大学生正确处理各种问题。此外，对高校辅导员的政治素养、理论知识等方面的规范呈现出要求逐渐提高的趋势。

进入 21 世纪，高校辅导员角色规范进入快速完善时期，党和国家对高校辅导员队伍的人员数量和队伍建设质量的要求有了明显提高。一方面，高校辅导员角色规范的整体要求提升为政治强、业务精、纪律严、作风正，在工作中始终坚持正确的政治方向，思想上、行为上始终与党中央保持一致，加强思想道德修养，增强社会责任感；另一方面，高校辅导员角色规范具体要求有所提升。例如，在对待工作的态度上，辅导员应当热爱大学生思想政治教育事业、乐于奉献、潜心教书育人；在学历方面，辅导员要具备本科以上学历，具有思想政治教育学、法学、教育学相关学科的专业背景；在工作能力方面，辅导员要具备较强的组织管理能力和语言、文字表达能力，接受

① 彭庆红，耿品．新中国成立 70 年来高校辅导员队伍建设的历史进程、总体趋势与经验启示 [J]. 思想理论教育导刊，2019（8）：132-137.

过系列岗前培训和在岗培训。在这一时期，高校辅导员角色规范体系无论总体规范还是各级具体规范都日趋完善，为高校辅导员角色实践提供了良好的规范要求。

当前，高校辅导员角色规范仍处于调整完善时期，以适应新时代社会主要矛盾的转变、新时代大学生成长发展需求的变化。在总体规范方面，辅导员要政治强、业务精、纪律严、作风正，并且要达到高水平的发展要求。高水平的角色规范具体体现在以下几方面：政治面貌要求是中国共产党党员；基本文化程度要求大学本科及以上学历，这里值得一提的是，高校在公开招聘辅导员的过程中，大部分要求硕士研究生及以上学历，部分高校要求博士研究生学历；在工作态度方面，要做到热爱学生工作，责任心强，具有奉献精神；在专业知识方面，要具备思想政治工作相关学科的宽口径知识储备，了解马克思主义理论、哲学、政治学、教育学、社会学、心理学、管理学、伦理学等学科的基本原理和基础知识；在工作能力方面，要具备较强的组织管理能力和语言、文字表达能力、教育引导能力、调查研究能力等。此外，在高校意识形态工作及宣传思想工作中，高校辅导员要积极发挥应有的作用。

三、角色技能由重点要求到全面要求

“技能”是名词属性，指掌握和运用技术的能力。角色技能指个体遵循一定的角色期望，完成角色扮演的任务而表现出来的技巧和能力。高校辅导员的角色技能可以理解为高校辅导员在遵循一定的角色期望的基础上，在角色扮演过程中，所表现出来的日常思想政治工作的技巧和能力。角色技能的掌握程度受工作环境、教育程度、学习机会等因素的影响，虽然高校辅导员应当掌握的角色技能有着统一的要求，但是受各种因素的影响，每一个高校辅导员所擅长的角色技能并不相同，或者说每一个高校辅导员的角色技能掌握程度不同。一般来说，我们可以将高校辅导员的角色技能分为一般技能和特殊技能。一般技能主要是指任何从事高校辅导员这一职业的人都应当具备的技能，如认知技能、活动技能等。特殊技能是指在扮演特定角色时所必须掌握的独特的技巧、能力、智慧和经验等，如教育技能、引导技能、管理技能、组织技能、研究技能等。高校辅导员从早期的重点要求政治引导技能、教育技能到当前的教育技能、管理技能、创新技能、研究技能等，呈现由重点要求到全面要求的发展趋势。

中华人民共和国成立初期，高校辅导员掌握的角色技能较为单一，主要是教育引导技能。在这一阶段，高校辅导员主要从事教学与研究工作，对学生进行思想教育、政治引导，主要强调活动技能的丰富，但学习技能、认知技能未受重视。在角色扮演过程中，高校辅导员需要具备适当的姿势、动作、面部表情、生态表情、体态表情等，这是高校辅导员在工作中应当具备和运用的技巧与能力。需要注意的是，在高校辅导员队伍经历曲折发展后，随着中共十一届三中全会的召开、改革开放的推进，高校辅导员的角色技能逐渐受到重视。总的来说，在这一阶段，高校辅导员的角色技能发展缓慢，这是由于高校辅导员队伍构成人员以兼职为主，高校辅导员大多为经验型思想政治工作者，对一般技能与特殊技能把握不准，在角色扮演中，高校辅导员角色技能主要以活动技能为主，缺乏对其他技能的重视与开发。

高校思想政治工作相关政策、文件的出台为高校辅导员角色技能的拓展提供了便利的外部环境。高校辅导员的角色定位逐渐清晰，高校辅导员在工作实践中更加注重分析能力与推断能力，注重他者对角色的期望，并不断尝试从他者的角度看待与调整角色实践。高校思想政治工作的开展要求高校辅导员不断转变活动理念，创新活动形式，推动了高校辅导员的认知技能、活动技能的提升，更加适应社会发展需求、高等教育要求以及学生成长需要。在这一时期，高校辅导员的特殊技能受到重视，高校辅导员不仅要具备教育技能，还要具备管理技能、心理健康教育技能等，要深入学生、了解学生、帮助学生，加强学校和家庭之间的联系，这都需要高校辅导员具备相应的技巧与能力，并且依据所带专业、班级的特色，不断探索适合自身的特殊角色技能。

进入 21 世纪，高校辅导员面临着更高的发展要求，高校辅导员队伍建设不断加强。党和国家召开相关会议，陆续出台相关政策文件，将高校辅导员的成长发展放在重要的位置。一方面，高校辅导员接受教育培训的机会增加，有助于新任高校辅导员更好地把握角色定位，增强角色认知，从而更明确自身应当具备哪些角色技能；另一方面，为有着一定工作经验的高校辅导员提供在岗培训，帮助高校辅导员拓展工作思维，更好地处理工作中面临的问题与挑战，在强化一般技能的基础上，更加注重特殊技能的发展。对优秀的高校辅导员来说，他们掌握着丰富的一般技能，并且能够依据特殊情况，探索适合自身的特殊技能，不断成长为高校辅导员队伍中的研究型、专家型人才。在这一时期，高校辅导员持续重视一般角色技能的掌握，同时注重开发与掌握特殊技能。

新时代高校辅导员更加注重角色技能的开发与拓展。新时代高校大学生呈现出与以往不同的特点，当前高校学生主要是“00后”，他们的思想状况如何、学习情况如何、生活习惯如何等，均是高校辅导员应该思考与调研的内容。一方面，高校辅导员要提升一般角色技能，在相对完善的角色评价体系支撑下，依据角色评价结果，更有依据、更加客观地调整角色技能，在全面了解他人的情感、态度以及新的角色期望的基础上，采取相应的角色行为。同时，高校辅导员的语言系统、行为系统需要依据工作条件的变化不断创新，不断适应大学生成长、发展的特点；另一方面，高校辅导员不仅要加强教育技能、管理技能、网络思想政治教育技能等，还要注重意识形态工作技能的提升，坚持马克思主义在意识形态领域的指导地位，防止突发事件的发生，这是高校辅导员应当拓展的角色技能。

四、角色实践由单独行动到分工合作

角色实践是指个体按照角色定位和角色期望创造角色的过程，角色实践是角色领悟和角色学习的进一步发展。以下三种情况需要角色创造：一是在面临一种非常松散的文化框架时，人们必须创造一个角色进行扮演；二是假定他人也在扮演角色，努力发掘隐藏在一个人行动背后的角色；三是在所有的社会情境中，人们通过向他人发出暗示，要求他们扮演某种特定角色而为自己创造一种角色。这种由角色扮演转变为角色创造的过程是人类互动的基础，使人们能够彼此互动、彼此合作[①]。角色实践是角色扮演的关键阶段，高校辅导员在工作过程中，要积极做好高校与学生之间、高校与家长之间的沟通桥梁，这是一个相互交往、共同发展的过程。由于受到主观、客观等方面的限制，角色实践并不是一帆风顺的，这就要求高校辅导员扮演好自身的角色，适应时代发展的要求。高校辅导员队伍建设既与辅导员个体相关，又与基层单位辅导员团队相关，特别是在辅导员的角色实践中，既有个体角色行动，又有团队角色行动。在不同的历史时期，高校辅导员角色实践面临的形势、任务与要求也不同。总的来说，高校辅导员的角色实践呈现由单独行动到分工合作的发展趋势。

在高校辅导员制度建立初期，高校辅导员角色实践进程缓慢，这主要受到外在环境与内在因素影响。一方面，高校辅导员队伍人数偏少，高校辅导员以兼职为主，管理部门建设缓慢，各项配套制度尚不完善，高校辅导员角

① 乔纳森·H. 特纳. 社会学理论的结构 [M].（7 版）. 邱泽奇，张茂元，译. 北京：华夏出版社，2006：454.

色实践存在无章可依的问题。高校辅导员主要依靠经验型角色行动，也就是说，辅导员本身没有接受过系统的专业化训练，解决工作中相关问题主要依靠经验的“知识”而非学理的知识。另一方面，高校辅导员队伍主要由高校政工干部与青年教师等构成，他们不仅要承担辅导员本职工作，还要负责辅导员工作外的教学、科研等工作内容，往往难以集中精力进行角色创造。随着时间的发展，高校辅导员队伍建设在曲折中缓慢发展，中共十一届三中全会以后，高校辅导员的各项相关工作恢复重建，相关部门注重加强高校辅导员的管理、培训等工作，高校辅导员队伍不断壮大。在这一阶段，高校辅导员虽然仍以兼职为主，但高校辅导员能够更好地把握角色定位，在角色扮演过程中，能够依据社会发展需求，明确他人对自己的角色期望，角色的领悟能力不断提升。但在这一阶段，高校辅导员的角色实践主要是个体实践，尚未形成高校辅导员的团队实践形式。

随着改革开放的推进、经济的快速发展和社会的不断变化，高校辅导员角色实践形式不断变化。高校辅导员队伍构成转变为专兼职结合的模式，高校辅导员接受学习与参加培训的机会增加，相关机构部门的建立、完善有助于高校辅导员在实践中创造角色。思想政治教育专业的独立设置，为高校辅导员队伍发展提供了强有力的学术支撑，辅导员的选拔与培养越来越注重专业化。当然，这一阶段强调的是辅导员个人的专业知识与工作能力发展。在这一时期，高校辅导员队伍的构成仍以兼职为主，任职时间短，造成高校辅导员流动性大，难以形成稳定的高校辅导员队伍，不利于团队建设与高校辅导员之间的沟通交流。同时，随着工作内容由原来的政治引导不断拓展到教育、管理、心理健康指导等方面，高校辅导员对角色定位的把握、角色素养的提升、角色技能的提高等，难以达到预期的要求，虽然高校辅导员在不断加强自身与团队建设，但是成效不尽如人意。此外，高校辅导员缺乏团队建设、组建兴趣小组的意识，相互之间缺乏应有的交流与沟通，难以形成大范围的团队建设。

21 世纪，高校辅导员面临更大的发展机遇，高校学生人数持续增长，高校辅导员的数量持续增多，队伍发展壮大。随着角色定位的明晰和角色规范的明确，高校辅导员对角色的认知、对角色期望的把握能力不断提升。高校辅导员角色评价机制的建立促进了高校辅导员更加客观地认知他人对自身的科学评价，从而在工作中更好地创造角色。在这一时期，高校辅导员队伍呈现专职为主、兼职为辅的特色，各地区、高校纷纷构建工作兴趣小组，开展辅导员沙龙等活动，促进了高校辅导员交流、学习、沟通，助力高校辅导员综合能力的提升。优秀高校辅导员典型的选拔在高校辅导员群体中树立了榜样，激励着高校辅导员在把握角色定位、了解角色期望的基础上，加强角色创造。此外，高校辅导员科研平台的搭建为高校辅导员理论研究、实践探索开辟了途径。理论研究有助于实践的开展，在理论研究中，高校辅导员深化了对工作的认识与把握，从而在实际工作中能更好地创造角色。

新时代高校辅导员面临新的形势、新的需求、新的要求，如何更好地扮演角色、如何进行角色创造是高校辅导员必须思考与解决的问题。当前，高校辅导员队伍朝着专业化、职业化的方向发展，推动着角色定位与时俱进、角色规范科学完善，这为高校辅导员的角色实践奠定了良好的基础。高校辅导员职业能力标准的制定与完善对不同从业时间段的高校辅导员提出了具体的各项要求，帮助高校辅导员明确工作的重点内容，明确应从哪些方面提升自身的工作能力、角色素养、角色技能，在此基础上，帮助高校辅导员提升角色创造的能力。高校辅导员角色评价机制的健全完善从多方位、全视角的层面出发，帮助高校辅导员了解角色扮演的基本情况，从而不断调整与创新角色创造的方式。同时，更高的工作要求为高校辅导员的角色实践指明了方向。例如，高校辅导员需要在宣传工作中积极作为，协助做好高校意识形态工作的相关内容，这是之前的高校辅导员角色实践中尚未突出强调的工作指向，也是新时代高校辅导员角色实践的着力点之一。面对越来越复杂多样的辅导需求，基层单位（如学生工作办公室或工作组）需要一个合作型团队来应对挑战。因此，不同的辅导员分工负责党建工作、学业辅导、就业指导、科技创新等工作，在整体配合的基础上，整合辅导员的专长来建设高效团队，这种高效团队成为高校辅导员角色实践的一种新趋势[①]。

五、角色评价由单向考评到多方考评

角色评价是指他人对个体的角色扮演的评估。高校辅导员角色评价是指在高校思想政治工作中，相关人员、相关部门对高校辅导员角色扮演整体过程的评估，是高校辅导员角色扮演的过程性评价与结果性评价的统一。高校辅导员角色评价呈现出由单向考评向多方考评的发展趋势，这与高校辅导员角色评价机制建设完善相一致。进一步来说，高校辅导员角色评价是指高校

① 彭庆红，耿品．新中国成立70年来高校辅导员队伍建设的历史进程、总体趋势与经验启示[J]. 思想理论教育导刊，2019（8）：132-137.

相关部门、大学生、高校辅导员自身等从角色期望出发，了解高校辅导员角色扮演的基本情况，对高校辅导员的角色扮演进行的综合性评价。高校辅导员角色评价有着重要的理论意义与实践意义，一方面有助于高校角色评价机制的建设与完善，另一方面有助于高校辅导员了解角色扮演中的不足，从而加强角色建设，提升日常思想政治教育的成效。

在高校辅导员制度建立初期，高校辅导员角色评价工作处于萌芽状态，这是多方面共同影响的结果。一方面，中华人民共和国成立初期，党和国家虽然致力于经济发展，但是高等教育发展的物质基础仍旧薄弱，整体上不利于高校思想政治工作的精细化开展；另一方面，虽然高校思想政治工作经过几年的发展，取得了一些良好成效，但是经过十多年的曲折发展，高校思想政治工作一直停滞不前。随着改革开放的推进，党和国家对高校思想政治工作更加重视，高校思想政治工作得以恢复和重建，这为高校辅导员的角色评价提供了良好的宏观环境。但由于这一时期高校辅导员角色规范并不完善，角色规范体系尚未确立，高校辅导员的角色评价无法全面、客观。在这一阶段，高校辅导员角色评价呈现单向评价的现状，主要是主管部门对高校辅导员的考核，对高校辅导员角色评价的内容主要参考工作时长、工作效果等。

20 世纪末至 21 世纪初，高校思想政治工作进一步推进，工作体制机制逐渐建立起来，“双重领导”体制建立健全，“双重身份”管理体制不断落实，高校辅导员角色评价机制随之发展。一方面，强调评价工作坚持实事求是的原则，力求客观公正；综合各种考评形式，依据工作实际需要，将动态评价与静态评价相结合、将定性评价与定量评价相结合、将全面评价与重点评价相结合。另一方面，强调评价的重要性，将评价结果与高校辅导员的职务评聘、奖惩、晋级等挂钩，强调加强日常管理、严格评价，并要求各地的教育工作部门、各高等学校对高校辅导员的角色评价进行检查与督促，切实加强高校辅导员角色评价的管理，促进各项评价工作的落实。

进入 21 世纪，加强和改进高校思想政治工作更加受到党和国家的重视，工作体制机制建设也放在了更加突出的位置。高校注重完善辅导员角色评级制度，定期对高校辅导员进行工作考核，并将考核结果与职务评聘、奖惩、晋级等挂钩。而且，学校对高校辅导员角色评价进行了明确规定，由于高校辅导员接受学校和院（系）的“双重领导”，对高校辅导员的角色评价由组织人事部门、学生工作部门、院（系）和学生共同参与，多主体相互配合，全方面对高校辅导员角色扮演进行评价，这标志着高校辅导员角色评价从单向评价向多元化评价的转变。

第四节　高校辅导员角色定位的基本经验

高校辅导员作为思想政治工作队伍的重要组成部分，需要以工作实际为出发点，扮演好不同时期的职业角色，践行各项规章制度，提出各种实践方案，力求保证日常思想政治教育的实效性。自高校辅导员制度创建以来，高校辅导员角色大致经历了四个发展阶段，高校辅导员角色定位不断发展变化，每一阶段的角色定位、角色素养、角色建设等要求不同，整体上呈现出一些特点，积累了丰富的经验，如强调政治引导、道德示范，强化问题导向，注重知行合一，坚持以生为本。总结这些经验可以为新时代科学、合理、清晰地定位高校辅导员角色提供有益启示。

一、始终坚持把政治引导作为角色定位的首要标准

政治引导是指高校辅导员对客体大学生在政治原则、政治目标、政治路线等方面进行的引导，目的在于使大学生保持正确的政治方向。高校辅导员所做的政治引导就是着眼于提升大学生思想认知、政治认同，通过适应国内外形势发展、符合大学生成长需要的思想政治工作方式和途径，引导大学生充分认识中国共产党领导的历史必然性和巨大优越性，自觉坚持中国共产党的领导，坚持四项基本原则，坚持改革开放，坚持中国特色社会主义道路，在思想上、政治上和行动上始终与党中央保持高度一致，为实现中华民族伟大复兴的中国梦而努力奋斗。加强对大学生的政治引导是五四运动以及百年中国青年运动的基本经验，是高校思想政治工作的优良传统，是培养时代新人的迫切需要。随着国内外形势的变化，大学生的思想观点、价值取向等呈现多元化趋势，要做好高校思想政治工作，帮助大学生提升思想认知，坚定理想信念，增强政治情感，就必须加强对大学生的政治引导，这是新时代高校辅导员角色实践的基本指向。

1952 年，高校辅导员制度正式确立，这是中华人民共和国成立后，党和国家对高校思想政治工作部署的结果。中华人民共和国成立初期，党和国家注重对大学生的政治引导，例如，1951 年 7 月，教育部在发出的指示中指出，高校思想政治教育要以肃清封建、买办、法西斯主义思想，加强爱国思想为首要任务，并用民主批评的方法适当地改造民族资产阶级和小资产阶级的思想，培养学生全心全意为人民服务的革命人生观。1954 年 11 月 4 日，《人

民日报》刊登的社论《努力培养青年一代的共产主义道德品质》强调，培养青年一代的共产主义道德品质是一项经常性的教育工作，它的中心任务是不断地提高青年的共产主义觉悟，清除资产阶级腐朽思想对青年的影响，帮助青年划清界限、明辨是非，教育青年关注天下大事、关心国家建设、关心人民苦乐。1978 年，教育部下发《关于讨论和试行全国重点高等学校暂行工作条例（试行草案）的通知》，强调要在大学生中宣传党在新时期的总任务和各项方针、政策，坚持无产阶级的政治方向，不断提高他们的思想觉悟，帮助大学生认识到学习同建设社会主义现代化强国之间的关系。1986 年 5 月，中共中央、国务院转批《国家教委关于加强高等学校思想政治工作的决定》，要求高校思想政治工作者要帮助大学生了解国内外形势，了解党的路线、方针和基本政策，使他们认清形势，明确奋斗目标，增强前进信心，更好地团结在党的周围；帮助大学生认识社会主义制度的优越性，理解改革的伟大意义，正确对待改革中的困难和问题。

随着高校思想政治工作的改革和发展，高校思想政治工作坚持注重对大学生的政治引导，通过各种途径、方法等，引导大学生坚定正确的政治方向。一方面，高校注重大学生的理论教育，加强党的基本路线教育，爱国主义、集体主义和社会主义思想教育，引导学生用马克思主义的理论、观点、方法认识问题、分析问题；另一方面，高校引导大学生关心国内外形势，了解党情、国情、社情，继承发扬中华民族优秀传统文化、革命文化和社会主义先进文化，增强大学生抵制资产阶级自由化和一切剥削阶级腐朽思想的能力，引导大学生树立建设中国特色社会主义的共同理想，树立正确的世界观、人生观、价值观。此外，高校也强调在实践中强化大学生的思想观念、政治意识，坚持学习科学文化与加强政治观念的统一，坚持学习书本知识与投身社会实践的统一，坚持实现自身价值与服务人民的统一。

进入 21 世纪，大学生的成长发展面临着各种阻碍力量，这就要求党和国家进一步加强大学生的思想政治教育，特别是对大学生的政治引导。首先，高校辅导员要通过日常思想政治教育，帮助大学生正确认识社会发展规律，认识国家的前途命运，认识自己的社会责任；引导大学生树立在中国共产党领导下走中国特色社会主义道路、实现中华民族伟大复兴的共同理想和坚定信念。其次，高校辅导员要通过全面的、多样的教育途径开展工作，如开展社会实践活动，加强院系、年级文化建设，加强网络宣传教育等，把握大学生思想政治状况，有针对性地采取教育措施。最后，丰富教育内容，高校辅导员要积极贯彻党的教育方针政策，加强马克思主义理论教育、爱国主义教育、心理健康教育、职业生涯规划教育，加强就业毕业服务工作，引导大学生在中国特色社会主义事业的伟大实践中、在时代和社会的发展进步中汲取营养，始终保持昂扬向上的精神状态。

新时代高等教育改革发展的核心目标在于提高教育质量，大学生整体素质如何是检验高等教育改革发展的重要指标。这就要求高校辅导员要落实立德树人的根本任务，注重培养满足国家需求、适应社会发展的德、智、体、美、劳全面发展的社会主义建设者和接班人，其中大学生政治观念的教育和引导是重中之重。在开展日常思想政治教育工作的过程中，高校辅导员要及时掌握学生的思想动态、政治状况，引导学生深入学习习近平新时代中国特色社会主义思想，深入开展中国特色社会主义、“中国梦”宣传教育，社会主义核心价值观教育，帮助大学生树立在中国共产党的领导下走中国特色社会主义道路、实现中华民族伟大复兴的共同理想和坚定信念。高校辅导员要在了解国情、民情、社情的基础上，根据学生的思想特点，综合运用主题教育、党团活动、个别谈心等基本方法，有针对性地提升大学生的政治素养，引导大学生成为能担当民族复兴大任的时代新人。

二、坚持把道德示范作用作为角色定位的重要导向

道德示范是用生动典型的道德形象和模范行动感染、影响、引导受教育者的一种方法。高校辅导员作为大学生的思想道德示范者、思想道德引导者，应当具备高尚的思想道德品质和职业道德修养，在开展思想政治工作中，为大学生树立道德榜样，以身作则，为人表率，将良好的道德行为践行到工作、生活与人际交往中，引导大学生形成良好的思想道德品质、践行优良思想道德的模范样式和标准。注重对大学生的道德示范是我国思想政治教育史中的重要经验，也是做好高校辅导员角色定位需要坚持的重要导向。这不仅有利于高校辅导员职业道德水平的提升，还有利于更好地发挥高校思想政治工作的作用，引导学生言行一致。

高校辅导员作为思想政治工作者，其中一个重要的任务就是培养学生高尚的道德情操，这就要求高校辅导员对大学生坚持不懈地进行道德示范，而实现道德示范的前提是高校辅导员自身要具备高尚的思想道德品质。这里的道德不仅涵盖职业道德，还包括社会公德和共产主义道德。中华人民共和国成立初期，党和国家强调无论高校教师还是学生，都应当明确认识国家利益与个人利益的一致性，认识到国家利益才是个人的最大利益和最长远的利益，这是从共产主义道德视角进行的道德规范。随着党和国家对高校思想政

治工作的不断推进，思想政治工作更加强调正确处理红与专的关系，要做到热爱共产党，热爱社会主义，自觉自愿为社会主义事业、为人民服务。

“十年特殊时期”结束后，思想政治工作得到恢复发展，要求高校辅导员加强对学生进行艰苦奋斗建设社会主义的教育，对学生进行革命传统教育，个人利益要服从革命利益、全心全意为人民服务的教育，共产主义道德品质教育等。高校辅导员要热爱社会主义教育事业和思想政治工作，有从事思想政治工作所必需的能力，工作积极，作风正派，秉公办事[①]。高校辅导员应当德才兼备，政治素质和思想作风好，把德育贯穿和渗透到教育的全过程中，并以自己的楷模作用促进学生的全面成长。在这一时期，对高校辅导员的道德规范要求不仅包括共产主义道德，还增加了社会公德与职业道德的相关内容，道德示范的要求更高。

进入 21 世纪，党和国家对高校辅导员道德示范的期望进一步提高，作为大学生健康成长指导者和引路人的高校辅导员与学生朝夕相处，对大学生的成长成才影响较大，因此高校辅导员不仅要坚持正确的政治方向，加强思想道德修养，增强社会责任感，在事关政治原则、政治立场和政治方向问题上要始终与党中央保持一致，还要德才兼备，乐于奉献，潜心教书育人，责任心强，具有奉献精神，热爱大学生思想政治教育事业。道德示范不仅要促进大学生的全面发展，还要帮助解决大学生中存在的政治信仰迷茫、理想信念模糊、社会责任感不强、艰苦奋斗精神不足等问题。在这一阶段，高校辅导员的道德示范要求更加全面、科学，这也就促进了高校辅导员角色朝着多样化、专业化的方向发展。

在新时代，高校辅导员队伍建设更加注重职业化、专业化，党和国家对高校辅导员的要求更加科学、精准，职业守则更加明确。高校辅导员要做到爱国守法、敬业爱生、育人为本、终身学习、为人师表；具有较高的政治素质和坚定的理想信念，坚决贯彻执行党的基本路线和各项方针政策；具有较强的纪律观念和规矩意识，遵纪守法，为人正直，作风正派，廉洁自律。同时，培训更加强调高校辅导员职业道德素养的提升，教育、引导高校辅导员要牢固树立正确的世界观、人生观、价值观，忠诚于党的教育事业，形成坚定的政治信念、高尚的精神追求、良好的职业操守。高校辅导员不仅要政治性强、情怀深，还要纪律严、人格正，用真理的力量感召学生，以深厚的理

① 教育部思想政治工作司.加强和改进大学生思想政治教育重要文献选编（1978—2014）[M]. 北京：知识产权出版社，2015：36.

论功底赢得学生，自觉做为学为人的表率，做让学生喜爱的人。高校辅导员在开展思想政治工作中，要同时做好优良思想道德养成的示范者、优良思想道德实践的示范者、优良思想道德弘扬的示范者，让学生在无意识或者不自觉的情况下受到辅导员的影响、感化，不断成长为担当民族复兴大任的时代新人。

三、坚持把问题导向作为角色定位的重要推力

问题导向是以解决问题为方向和目的的一种思维和工作方法。问题反映的是一个时期工作的矛盾，每一个阶段总有属于这个阶段的问题出现，只有树立问题意识，坚持问题导向，才能实事求是地解决问题。坚持问题导向是坚持马克思主义世界观和方法论的具体表现。在不同历史时期，高校辅导员角色定位呈现不同的矛盾与问题，高校辅导员的角色定位不同、角色素养不同、角色实践途径不同，正是由于高校辅导员在工作中具有强烈的问题意识，才能有针对性地解决前进中的难题，从而为其角色定位打开新的发展空间。

首先，在国际国内发展大势中发现问题。国际国内发展大势是影响高校辅导员角色演变的宏观因素，国际形势、国内环境的变化都影响着党和国家的发展战略，影响着高校思想政治工作的开展，影响着高校辅导员的角色定位。中华人民共和国成立初期，党和国家面临着资本主义国家的围追堵截、和平演变；从国内环境看，敌对势力的破坏活动影响着社会稳定，党内滋生的官僚主义作风、腐败现象等影响着高校思想政治工作的开展。在经历了曲折发展后，思想政治工作迎来了恢复发展阶段，中共十一届三中全会作出党的工作重心转移的重大决定，这为高校思想政治工作指明了发展方向。在党和国家的重视下，高校进一步加强与改进思想政治工作，进一步清晰明确高校辅导员的角色定位。中华人民共和国成立以来，特别是改革开放以来，国际敌对势力与我国争夺大学生的斗争尖锐复杂，不断输入西方文化思潮、价值观念等，影响着大学生的思想和行为，对高校辅导员工作提出了挑战。20世纪末至21世纪初，世界多极化和经济全球化在曲折中发展，和平与发展成为世界的主题，但是，世界各国之间矛盾多变，影响世界和平与发展的不稳定因素也在增多。随着改革开放的不断深入，我国从经济基础到上层建筑都有着复杂多样的变化，经济成分和经济利益多样化、社会生活方式多样化、就业岗位和就业方式多样化，给人们的思想观念造成了一定的影响。在新的历史阶段，国际国内形势发生了深刻变化，西方资本主义国家通过各种

形式宣传渗透西方文化思潮；对外开放不断扩大，社会主义市场经济深入发展，人们思想观念转变，呈现多元化、独立化趋势。当今世界处于百年未有之大变局，世界多极化、经济全球化、社会信息化、文化多样化深入发展，但同时世界面临的不稳定性和不确定性突出，人类面临许多困难和挑战。中国特色社会主义进入了新时代，这是我国发展新的历史方位，但是当前存在发展不平衡、不充分，意识形态领域斗争复杂严峻等问题，这些都影响着大学生的思想动态。

其次，在高校思想政治工作中发现问题。高校思想政治工作经过几十年的发展历程，从萌芽状态到科学化、规范化、精细化，在不断解决新问题、新矛盾中创新发展、持续完善。在不同历史时期，高校思想政治工作面临的主要矛盾和问题不同，主要改进工作内容也不尽相同。中华人民共和国成立初期，党和国家逐渐重视高校思想政治工作，高校通过各种方式开展思想政治工作，取得了良好成效，但由于经历了十几年的曲折历史，高校辅导员队伍建设停滞不前，这给高校思想政治工作造成了重创。中共十一届三中全会召开后，高校思想政治工作积极适应党和国家、社会发展要求，迎来了新的发展机遇，思想政治工作队伍不断建设发展，思想政治工作途径不断创新。高校开设思想政治教育专业，建设思想政治教育学科，成规模、正规化培养思想政治教育专门人才的有效途径不断开拓。高校思想政治工作进入科学化发展阶段，但要不要加强思想政治教育、如何开展思想政治工作是这一时期高校思想政治工作面临的主要问题。

进入 21 世纪，高校思想政治工作面临着前所未有的新情况与新问题，如何通过高校思想政治工作应对西方敌对势力的“西化”“分化”图谋，如何加强大学生的理想信念教育，如何构建网络思想政治教育阵地，这些都是需要高校重视并加以解决的问题。进入新时代，高校思想政治工作受到党和国家的进一步重视，取得了良好成效，但也面临着新的问题与挑战。如何形成高校思想政治工作的合力，如何完善高校思想政治工作体制机制，如何推动高校思想政治工作的科学化，如何推进高校思想政治工作的内涵式发展，这些都是新时代高校思想政治工作需要重视与解决的问题。

最后，在高校辅导员工作实践中发现问题。理论是否适用于实践，经过实践工作的检验便可得知。实践工作中发现的问题与挑战为高校思想政治工作指明了建设方向。高校辅导员角色定位是否适应高校辅导员实践工作，在实践工作中是否存在因角色定位模糊引起的角色冲突、角色失败，这是影响高校辅导员角色扮演成功与否的重要因素。在高校辅导员制度建立初期，高校辅导员的角色定位是政治辅导员，主要承担政治引导的工作，在这一时期，高校辅导员主要是以兼职为主，在注重大学生的政治引导之外，要承担其他方面的思想政治工作，加强业务工作与专业学习，在工作实践中往往造成教师角色与学生角色的冲突、工作与学习的冲突等，影响着高校辅导员的角色领悟与角色实践，这就要去高校辅导员的角色定位要更加符合工作现状、更加清晰科学。随着高校思想政治工作的不断推进，高校辅导员的角色定位更加符合党和国家的要求，高校辅导员作为高校思想政治工作队伍的重要组成部分，积极扮演着应有的职业角色。但随着经济发展、科技进步、大学生思想的转变，在实际工作中，高校辅导员所承担的具体工作往往超出其职责范围，呈现出职责外溢。随着网络科技的快速发展和学生心理健康问题的增多，高校辅导员要不断增加自身的网络思想政治教育能力、心理健康教育能力，不断适应各方面的要求，促进高校辅导员角色定位的专业化、科学化。21 世纪，高校辅导员队伍建设朝着专业化、职业化方向发展，形成了以专职为主、专兼结合的队伍构成形式。随着大学生思想观念问题的增多和社会要求的提高，高校辅导员主要扮演日常思想政治教育者和管理者的角色。但在这一时期，在工作实践中，高校辅导员往往感觉力不从心，事务性工作多于教育性和管理性工作，维护学生利益与维护学校利益往往存在冲突，这些问题的存在影响着高校辅导员的角色认知与角色扮演。进入新时代，高校辅导员面临着更高的工作要求、更加精细化和科学化的工作指向，这就要求高校辅导员全面把握新时代高校思想政治教育的要求，立足实际工作，增加角色认知，增强角色情感，提升角色素养，提高角色技能，切实做好日常思想政治教育工作。

四、坚持把知行合一作为角色定位的基本要求

行之力则知愈进，知之深则行愈达。理论联系实际是开展高校思想政治工作的基本方式，也是推进高校辅导员角色定位的重要途径。知是行的基础，行是知的目的和归宿，坚持知行合一是高校辅导员角色定位的基本要求。对高校辅导员的角色定位是在中国共产党思想政治工作，特别是高校思想政治工作推进的过程中，不断总结出的实践经验，进而上升为理论内容。马克思主义强调，认识是永恒发展的、不断上升的螺旋式前进过程，是在实践的基础上不断推进的。高校辅导员角色定位的过程，也是知行合一的过程。

首先，知为行之始。高校辅导员在开展日常思想政治教育前，要准确把

握自身的角色定位，全面了解为什么确定这样的角色定位、如何在实践中扮演好角色。为了促进高校辅导员更好地开展工作，我国高在不同历史阶段都强调高校辅导员理论的学习，不仅要学习党的理论、路线、方针、政策，还要学习与思想政治工作相关的政策文件，不断夯实理论基础，提升工作素养。随着学术支撑体系的不断完善，高校辅导员角色的相关理论不断丰富，一方面，相关理论学科的内容不断完善，中国特色哲学社会科学体系不断完善，与高校辅导员队伍建设相关的思想政治教育学、社会学、教育学、心理学等学科经过建立、完善、发展，指导着高校思想政治工作的开展。另一方面，随着理论体系的细化，思想政治教育学、政治学、教育学、伦理学、法学、管理学、社会心理学等更加贴近高校辅导员角色定位等工作需求，相关研究者开始将不同学生科的内容运用到高校辅导员工作实践中，促进了学科交叉融合，形成了一系列研究成果。

高校辅导员角色定位是一项复杂的系统工程，高校辅导员角色定位的理论创新应当坚持多学科发展思维，大胆借鉴相关学科的不同研究方法，充分发挥相关学科的协同效应，在研究过程中做到从不同的视角系统审视、整体把握，全面推进高校辅导员角色定位的理论发展，为高校辅导员角色的发展演变提供丰富的知识借鉴、有力的学科支撑和科学的理论依据。但是，在推进理论创新和不同学生科研究方法深层交融的过程中，我们应当特别注意走出简单的“概念移植”“方法套用”“体系嫁接”等误区，立足我国实际，从当前大学生的发展特点出发，实事求是，善于发现问题，有针对性地、创新地推进高校辅导员角色定位的科学化、精细化。

其次，行为知之成。在角色扮演过程中，高校辅导员要做到在学习中思考，在实践中领悟，将理论研究成果运用到工作实践中。高校辅导员在工作中要检验理论的科学性，在工作实践中弄懂、弄通政策文件与理论成果，在实践中主动学习、主动思考，不断提升自身的工作能力。在工作实践中，高校辅导员要通过学习政策文件增强自身的角色意识，这是全面把握高校辅导员角色的第一步。然后，切实扮演好工作中的各个角色，在角色实践过程中进一步加强对角色的把握与领悟。在此基础上，将自身领悟与政策文件、理论研究成果相结合，寻找更深入的结合点，并探寻更有效的工作方式。为促进高校辅导员深入、全面地把握职业角色，相关部门、高校可以通过开展高校辅导员岗前培训、在岗培训，帮助高校辅导员尽快领悟与适应角色；通过树立职业榜样，评选“十佳辅导员”“优秀辅导员”“最美辅导员”，举办辅导员职业能力大赛等，激励高校辅导员向先进典型学习。

最后，高校辅导员角色扮演的过程并不是一帆风顺的，往往面临自身难以把握的角色定位、角色冲突甚至角色失败等问题，既有着高校辅导员自身的理论素养、工作能力不到位的原因，也有着他人对高校辅导员角色期望不一致、高校辅导员角色冲突调适机制不完善的原因。在这一基础上，更深入地认识问题、分析问题，从而有针对性地创新工作实践的途径，成为近年来高校辅导员角色实践需要把握的发展方向。

五、坚持把以生为本作为角色定位的基本原则

育人是高校一切工作的中心，坚持以生为本是高校思想政治工作的一条重要经验，是当前和今后仍要继续坚持的重要原则。在角色实践的过程中，高校辅导员突出以生为本，实践工作始终围绕学生、关心学生、关爱学生，在工作中强调学生的主体地位，以学生的发展需求为工作导向、以解决学生的现实问题为重点工作，将学生全面发展放在首位，在全员育人、全程育人、全方位育人中更好地服务学生，促进学生成长成才。

高校辅导员角色的发展演变和大学生成长发展要求相一致、与大学生中存在的主要问题相对应。中华人民共和国成立初期，大学生存在着思想观念、政治态度等方面的问题，这就需要高校思想政治教育工作者加强对大学生的政治引导，强化马克思主义理论教育，致力于提升大学生对党的基本路线的认识，增强政治认同，为中华人民共和国建设增添新生动力。改革开放以后，大学生受到国内错误思想及资本主义思想的侵蚀，对马克思列宁主义、毛泽东思想以及中国共产党在新时期的总任务和各项方针、政策的了解不够。高校要培养社会主义革命和社会主义建设所需要的各种专门人才，就要先加强对大学生的政治引导与思想教育，这是高校辅导员的工作方向。随着改革开放的推进，我国经济不断发展，大学生的培养目标为“四有新人”，如何帮助大学生树立科学的世界观和为人民服务的思想，坚定建设中国特色社会主义的理想信念，成为高校辅导员的工作内容。进入 21 世纪，随着高校扩招，大学生人数快速增加，大学生思想政治教育工作整体上呈现良好的发展趋势，但是面临着严峻的国内外挑战，部分大学生存在理想信念模糊、政治信仰迷茫、难以辨别网络信息的真伪等问题。高校辅导员要不断创新学生管理工作与教育工作的形式，确保日常思想政治教育的效果，是这一阶段高校辅导员的工作内容。在新时代，大学生整体上积极向上，高校辅导员不仅要落实立德树人的根本任务，还要致力于培养出能担当民族复兴大任的时代新人，这就要求高校辅导员政治要强、情怀要深、思维要新、视野要广、

自律要严、人格要正，以德立人、以身作则，在工作实践中做好大学生的教育者、管理者、人生导师和知心朋友。

高校辅导员角色的发展演变体现在高校辅导员队伍建设要求的变化中。为了确保大学生的全面发展、快速成长，高校辅导员队伍不断壮大与完善，不仅在数量、比例方面有了明确要求，还在质量方面有了更高的标准。中华人民共和国成立初期，高校辅导员主要由青年教师担任，以兼职为主。改革开放后，为了进一步加强高校思想政治工作，高校辅导员主要由青年教师和优秀高年级学生担任，坚持兼职为主的原则，对学生和辅导员的比例关系尚未明确规定。20 世纪末，党和国家更加重视辅导员队伍建设，强调建设一支以精干的专职人员为骨干、专兼职结合的辅导员工作队伍，在一定范围内配备一定数量的兼职辅导员，形成专兼结合、专职为主的构成。在新时代，高校思想政治工作取得了较大成效，对高校辅导员队伍建设要求更高，不仅有科学设定的《高等学校辅导员职业能力标准（暂行）》《高校思想政治工作质量提升工程实施纲要》，还要求各高校要配备足额的专兼职辅导员，辅导员和学生比例不得低于 1 ： 200。

高校辅导员角色的发展演变体现在高校辅导员与学生的关系转变中。在思想政治教育过程中，高校辅导员居于教育者、管理者的位置，大学生是受教育者、被管理者。从中华人民共和国成立初期到改革开放初期，高校一直强调高校辅导员对大学生的教育引导作用，高校辅导员在这一阶段居于主导地位，大学生的主人翁地位并未真正得到体现，更多的是单向的“灌输”教育。随着改革开放的不断推进，我国经济发展，科技进步，高校教育观念转变，更加强调大学生在高校思想政治工作中的主人翁地位，高校辅导员通过班集体、宿舍和年级工作，积极主动深入大学生的学习生活中，拉近与大学生的距离，更加贴近大学生实际。进入 21 世纪，高校辅导员不仅要注重日常思想政治教育，还要努力成为大学生的人生导师和健康成长的知心朋友，这就更加强调高校辅导员与大学生之间的平等关系。高校辅导员要全面了解学生、关爱学生，要帮助学生解决实际困难，成为大学生学习上的得力助手、生活中的引路人。在新时代，高校辅导员是高等学校学生日常思想政治教育和管理工作的组织者、实施者、指导者，在加强与学生的沟通交流中，高校辅导员应当努力成为学生成长成才之路上的人生导师和健康生活的知心朋友。此外，大学生成为高校辅导员评价主体之一，体现了大学生的主人翁地位。

理解高校辅导员角色发展演变呈现出的以生为本的特点应当注意以下内

容：坚持以生为本并不是“唯生论”，当大学生的利益与学校的利益冲突时，高校辅导员要综合考量办事标准，客观全面评价大学生的行为。此外，大学生的实际需求并非完全合理，在开展思想政治教育过程中，高校辅导员要在合理的范围内满足大学生的学习、生活、工作中的其他要求，把握界限。虽然相关政策文件要求高校辅导员应当成为大学生的“知心朋友”和“人生导师”，但这并不代表大学生可以有与高校辅导员“称兄道弟”“帮派化”等行为，高校辅导员在面对自己尚未经历或无法给出正确建议的问题时，切忌逞强，而应当请教经验丰富的辅导员或相关研究专家，科学、有效地解决问题。

第三章　高校辅导员角色冲突分析

第一节　高校辅导员角色冲突类型

一、高校辅导员角色内冲突

高校辅导员角色冲突是一个复合性问题，不是单方面的角色冲突的表现，也不是各方面角色冲突的简单累积，而是一个复杂的、多样性的角色冲突集合体。通过研究发现，高校辅导员主要面临着角色内冲突与角色间冲突。角色内冲突是指发生在角色扮演者同一角色内部的矛盾，往往源于外在的角色期望与要求不一致，由角色本身所包含的内在矛盾所造成的，这种冲突一般造成角色扮演者的紧张、焦虑等心理状态，处于一种进退维谷、无计可施的情境中[①]。高校辅导员角色内冲突是由于人们对高校辅导员的期望与要求不一致，或高校辅导员由于自身限制所引起的角色冲突。

（一）不同角色期望引发的角色冲突

高校辅导员是社会角色的一种，由于其职业特殊性，往往承载着党和国家的期望、高校相关部门的期望、学生家庭的期盼、学生成长发展的需求等。不同群体对高校辅导员有着不同的期望，这种期望来自不同方向，指向不同内容，影响着高校辅导员的日常工作内容与工作方式，有时会造成角色行为无所适从。

1. 高校各群体不同的角色期望引发的角色冲突

高校思想政治工作队伍是由高校思想政治理论课教师、辅导员、班主任

① 奚从清．角色论：个人与社会的互动 [M]. 杭州：浙江大学出版社，2010：130.

以及学生工作部（处）、校团委、宣传部等相关部门的工作者构成，不同的思想政治工作者对高校辅导员“做什么”“如何做”有着不同的态度与看法。这些不同的态度与看法影响着高校辅导员在实际工作中的角色扮演，角色行为矛盾由此产生，导致角色冲突。

第一，高校辅导员接受学校和院（系）双重管理，学生工作部门牵头负责高校辅导员的培养、培训和考核等工作，同时要与院（系）党委（党总支）共同做好辅导员的日常管理工作，院（系）党委（党总支）负责对辅导员进行直接领导与管理。在把握党和国家对自身期望的前提下，高校辅导员也要把握学校与院（系）对自身的期望。但在实际工作中，高校辅导员面临着学校、院（系）对自身期望不一致的情况，当学校、院（系）对高校辅导员提出不同的长期、短期的工作要求时，辅导员往往难以抉择。高校辅导员在接受双重领导的同时承受着双重的压力。

第二，校内不同部门对高校辅导员的角色期望不同。高校辅导员的基本工作职责包括思想理论教育和价值引领、党团和班级建设、学风建设、学生日常事务管理、心理健康教育与咨询工作、网络思想政治教育、校园危机事件应对、职业规划与就业创业指导、理论和实践研究等。这些基本的工作分别与学生工作部（处）、宣传部、招生就业处、校团委等部门相关联，每个部门的工作内容不同，工作理念也有差异，工作要求也不一样，这些不同体现在实际工作中同时负责落实不同部门的相关工作，对高校辅导员来说，既是本职工作，又是一种挑战。在一年中的12个月，每个月高校辅导员都有固定的工作内容，大量的事务性工作考验着高校辅导员的工作态度与工作能力，这对高校辅导员的心理素质也是一种锻炼。

第三，学生的成长需求不同。高校辅导员工作的核心在于教育、管理、服务学生，帮助学生全面发展、成长成才，因此学生的期望是高校辅导员角色期望的重要部分，学生期望的工作方式影响着高校辅导员工作的方式。但从高校辅导员的角度来看，越是宽松的教育管理方式越难以产生良好的工作效果。为确保工作效果，高校辅导员一方面要完成学校安排的各项工作任务，另一方面要考虑学生的发展需求。在工作过程中，高校辅导员往往难以协调。

此外，高校在校学生以“00后”为主，他们呈现出朝气蓬勃、好学上进、视野宽广、开放自信、不拘泥古板、创新性强等特点。高校辅导员越来越年轻化、高学历化，这一方面有利于高校辅导员与学生加强交流，另一方面能深化高校辅导员对学生成长规律的把握。面临学生的多元化成长需求，部分高校辅导员表示有些“力不从心”。虽然高校辅导员注重提升创新思维与能力，但由于事务性工作居多，往往难以协调好创新与实践的关系。在社会快速发展、学生不断变化的情况下，高校辅导员的工作方式方法难以与新时代学生的实际需求相匹配，容易产生“老”与“新”的冲突。

第四，高校教师对高校辅导员角色期望的特殊性。高校辅导员具有教师身份，是高校教师队伍中的一员，应当与高校思想政治理论课教师、专业课教师一起，通过开展形势与政策教育、主题教育等，加强对学生的思想教育、价值引导。从学风建设角度来讲，高校辅导员要了解学生所学专业的基本情况，引导学生养成良好的学习习惯，掌握正确的学习方法，营造浓厚的学习氛围。高校辅导员所学专业与所带学生专业并不都是一致的，这就要求高校辅导员注重学风建设，配合专业课教师，促进学生更好地学习专业课程。但这并不意味着学生学习成绩不好、学风建设不足就完全是高校辅导员的责任。在实际工作中，高校辅导员作为思想政治工作者，有时被任课教师“排斥”，没有形成协同育人共同体，这就给高校辅导员增加了工作压力，影响了高校辅导员对自身工作地位、价值的肯定。

2. 学生家庭的不同角色期望引发的角色冲突

高校辅导员是学校与家庭沟通的桥梁，建立学校和家庭之间的联系网络，为学生营造良好的成长环境，是高校辅导员的工作内容之一。在入学初，大学生会上交一份个人基本信息表，高校辅导员要从信息表中了解学生的家庭信息与家长的联系方式，这是辅导员与家庭建立联系的第一步。在此基础上，辅导员要了解是否存在困难家庭、单亲家庭等特殊情况的家庭，对于这些家庭的学生要持续跟踪关注。同时，高校辅导员要根据学生的日常表现与综合情况，及时与有特殊表现的学生的家长取得联系，共同致力于解决相关问题，这是比较理想的沟通模式。

家长往往保持与学生的密切联系，持续跟踪了解学生的综合情况。待学生进入高校后，家庭成员想要通过辅导员了解学生的生活、学习情况，就要经常与辅导员联系，这就为高校辅导员增添了工作压力。按照师生比 1 ∶ 200 配备比来说，高校辅导员需要花费大量时间向家长汇报学生的情况。对有着特殊要求的家庭，高校辅导员需要更多的时间与精力进行处理。

3. 社会评价与自我评价不一致引发的角色冲突

高校辅导员作为大学生思想政治教育的骨干力量，在落实立德树人根本任务、帮助学生成长发展、促进高校工作推进方面具有重要的作用和价值，这就决定了高校辅导员应当具有较高的社会地位。但实际上，无论是社会还是高校，并未给予高校辅导员应有的重视与回应，高校辅导员往往处于“说起来重要，做起来次要，忙起来不要”的尴尬境地。

高校辅导员具有教育者和管理者双重身份，虽然具有教师与管理者之名，但是难以享受到专业教师应有的待遇。晋升困难、转岗压力影响着高校辅导员的职业规划，高校辅导员在工作中难以找到自我价值与工作的成就感。特别是与相似年龄段、从事教学工作的同事相比，高校辅导员往往感觉到压力、迷茫。这就影响了高校辅导员队伍的稳定性与职业化建设。久而久之，高校辅导员会因为社会评价与自我评价的不一致产生工作倦怠感，从而加剧角色冲突。

（二）自身限制引发的角色冲突

1. 高校辅导员职业要求与实际素养水平不一致

在不同时期，高校辅导员的工作要求虽然不断调整变化，但总体来看还是适应高校思想政治工作要求、适应高校辅导员队伍建设发展的。高校辅导员的工作要求主要包括职业守则，（如爱国守法、敬业爱生、育人为本、终身学习、为人师表等）、职业知识，（如基本原理、基础知识、专业知识、法律法规知识等）。随着时代的不断发展和高等教育改革的深化，高校思想政治工作更加注重学生的全面成长发展，这就要求高校辅导员具备较为全面的综合素质和知识结构，从而更好地扮演角色丛中的每一个职业角色。这一方面要求高校辅导员要提升工作技能，扩大工作覆盖面；另一方面要求高校辅导员要不断提升自身的专业性、职业性。但在实际工作中，高校辅导员往往难以兼顾、平衡两者，事务性的工作占据了高校辅导员大量的工作时间，部分高校辅导员的专业知识、实践能力难以满足社会、高校的要求以及学生的需求。面对学生的困惑、问题，高校辅导员难以全面指导，往往心有余而力不足，这就造成了高校辅导员的角色困惑，影响着辅导员的工作途径、方式与效果。

2. 高校辅导员工作要求与实际工作技能的冲突

职业的特殊性往往决定着工作要求的特殊性，高校辅导员角色的多元化决定了工作要求的全面性。一方面，高校辅导员的工作职责主要是开展教育引导、价值传播等工作，强调的是正向的引导，追求的是符合社会主流价值观与共同行为规范的目标。虽然社会在发展，人们的生活水平不断提升，但是价值观念、思想行为日益多元、复杂。高校辅导员作为社会人，自身的价值观念与教育学生所传递的价值观念不可能完全相同，辅导员不仅要维持与社会主流意识形态相适应的价值观念，还要对学生秉持宽容与理解的态度，这就给高校辅导员带来了一定的角色困扰。

另一方面，高校辅导员应当具备较强的组织管理能力和语言、文字表达能力，以及教育引导能力、调查研究能力等，这是高校辅导员需要具备的基本工作技能，如果从更为细致的角度来讲，辅导员要掌握的技能更多。在新时代高校思想政治工作中，党和国家、高校更加强调的是“创新能力”“学术研究能力”，这就说明实际所具备的能力与工作要求的能力存在一定的偏差，这种偏差影响着高校辅导员的角色扮演。

二、高校辅导员角色间的冲突

（一）教育者与管理者之间的冲突

作为高校思想政治工作的一个重要原则，教育与管理相结合既反映了教育规律，又是管理规律的体现。对高校辅导员来说，教育与管理如同鸟之双翼、车之两轮，相辅相成，缺一不可。[①]然而，高校辅导员在同时扮演教育者和管理者两种角色的过程中常常出现矛盾和冲突。

1. 工作方式不同导致的冲突

高校辅导员要在日常思想政治教育中承担一定的教学任务，在工作实践中积极落实国家和学校各项教育教学政策，扮演着教育者角色。具体来说，高校辅导员在扮演教育者角色过程中，一方面将理论与实践紧密结合，长期工作在大学生思想政治教育工作一线的高校辅导员更加了解大学生的思想现状、学习能力、生活状况等，在此基础上将理论学习与社会实践相结合，这既是高校思想政治理论课教学的要求，又是高校辅导员的岗位优势。另一方面，高校辅导员在育人中要注重思想道德素质的培养，在对学生进行理论教育的过程中，帮助学生树立正确的世界观、人生观、价值观，树立远大的理想信念，通过校园文化活动、班级建设、寝室文化建设、党员发展工作等培

---

① 曲建武，熊晓梅，张伯威．高校辅导员工作学 [M]. 沈阳：辽宁大学出版社，2007：154.

养大学生的爱国主义和集体主义精神。此外，高校辅导员队伍的建设发展为其教师角色的扮演提供了良好的条件，高校辅导员在明确职业发展方向、队伍建设稳定的基础上，将日常思想政治教育工作融入高校人才培养的主渠道，积极在学科、专业、课程、科研等方面进行指导，为培养能担当民族复兴大任的时代新人不断努力。

高校辅导员的干部身份与工作中的管理职责相联系，高校辅导员的管理工作是学校行政管理事务的重要组成部分。高校辅导员通过行政管理手段，积极做好各类日常事务性工作，保障高校日常思想政治工作的顺利运行，落实国家、学校的各项工作内容。高校日常管理工作与高校辅导员紧密相关，如高校学生的日常管理工作、安全稳定工作等都与高校基层工作相关。可以说“上面千条线，下面一根针”描述的就是高校辅导员的工作状态，学校相关部门的多项事务性工作都需要通过高校辅导员来落实，从这个角度讲，管理工作是高校辅导员工作职责的基础性内容。

高校辅导员在扮演教育者和管理者时面临的角色期望不同，工作方式也有所不同。作为思想政治教育者，高校辅导员主要对学生进行思想引导、理论教育，这就要求高校辅导员具备良好的知识形象、实践形象、道德形象等，只有这样才能在工作中受到学生的尊重与信任。而作为日常事务管理者，高校辅导员主要依据规范、政策文件开展工作，具有一定的严肃性、强制性，这就要求高校辅导员严格执行相关规定，在工作中往往会使学生产生逆反心理和抵触情绪。

2. 工作内容不同导致的冲突

管理工作是指高校辅导员承担的日常的事务性管理方面的工作，主要包括对学生日常事务的管理以及学校相关部门的行政事务工作、学院的行政事务工作。管理工作特别是行政事务工作具有实时性、复杂性、烦琐性等特点，高校辅导员在承担相应的管理工作时，要明确相应的管理工作内容，加强沟通，注重信息的收集和整理等，这就要求高校辅导员在工作中要作风正、原则强、工作优，切实认真开展相关的管理工作，注重与学院相关人员、学校相关部门的沟通交流，提升管理工作的成效。高校辅导员要承担一定的管理工作，是基于高校辅导员的工作特点，相较专业教师等，高校辅导员最为了解大学生的基本情况，最为熟悉与大学生相关的管理工作，能够保质保量地完成管理方面的工作。同时，高校辅导员大多是年轻的工作人员，承担一定的管理工作有助于提升工作能力、强化工作素养，进而更好地成长。

学术科研工作是高校辅导员成长发展的重要内容。高校辅导员要在工作中发现问题、分析问题、创造性地解决问题，不断积累工作经验，立足相关学科知识开展学术研究。一般而言，科研能力是指高校辅导员能够独立确定科研课题，搜集整理已有的政策文献与研究资料，掌握科学研究方法，有计划、有目的地实施研究，得出科学结论的能力。高校辅导员的科研能力主要表现在以下几个方面：一是具备思想政治教育学、教育学、社会心理学、管理学等相关学科的基础理论知识，这是开展学术研究的基础；二是善于梳理研究现状，对研究领域内相关学者已有的研究成果进行有条理、有逻辑的全面梳理，明确研究中存在的不足及未来发展的方向；三是掌握一定的研究方法，研究方法的类型较多，但要明确不同的研究主题、内容需要什么样的研究方法；四是要敢于反思、勇于创新，对研究中发现的问题进行全面、深入的思考，剖析原因，探索解决途径，进而形成能指导实践的理论成果。科研能力的获取与提升需要高校辅导员其他工作能力的配合，如分析判断能力有助于高校辅导员确定研究主题；组织活动能力能促进科研团队的构建；语言文字表达能力有助于把握国内外学生事务工作的前沿进展，促进高校学生事务管理的比较研究。

随着高校辅导员队伍的发展壮大，高校更加强调其专业化、职业化建设。在延续“双肩挑”历史传统的基础上，高校辅导员既要做好思想政治教育引导工作，又要做好日常思想政治管理方面的工作研究；不仅要承担“形势与政策”“大学生职业发展与就业指导”等方面的课程，还要研究如何开展好日常思想政治工作、如何做好学生日常事务管理。但在实际工作中，高校辅导员往往面临“双肩挑，一头沉”的问题，他们的大量时间都用在了学生日常事务管理以及其他的事务性工作中，科学研究难以推进，学术成果没有办法保证。因此，如何协调好行政工作与学术科研成为困扰高校辅导员的一大问题，影响着高校辅导员的角色扮演。

3. 工作效果不同导致的冲突

高校辅导员无论是扮演思想政治教育者，还是扮演学生日常事务管理者，其目的都是促进大学生全面发展，落实立德树人的根本任务。坚持管理与教育相结合是高校辅导员同时扮演两种不同角色的理想状态。一方面，高校辅导员要通过教育将管理的理念、方式传递给广大学生，告诉学生管理的必要性，使学生明白管理工作是为了使他们更好地学习、生活，更好地接受高等教育，不断促进大学生思想观念的转变，从而更好地加强管理。

另一方面，高校辅导员要在管理中渗透教育理念，通过评奖评优、勤工助学、宿舍文化建设等管理工作，引导学生看到管理背后的教育理念，不断影响学生的价值观念、行为方式。也就是说，高校辅导员通过管理把教育的内容要求具体化，促进大学生思想道德认识与行为的转化，使大学生成长为能担当民族复兴大任的时代新人，同时反馈管理的结果，不断丰富教育的内容，改善教育的方式。在理想状态下，高校辅导员的工作能力可以不断提升，日常思想政治工作成效也能不断加强。

（二）管理者与服务者之间的冲突

1. 工作内容不同导致的冲突

管理者角色是高校辅导员“角色集”中的重要角色，是指高校辅导员在日常思想政治工作中开展的队伍管理、信息管理、规范管理和事务管理等。具体来说，高校辅导员队伍管理主要是指管理和指导大学生参加党组织、团组织、学生会、社团、青年志愿者服务队、红十字会等。信息管理是指高校辅导员汇总大学生各类个人信息，如成绩信息、通信信息、道德信息、心理信息、网络信息、职业生涯规划信息等。规范管理是指高校辅导员在国家相关法律法规和学校规章制度的范围内，制定或者指导制定相关的规定或者准则，建立规范体系，规范大学生在校期间的学习、生活、工作等行为。事务管理是指高校辅导员处理与大学生相关的日常事务性工作，如突发事件的处理、宿舍管理、考勤管理、奖学金管理、资助育人工作管理等。

服务者角色是指高校辅导员为服务学生而开展的系列工作，这是相对于传统的管束型学生工作方法而言的，倡导以学生为本，以服务学生成长成才为重心，以促进学生主体性发展为重点，将服务与发展等融为一体，贯穿于高校思想政治工作的始终。高校辅导员服务者角色的工作内容主要包括党团和班级建设、心理健康教育和咨询、职业生涯规划与就业指导等。党团和班级建设是指高校辅导员指导与培养学生干部队伍，加强建设大学生党支部、团组织和班级，开展系列党团活动，帮助大学生坚定理想信念。心理健康教育和咨询是指高校辅导员配合学校相关部门做好筛查服务、心理健康服务、心理咨询服务、干预与转介服务。职业生涯规划与就业指导是指高校辅导员根据大学生的兴趣爱好、专业特点等开展的职业生涯规划服务、就业指导服务、创业指导服务等。

管理者的形象往往与权威、严肃相关联，有着一定的距离感。服务者的形象有着一定的亲和力和感染力，往往更加贴近学生的学习与生活。高校辅导员的工作职责既涵盖管理的工作，又包括服务的内容，并且两方面的工作内容、工作要求同时存在，无法严格按照时间与地点等区分开来。高校辅导员在做好学生管理的同时，需要注重服务学生的成长，只有这样才能顺利地同时扮演好两种角色，而认识到两种角色的工作职责的不同则是开展好工作的第一步。

2. 工作立场不同导致的冲突

高校辅导员作为高校工作者，遵守高校规章制度，聚焦高校中心工作，服务高校发展大局，承担相应的教育管理工作，推动高校相关工作的开展。具体来说，高校辅导员应积极参与到高校相关建设发展工作中。一方面，高校辅导员作为学校聘用的工作人员，需要承担相应的工作义务，如全面把握学生的思想动态，加强学生日常教育管理，服务学院发展，维护校园和谐稳定等；另一方面，高校辅导员作为大学生在校期间最长时间的陪伴者，应当做好学校、学院与学生沟通的桥梁，及时发送相关信息告知学生，对学生存在的疑惑、问题与突发事件等，及时向学院及学校相关部门进行反馈，促进学校与学生的沟通交流、和谐共处。

高校辅导员作为服务者，是大学生在校期间的利益诉求、烦恼倾诉、情感分享的聆听者，是大学生在校期间各类评奖评优的主要负责人，与学生各方面的利益密切相关。一方面，高校辅导员通过日常关注了解学生的思想动态、感情状况、学习情况、情绪波动等，并对学生存在的困难与问题，要主动了解，及时帮助生学；另一方面，高校辅导员作为大学生在校期间各类评奖评优的主要负责人，要坚持公平、公正、公开的原则，切实维护学生的各项利益。此外，对于学生发出的合理诉求，高校辅导员应当了解情况、及时反馈，促进与学生的沟通交流，快速解决问题。

3. 工作方法不同导致的冲突

高校辅导员要扮演好管理者与服务者的角色，不仅要明确工作内容，坚定工作立场，还要掌握相应的工作方法。高校辅导员只有认真履行工作职责，全面、完整地实践管理工作的内容，掌握科学的管理方法，才能确保大学生全面成长成才。首先，高校辅导员要能够了解学生，全面掌握学生的思想状况、道德品质、生活状况、集体活动参与情况等，掌握学生的第一手资料，既要了解学生的共性，又要了解学生的个性，从而有针对性地开展管理工作。其次，高校辅导员要严格纪律约束，引导学生学习法律法规、校纪校规，依据考核管理办法，记录学生日常学习、生活与工作的表现，与评奖评优相关联，提升学生遵纪守法的自觉性，培养学生的集体观念。最后，高校辅导员要发挥关键少数力量，主动抢占关键阵地。学生干部是学生群体中的关键，高校辅导员要充分发挥学生干部的管理作用，经常与学生干部沟通，全面了解学生的基本动态。同时，高校辅导员要及时抢占网络阵地、宣传阵地，协助建设好高校意识形态阵地。

高校辅导员作为服务者，其工作对象是学生，要把学生的尊严、学生的价值放在首位，不仅要关注学生所关注的热点，还要关注影响学生利害关系的核心点，只有坚持以生为本，才能受到学生的尊敬与爱戴。围绕学生全面成长成才，高校辅导员需要构建起一系列的服务方法，如入学指导服务方法、日常生活服务方法、身心健康服务方法、素质拓展服务方法、就业指导服务方法等。虽然服务方法较多，但总的来说，都具有以生为本、多样化、发展性、全程化等特点。不同的工作可以使用一种服务方法，也可以多种服务方法相结合。

（三）教育者与服务者之间的冲突

作为教育者的高校辅导员主要对学生进行思想教育、政治引导，承担着传道、授业、解惑的职责。在教育和引导的过程中，随着学生的信任和接纳程度的不断提升，高校辅导员要丰富教育内容，创新教育形式，增强教育成效。作为服务者的高校辅导员，只有在真正关心学生、服务学生、爱护学生的过程中，及时为学生提供帮助，给予学生关怀和理解，才能赢得学生更多的信任。教育与服务是一体的，共同服务于高校思想政治工作和学生全面成长成才。但在实际工作中，两者的工作内容、工作方式有着很大的区别和不同，高校辅导员只有把握两者的联系与区别，才能顺利扮演好职业角色。

1. 工作内容不同导致的冲突

教育者角色是指高校辅导员应当指导、引领大学生的成长发展，并就思想政治教育方面的问题对大学生进行传道、授业、解惑。首先，要引领大学生树立正确的理想，明确发展的方向。例如，高校辅导员提升对大学生思想状态等问题的认识高度，了解大学生的疑问与困惑，运用多种方法加强和改进大学生思想政治教育，增强工作针对性。其次，引领大学生直面人生课题，指导大学生破解人生困惑。例如，高校辅导员要从大学生的视角出发，了解大学生成长成才过程中所面临的迷茫点、困惑点，以平等的、友好的方式开导大学生，让大学生能信任辅导员，引导大学生积极面对问题，善于思考，敢于应对。再次，引领大学生领悟人生真谛，指导大学生积淀人生智慧。例如，高校辅导员要引领大学生明确个人价值、社会价值，无论在学习、生活还是未来的工作中，都应当具备积极的、明确的人生态度，以辩证的思维看待是非、利弊、善恶、美丑，不仅要知道自身追求什么样的生活，还要知道为何追求，更要知道如何追求。最后，引领大学生端正人生态度，指导大学生激发人生动力。例如，高校辅导员要培养大学生积极乐观的人格，善待人与物，勤勉学习，踏实工作，辩证地看待过去、现在与将来，顺境与逆境，成功与挫折，教育学生要以先进榜样激励自己、鞭策自己，不断成长。

服务者角色主要强调高校辅导员在工作中以朋友的身份对大学生进行教育和管理，加强与大学生的沟通交流，在平等交流中促进大学生的全面成长。高校辅导员要善于抓住与学生利益最为相关、学生最关心、最现实的问题开展工作，强化服务意识，增强服务功能，搭设服务平台，为学生全面成长发展提供有效的服务。更为详细地说，就是要加强对特殊学生的关心、帮助与支持，关注学生的心理健康，通过积极的心理疏导，培养学生健康的心理素养；开导面临感情问题的学生，引导他们积极面对生活；关心就业创业困难的学生，帮助他们了解自身的特长、不足，树立正确的就业观念，有意识地提升综合素质，提高竞争力。

党和国家期望高校辅导员成为学生成长成才的人生导师和健康生活的知心朋友，这样一种理想的工作状态也是对高校辅导员提出的工作指向。高校辅导员在面临同时扮演两种不同角色或者更多职业角色时，就会出现一定的困难。

2. 工作方式不同导致的冲突

一直以来，教育者是高校辅导员的核心职业角色，随着社会的发展、高等教育的大众化、高校学生数量的持续增加、科学技术的不断进步，高校辅导员的教育方式也在不断转变。当前，国际国内形势深刻变化，不同思想文化交流、交融、交锋，社会思潮多元、多样、多变，高校学生的思想观念和价值取向呈现多元化趋势，高校辅导员的教育工作面临着许多新情况、新任务、新课题。站在新的历史起点上，高校辅导员不仅要从多方面关注大学生的成长发展，还要有针对性地开展教育工作；不仅要设定教育目标，制订教育计划，循序渐进地开展教育工作，还要全面掌握学生的信息，了解班级与学生的情况，全面地了解学生的要求，依据不同年级、不同阶段的特点，有的放矢地开展工作。高校辅导员尊重学生在日常思想政治工作中的主体地位，鼓励学生积极发挥主观能动性，充分调动学生学习、实践的积极性，提升学习效率。适应科技发展与环境变化，高校辅导员还应当不断转变教育理念、创新教育方式，寻找适合学生的、学生喜欢的、切实有效的工作方式。

虽然高校辅导员扮演服务者角色的历史不长，但是近年来，服务者角色越来越凸显其重要性与价值。要确保服务工作的开展效果，就要注重工作方式的选择与使用，体现以学生为主导的理念，避免单方面的强制和命令，注重对学生个体或群体的引导。在扮演服务者角色的过程中，高校辅导员应当坚持民主平等的原则，切实关爱大学生的成长。高校辅导员要坚持以专业知识、人生经验为指导，在工作中排除偏见，兼容并蓄，与学生真心、真诚交流，并且坚持以生为本，无差别地对待学生，特别要做好特殊学生的教育、管理、帮扶工作。

虽然高校辅导员既要做好教育工作，又要做好服务工作，两个方面相辅相成，但是这两方面的工作理念、工作方式相差较远。例如，用教育方式做服务工作，或者用服务方式做教育工作，往往事倍功半，出力不讨好。这就要求高校辅导员无论是否需要同时扮演教育者和服务者的角色，面对不同的工作，就要坚持用不同的工作方式。但这并不是说两个方面的工作是截然分开的，而是在区分两者的基础上，促进两者的有效融合，如在服务引导中加强思想教育，既讲了道理，又办了实事，既解决了思想问题，又解决了实际问题。相反，如果高校辅导员在同时扮演教育者与服务者角色时不能区分工作方式，就难以融合工作方式，易造成角色冲突。

第二节　引发高校辅导员角色冲突的因素

一、社会因素

（一）社会宏观环境的变化

随着我国社会主义市场经济体制改革的发展和深入，市场经济带来的经济性和效益性等因素对每一个社会成员的观念和行为都产生了潜移默化的影响，从而在当前社会上形成了享乐主义、个人主义、自由主义等倾向，这些态度倾向对学生意识产生了引导作用。意识的高度个性化对高校的管理提出了更多的要求，使辅导员角色不断外延扩展，辅导员的工作任务不断增加。

（二）学生学习转型和深化

面对竞争压力加大和多元文化冲击，正处于人生敏感期的学生可能会爆发具有更多新特征的问题，如心理问题等。这就要求高校辅导员加强对学生的心理疏导；自主择业政策的实施会形成更大的劳务市场波动，高校辅导员需要及时对学生进行职业知识普及和就业指导；互联网的普及造成了信息的爆炸式增长，学生的思想教育活动需要从课堂转向网络，辅导员的思想政治教育工作面临“升级”，衍生出来的新型角色要求辅导员具有更高和更广泛的能力和素质。

二、制度因素

辅导员角色定位的根本问题在于定位导向：究竟应该以学生为中心还是应该以政策、指示为中心，这是明确辅导员职能的关键。从辅导员制度发展历程看，辅导员制度主要分为四个阶段。

（一）中华人民共和国成立初期的诞生阶段

1952 年 10 月 28 日，教育部颁布了《关于在高等学校有重点地试行政治工作制度的指示》，据有关规定，高校设置政治辅导处及辅导员若干名，负责学生的政治学习和社会活动，这标志着辅导员制度正式诞生。此时，辅导员的主要任务是政治理念引导，即以思想政治教育为首要任务，并且工作范围清晰，任务简单明了。

（二）20 世纪 60—70 年代的初期发展阶段

1961 年，“高教六十条”第五十条指出：“在大学一、二年级设政治辅导员或者班主任，从专职党政干部和其他青年教师中挑选有一定政治工作经验的人担任。同时，要逐步培养和配备一批专职的辅导员。”1965 年，《关于政治辅导员工作条例》等文件对辅导员的来源、地位、作用和学生工作内容等一系列问题做了规定。在这一时期，高校政治辅导员制度普遍建立并逐步发展，队伍也不断壮大。从相关规定中可以看出，这个阶段的辅导员虽然是以政治工作为重点，且多具备党政知识和性质，但具备较为明晰的制度规范，实现了设岗到立制的跨越。

（三）20 世纪 80—90 年代的恢复发展阶段

随着高考制度的恢复，国家出台了一系列文件和政策，辅导员制度得到恢复和发展。比如，1980 年，教育部、共青团中央印发的《关于加强高校学生思想政治工作的意见》提出，政治辅导员应从政治、业务都优秀的学生干部中选留或从教师中选任。在辅导员的诞生阶段和初期发展中，高校都是将辅导员定位于“政治思想辅导教师”。而此项规定表明，辅导员由党政治工作队伍转向高校教师师资队伍的一部分，这一点也体现出辅导员在职称等方面与其他业务课教师享受同等待遇上。1987 年，中共中央发布的《关于改进和加强高等学校思想政治工作的决定》明确提出，从事学生思想政治教育的专职人员应列入教师编制，进一步说明了高校辅导员的教师身份。

（四）20 世纪 90 年代末到现在的高速发展阶段

20 世纪 90 年代末，大学扩大招生规模，国家出台了与辅导员制度建设有关的文件。比如，2004 年中央 16 号文件指出，高校辅导员或班主任是大学生思想政治教育的骨干力量。教育部发布的《教育部关于加强高等学校辅导员班主任队伍建设的意见》指出，辅导员属于高校教师，其主要任务是从事高等院校德育工作和学生思想政治教育，指引学生更好地成长和成才。2006 年，教育部颁布了《普通高等学校辅导员队伍建设规定》，重申了辅导员的教师和干部的双重身份，指出辅导员是思想政治教育工作的核心力量，是大学生的生活伙伴和知心朋友。这些条文显示出高校辅导员新的职责特色虽然已经将对学生的身心发展和知识教育提高到一个新的层次，但政治思想教育仍为重点。

从高校辅导员制度的发展历程可以看出，尽管当前高校辅导员工作职责已经发生了重大转变，但这些规定仍强调高校辅导员对学生的思想政治教育。我国辅导员具有显著的政治化特色，他们首先是思想政治工作者，其次才是学生德育教学与生活辅导的教师。具体来说，他们的首要角色是党和国家与大学生之间传递政治理念的桥梁，负责大学生思想政治教育工作，帮助大学生树立正确的世界观、人生观和价值观，然后才是扮演关注大学生心理发展，帮助大学生解决学习和生活中的实际问题的角色。

三、管理因素

（一）辅导员队伍建设不足

将辅导员岗位视为过渡性工作成为当前高校的常识，虽然辅导员在实际工作中需要的知识结构和素质能力亟待提升，但高校未达成一致共识，仍然将高校辅导员当作教师队伍的边缘人员。一是人员配备不平衡。教育部规定的辅导员配备比例不低于 1 ：200，但很多高校达不到这个比例。二是专业技能不匹配。一些理工科专业的学生未经专门的培训直接上岗。队伍建设意识与资金的不足导致辅导员专业技能的缺乏，与实际工作存在失衡。

（二）管理机制不清晰

大多数辅导员处于校、院两级管理下，归属不清，产生指令冲突时，难以进行有效协调。

（三）辅导员队伍的支撑体系不健全

支撑体系包含辅导员的激励机制、培训机制和福利待遇等，这些制度、专业和工作上的具体支撑是高校辅导员队伍持续发展的保障。在现实情况中，高校辅导员的待遇、晋升和培训等方面的欠缺会削弱其工作积极性以及职位适应性。制度因素的核心在于院校管理的失调引发工作冲突，支撑系统的薄弱无法培育强大的辅导员队伍。

四、个体因素

（一）辅导员的人格因素

作为教育工作者，高校辅导员经常和学生接触，需要始终向学生传递阳光、正面的形象；作为行政管理人员，高校辅导员经常与上下级打交道，需要灵动的性格。但辅导员也会爆发各种各样的情绪，无法一直表现出开朗乐观的性格，长时间的人格冲突带来的后果反而会反映在工作中，从而不利于教学的实施。

（二）角色认知的偏差

高校辅导员应该具备教育、管理和服务三重功能，不同于专业教师，也不同于行政管理人员。事实上，不少辅导员都把自己的角色定位为单纯的行政管理人员或者学生事务辅助人员，认知的偏差导致工作侧重单一方面的内容。

（三）辅导员专业素养和专业技能的缺乏

从职责内容来看，辅导员工作要求高度的专业性和综合性相统一，能力的不足会引起工作效能低，进而导致角色进程无法顺利完成。个人因素实质上是辅导员主观认识与客观要求之间失衡进而引致的角色冲突。

综上所述，引发角色冲突的因素有以下几方面：学生观念转变与社会发展拓宽了辅导员工作范围和层级，主观认识的不足致使与客观实际失衡，院校管理的失调与支撑系统的薄弱则进一步加剧失衡。思想政治教育是高校辅导员角色定位的核心，明显的政治化特征约束了辅导员的角色定位。

第三节　高校辅导员角色冲突调适的目标与原则

角色调适的最终目的在于消除个体在角色扮演中存在的心理紧张等问题，促使个体在社会交往中顺利扮演好自己的角色。高校辅导员角色冲突的调适也需要明确角色调适的目标、原则、内容等。首先，确立调适目标，为妥善解决高校辅导员的角色冲突指明努力方向与调适重点内容。其次，树立调适原则，规定高校辅导员角色调适中必须遵循的行为准则。最后，规范调适内容，这是高校辅导员角色调适的基本前提，是实现调适目标的重要保证。

一、高校辅导员角色冲突调适的目标

高校辅导员角色冲突的调适目标是指通过各种调适途径与方式期盼达到的具体的调适目标。从认知、情感、行为、发展四个方面设定高校辅导员的调适目标，目的在于促进高校辅导员全面了解、认知所从事的职业、所扮演的职业角色；在此基础上，帮助高校辅导员消除角色扮演中的心理紧张、厌恶等情绪，不断增加职业情感；不断提升高校辅导员的角色素养、角色技能，提高日常思想政治工作的实效性；促进高校辅导员队伍的可持续发展，使高校辅导员成为更加适应社会发展、更加符合社会期望、更加适合学生需求的高校思想政治工作者。

（一）认知目标

认知目标是指高校辅导员在开展日常思想政治工作中，在对扮演的职业角色的理解、分析、创造、评价等方面要达到的目标。这一目标是高校辅导员角色调适目标的基础性目标，能够为实现其他目标奠定基础。

首先，高校辅导员要能够理解自身所扮演的职业角色，了解党和国家、各高校对高校辅导员的角色定位，能够确定政策性文件、党和国家相关会议所传达的信息的内容及意义。高校辅导员在了解自身角色定位的过程中，要能够掌握这一职业角色相关的工作定位、概念、规则、方法、原理等，并且能够从已有的知识系统中把握与分析整体性要求与部分特殊性要求，对已经发生或可能发生的工作问题进行解释与估计。

其次，高校辅导员在理解的基础上，要能够对认知内容进行创造性应用与创新性使用。一方面，高校辅导员在工作中能够运用相关理论，无论对一个熟悉的工作任务还是一个不熟悉的工作任务，都能够查明事件、问题与情境之间的异同，能够构建新的因果模式，增强工作应用能力；另一方面，高校辅导员能够利用创造行为生成新的格式与结构，将已经学习与理解的内容要素整合成一个内在一致、功能统一的、整体的、原创的工作模式，面对不学生历、不同年级、不同专业的学生，在实际工作中能够表征问题和得出符合某些标准的不同选择路径或假设，依据实际情况策划一种解决方案，既能符合标准，又能妥善地处理与解决问题。

再次，高校辅导员要注重提升分析能力，对于已经理解掌握的理论知识，能够明确各理论内容的相互关联性。高校辅导员要能够按照重要性或恰当性辨析某理论，剖析各个理论之间的关系，找到内含的组织原则。在工作实践中，高校辅导员能够确定沟通对象（主要是指高校学生群体）的观点、价值与意图，从而进一步分析、把握工作中的主要矛盾与次要矛盾，有针对性地提出实践对策。分析是理解的进一步提升，是在确保高校辅导员对理论内容与结构双重了解的基础上实现的。

最后，高校辅导员应当在以上具体认知目标的基础上，掌握将各个部分整合的新技能，如利用创造行为生成新的格式与结构，产生新的工作计划与工作模式。在这一基础之上，依据所理解的理论知识及相关政策文件的准则与标准进行价值判断。例如，核查工作计划的逻辑一致程度、论点与论据之间的适切程度，基于科学、客观的标准与准则评判某一理论体系、工作要求。

（二）情感目标

情感目标是指高校辅导员在角色扮演过程中对职业角色的接受、肯定、内化等。引发高校辅导员角色冲突的重要因素包括高校辅导员自身的心理紧张、职业情感欠缺。因此，明确情感目标是调适高校辅导员角色冲突的重要内容。

第一，高校辅导员在最初接触职业角色时，要通过提高注意力，进行选择性注意，全神贯注于在岗高校辅导员的工作现状，察觉、发现高校辅导员职业角色的特征。高校辅导员在接受（注意）的过程中，通过不断察觉、愿意接受、有控制或者有选择的注意这三个层次持续影响其感知环境刺激的程度，这是对职业角色认知的初级阶段，反映着对这一职业角色的接受程度和基本情感取向。

第二，在明确对职业角色接受程度的基础上，高校辅导员要积极主动地注意、把握已经在岗的高校辅导员的差异性，在主动参与的过程中，增加对这一职业角色的兴趣，满足学习、锻炼的需求。在这一阶段，高校辅导员的反应程度影响着对职业角色的情感，默认的反应、愿意的反应、满意的反应反映着高校辅导员的“遵从与否”“愿意与否”“满意与否”。但是，高校辅导员的反应如何也受到个人偏好、性情喜恶等波动性影响。

第三，在接受和反应的基础上，高校辅导员通过与在岗的同事进行接触，感受职业角色的价值所在，从而表现出积极的态度，重视其中的价值所在。在这一阶段，高校辅导员的工作行为是一致的、稳定的，并且作为信念、态度或准则的特征，高校辅导员通过对职业角色价值的接受、偏好、信奉，从而始终如一地认可这一职业角色的价值，增强对自身职业角色态度的肯定性，有意识地在处事信念和准则方面不断提高，并且更加稳定。

第四，在进行价值内化的过程中，高校辅导员会面临多种价值取向的环境，为消除不同价值取向之间的冲突，促进不同价值取向的系统化，就需要建立个体内在的价值体系。通过价值概念化，高校辅导员能够将已有的对职业角色的价值认知与新认识到的价值认知联系在一起。在此基础之上，高校辅导员通过价值组织化，把不同的价值综合到一个新的更高层次的价值或者价值的复合体。例如，把“管理者”与“教育者”在工作中均衡好，使“教育与管理合理并存”，于是原来的不同角色间的冲突就不复存在了。

第五，情感目标中最高层次的目标在于将价值组织化之后进行内化，形成高校辅导员个体性格的一部分，并依据信念开展工作。一方面，价值的组织化日积月累，内化为高校辅导员的处事信念。例如，在工作中形成制订工作计划的习惯，具有独立工作的自信，树立团结协作的团队观念等。另一方面，高校辅导员在工作中不断深化价值性格化，体现在高校辅导员的个人行为达到普遍、一致、可预测的风格，并且随着时间推进，高校辅导员所坚持的准则成为同行业其他人的典范与榜样。

（三）行为目标

行为目标指高校辅导员在角色扮演过程中，在受到内部与外部的刺激后所做出的行为反应所要达到的目标。行为目标并不是脱离认知目标、情感目标而孤立存在的，它将认知目标与情感目标相结合，是高校辅导员在角色行为中必须达到的要求。

第一，经调研发现，高校辅导员从事这一职业主要包括几种原因：一种是受到外在环境的影响，如家庭中有相关人员从事高校辅导员这一职业，家庭长辈建议其继续选择高校辅导员这一职业；另外一种是受到身边优秀辅导员典型的影响；还有一种是出于自身对教育行业的热爱，特别是对日常思想政治教育工作的热爱。无论是出于何种原因选择这一职业，高校辅导员在从事这一职业前，对这一职业角色都有着较为清晰的认识，并获得了一定的感性经验。例如，对高校辅导员角色形象的认识、对高校辅导员主要负责的工作内容的认识等。

第二，高校辅导员在获得感性经验的基础上，在正式从事高校辅导员这一职业前，要做好一定的身心准备，也就是在心理上、情绪上有一定的准备。在工作初期，为了更快地适应工作节奏、进入工作状态，更好地处理工作内容，高校辅导员往往有一个模仿阶段，一方面向在岗的老辅导员进行学习，模仿他们的工作方式方法；另一方面在工作中经历试错的过程，发现错误的根源，不断获得新的工作技能。

第三，在不断实践的基础上，高校辅导员持续提升工作水平，能够正确判断工作中遇到的实际情况，并且熟练地处理问题。高校辅导员的反应能力不断提升，能够将已经掌握的工作技能熟练迁移到相似的工作中，能够顺利解决复杂问题，完成工作任务。无论对经历过的工作内容还是尚未经历的工作内容，高校辅导员都能够在正确判断的基础上进行有条不紊、科学的处理，确保工作的效果，在解决问题、完成工作中所耗费的时间和精力相对较少，并且能有效解决和预防突发事件。

第四，在工作中，高校辅导员不断提升创新能力。在实际工作中，高校辅导员往往会面临各种各样新的、特殊的问题，这就需要高校辅导员通过破除烦琐、无关紧要的过程，在实际工作中革故鼎新，创新工作方式，形成与众不同的新方法、新程序、新流程等，从而提升高校辅导员在工作中的及时应变能力。面对突发事件与突发情况，高校辅导员不仅能够沉着冷静应对，还能够结合自身特色与工作对象的特点进行创新处理。

（四）发展目标

发展目标是指在扮演职业角色的过程中，高校辅导员期望达到的良好的工作状态，成为更加适应社会发展、更加符合社会期望、更加适合学生需求的高校思想政治工作者。高校辅导员发展目标的设定是在立足当前工作现状的基础上，把握专业化、职业化建设趋势，加强与其他国家高校学生事务管理工作者的沟通与交流，促进高校辅导员工作的整体性发展、队伍的整体化建设。

第一，成长性目标。高校辅导员是教师的重要组成部分，应当满足新时代对高校教师的期盼与要求。在当前建设中国特色世界一流大学、加强与改进新形势下高校思想政治工作的大背景下，高校辅导员要做到政治强、情怀深、思维新、视野广、纪律严、人格正。高校辅导员在教育和管理高校学生之前，自身应当接受教育，不仅要夯实理论基础，掌握专业知识，还要学习与归纳更多的实践经验，坚持教育者先受教育。在工作过程中，高校辅导员要注重师德师风建设，将教书育人与自我修养相结合，切实做到以德立身、以德立学、以德施教。

第二，社会化目标。高校辅导员的社会化目标主要是指培养符合党和国家发展要求、社会发展需求的高校辅导员队伍，帮助其在高校思想政治工作中担当特定的社会角色。高校辅导员的社会化是一个双向的过程，一方面，社会通过各种教育、实践途径，帮助高校辅导员不断学习与高校日常思想政治工作相关的基本知识、技能与行为规范；另一方面，高校辅导员根据自身的成长发展需要，在实际工作中积极作用于他人、高校、社会，创造适应新时代发展需求的工作思路、方式、模式等。当前，高校辅导员应当进一步提升自身工作技能的社会化、道德规范的社会化、行为规范的社会化。

第三，专业化目标。高校辅导员作为高校思想政治教育工作的重要力量，不仅需要在一线从事教育、管理、服务学生的实务性工作，还需要结合思想政治工作实践开展一定的研究性工作。自高校辅导员队伍专业化与职业化建设开启后，发现和培养一批实践能力强、专业素养厚重和学术水平领先的高层次专门人才特别是培育一部分辅导员工作专家一直是主管部门追求的目标。在相关部门的大力推动与特殊政策的支持下，一批专家型的高校辅导员脱颖而出。

第四，国际化目标。近年来，我国高等教育的国际化程度显著提升，给高校思想政治工作带来了新的影响。高校辅导员要具备国际化的工作视野，一是由于我国在国际上的影响力越来越大，吸引着越来越多的国外留学生来华学习，分管留学生事务的高校管理人员特别是高校辅导员应当具备学生事务管理方面的国际知识；二是由于国内高校具有海外留学经历的学生人数不断增加，高校辅导员如何做好相关学生的日常思想政治教育就成了必须重视的问题；三是高校辅导员应当有开放的心态与视野，主动学习、吸收国外高校学生事务管理的优良经验，构建具有中国特色的高校学生事务管理体系。当前，越来越多的高校主动通过各种途径选派辅导员赴国（境）外学习交流或合作研究；近年来，学生事务管理国际化研讨会明显增多；在高校辅导员培训中，国际化专题内容也在增多。这些均呈现出新时代高校辅导员成长发展的新态势、新目标、新要求，也为高校辅导员调适角色冲突和更好地适应国际化趋势提供了良好的平台。

二、高校辅导员角色冲突调适的原则

高校辅导员角色冲突调适的原则是在冲突调适过程中应当遵循的基本行为准则，它反映着角色冲突调适的客观规律，对高校辅导员角色冲突调适的顺利开展有着重要的意义。高校辅导员角色冲突调适的原则是由多方面、多层次的原则相互联系、相互作用形成的有机系统，这里主要探讨方向性原则、求实性原则、主体性原则、创新性原则。

（一）方向性原则

方向性原则是指高校辅导员在角色冲突调适过程中，要始终坚持与社会主义发展方向相一致，坚持正确的政治方向。方向性原则是高校辅导员角色冲突调适的根本原则，反映着高校辅导员角色冲突调适的本质要求。在调适的过程中，高校辅导员既要将自身的工作与国家教育目标联系起来，坚定中国特色社会主义信念，又要认真、踏实地做好日常思想政治教育工作，为中国特色社会主义教育尽心尽力，为培养能担当民族复兴大任的时代新人不断奋进。

坚持方向性原则对高校辅导员角色冲突调适具有重要意义。首先，坚持方向性原则有利于保持高校思想政治工作的社会主义特色。高校思想政治工作的特殊重要性不仅体现在与其他的思想政治教育相比所具有的社会主义方向性，还体现在它事关党对高校的领导，事关中国特色社会主义事业后继有人。其次，坚持方向性原则是实现立德树人目标的根本要求。高校立德树人目标实现与否不仅是由这一目标的实现程度来衡量的，还要通过方向性原则的贯彻程度来衡量。最后，坚持方向性原则有助于增强高校辅导员的队伍建设。坚持方向性原则有助于统一个体的思想和行为，协调力量，促进工作合力的形成，同心协力，充分发挥高校辅导员的日常思想政治教育作用。

高校辅导员在角色冲突调适过程中坚持社会主义方向首先要坚持以马克思列宁主义、毛泽东思想、邓小平理论、“三个代表”重要思想、科学发展观、习近平新时代中国特色社会主义思想为指导。只有坚持正确的指导思想，才能为实现“两个一百年”奋斗目标、实现中华民族伟大复兴的中国梦，培养又红又专、德才兼备、全面发展的中国特色社会主义合格建设者和可靠接班人。只有以此为指导，高校辅导员才能在调适角色冲突的过程中，依据中国特色社会主义实际情况，依据相关学科理论，增强调适的自觉性，减少调适的盲目性，沿着中国特色的学科发展与高校日常思想政治教育实践的社会主义方向前进。其次，自觉贯彻高校辅导员角色冲突调适的方向性原则。培养能够担当民族复兴大任的时代新人，就是要帮助他们在有自信、遵道德、讲奉献、重实干、求进取等方面形成新的风貌与新的姿态。为达到这一教育任务，高校辅导员在调适角色冲突时，一方面，要明确坚持社会主义方向，这是高校辅导员有效调适角色冲突的根本保证，在实际工作中要自觉运用方向性原则，将这一原则贯穿于高校辅导员角色冲突调适的全过程；另一方面，要引导高校辅导员认识到坚持正确的政治方向，树立“四个意识”，坚持政治与工作的有机统一，有助于高校辅导员更好地理解自身的职业角色，更好地扮演角色，更有效地开展工作。最后，高校辅导员角色冲突调适贯彻方向性原则，要讲究科学性、系统性、客观性。为促进高校辅导员角色冲突调适这一实践活动更好地贯彻方向性原则，一方面，要寻找高校辅导员角色冲突调适目标与方向性原则的契合点，用方向性原则统领高校辅导员角色冲突调适的具体目标，坚持将社会主义方向作为高校辅导员角色冲突调适的灵魂；另一方面，要注重将方向性原则与其他调适的具体方法相结合，促进方向性原则渗透到调适途径的方方面面，潜移默化地对高校辅导员角色冲突调适途径产生影响。

（二）求实性原则

求实性原则是指高校辅导员角色冲突调适要始终坚持一切从实际出发、理论联系实际、实事求是的基本行为标准。求实性原则是高校辅导员角色冲突调适的基本原则之一。求实性原则在高校辅导员角色冲突调适中主要体现在坚持“求是”，也就是坚持高校辅导员角色冲突调适的要求、目标要符合社会发展的客观规律、思想政治工作的客观规律、教书育人的客观规律、学生成长的客观规律，遵循客观规律，不违背、不主观、不臆断，这是求实性原则的基本要求。高校辅导员要立足客观实际情况，通过调查研究，探索角色冲突调适的内在规律，指导实践活动，提高针对性与科学性。

坚持求实性原则对高校辅导员角色冲突调适具有重要的理论意义与实践意义。求实性原则要求高校辅导员角色调适要坚持从高校辅导员的角色扮演实际出发，具体分析角色冲突的实际情况，避免主观性、盲目性，这是角色冲突调适的基本要求。坚持求实性原则有助于高校辅导员角色冲突更好地贴近高校辅导员的工作实际，促进高校辅导员角色冲突调适更好地落到实处，取得良好的调适效果。此外，求实性原则在高校辅导员角色冲突调适这一实践活动中的应用有助于我们分析不同性别、不同年龄、不同经历、不同地域等的高校辅导员角色冲突的差异，有助于从实际情况出发，采取灵活多样的调适手段，帮助高校辅导员尽快适应角色，同时有助于丰富关于高校辅导员角色冲突调适的相关理论研究，丰富高校思想政治工作理论。

在高校辅导员角色冲突调适的过程中坚持求实性原则首先要具备求实的态度。求实的态度是坚持求实性原则的基本条件，在高校辅导员角色冲突调适中，不唯上、不唯书，只唯实，依据实际情况，注重调查研究，探求高校辅导员角色冲突的实际情况，全面了解真实冲突。要透过现象看本质，从凌乱的高校辅导员的各种角色冲突中发现内部存在的必然联系。同时，要明白坚持求实原则并不是一劳永逸的，在分析其中一种高校专职辅导员角色冲突或者某一类别的高校辅导员的角色冲突坚持了求实性原则后，并不等于在另外的时间、其他类别的高校辅导员角色冲突的调适中坚持了求实性原则，这就要求在坚持求实的理念的过程中，时时处处将求实性牢记于心。在坚持求实性原则的过程中，高校辅导员要诚实守真，切忌在调研与实践过程中做表面文章、“花拳绣腿”。其次，坚持求实性原则，要在高校辅导员角色冲突调适中坚持理论联系实际。一方面，坚持学习马克思主义的基本理论、学习社会心理学的基本内容、学习思想政治教育理论的主要内容，掌握相关学科的核心理论知识，坚持理论指导实践，将相关理论知识运用到具体工作中。另一方面，要清醒地认识与把握角色冲突的基本现状，立足实际情况，坚持一切从实际出发，在实践中不断运用并检验各学科理论知识，进一步丰富与发展高校辅导员角色冲突调适的相关理论。两个方面相互结合，力求做到理论与实践相结合、主观与客观相统一。在高校辅导员角色冲突调适的过程中，要因人制宜、因事制宜、因时制宜、因地制宜，以增强调适的针对性与实效性。最后，坚持求实性原则，要在高校辅导员角色冲突调适中坚持科学的方法。研究高校辅导员角色冲突，探寻高校辅导员角色冲突调适途径，都是在依据相关学科的科学方法的基础上进行的，无论调查研究还是分析推理，都离不开科学方法的支撑。一方面，要坚持马克思主义的立场、观点、方法，发现问题、分析问题、解决问题，坚持马克思主义的研究方法是其他科学方法运用的基础。同时，认真钻研现代科学所提供的各种方法，特别是哲学社会科学的研究方法，提高坚持求实性原则的科学性。另一方面，坚持从交叉学科的视角运用科学研究方法，采取对高校辅导员角色冲突调适研究有促进意义的科学方法，在相互搭配的基础上，突出研究优势，拓展研究视角，完善研究体系。

（三）主体性原则

主体性原则是指高校辅导员在角色冲突调适的过程中，充分受到尊重，不断发挥自身积极能动性，以实现高校辅导员角色冲突调适目标的行为准则。主体性原则是高校辅导员角色冲突调适的重要原则之一。在角色冲突调适中，高校辅导员既是客体，又是主体。在角色调适过程中，高校辅导员不断接受各方调适力量的教育、引导，从这个角度讲，高校辅导员是调适客体。角色冲突的调适只有通过高校辅导员才能真正发挥作用，高校辅导员在不断接受教育、引导的基础上，只有通过各种调适途径，将调适内容不断内化，才能达到角色冲突的调适效果，从这个角度讲，高校辅导员是角色冲突调适的主体。高校辅导员的主体积极能动作用是影响角色冲突调适效果的一个非常重要的因素，要想确保角色冲突调适的效果，就必须坚持主体性原则，充分发挥高校辅导员在角色冲突调适过程中的主体作用。

高校辅导员角色冲突调适坚持主体性原则，一是在社会不断发展过程中，高校辅导员的角色冲突调适的观念、能力与社会发展存在错位现象，并且高校辅导员在角色冲突调适中存在参差不齐的问题，这要求在外在因素干预角色冲突调适的同时，高校辅导员自身进行角色冲突的调适。从这一意义上说，高校辅导员是角色冲突调适的主体。二是随着“平等”“民主”等思想的传播，高校辅导员在角色冲突调适中也期望受到尊重，在角色调适中，与其他角色冲突调适主体进行平等交流、双向互动。角色冲突的调适主体与高校辅导员之间的关系是辩证统一的，在角色冲突调适中，不仅要注重其他调适主体的外在作用，还要注重高校辅导员自身的内化作用，从而提升高校辅导员的角色冲突调适的自觉能动性，不断适应社会的发展变化。

高校辅导员角色冲突调适坚持主体性原则，首先，要充分发挥角色冲突其他调适主体的教育、引导作用。强调高校辅导员在角色冲突调适中的主体性作用并不是忽略角色冲突其他调适主体的积极作用。在高校辅导员角色冲突调适中，其他调适主体包括党和政府、高校行政部门、高校其他思想政治工作者等，这些主体在高校辅导员角色冲突调适中都是不可或缺的，为高校辅导员角色冲突调适营造了良好的外在环境。角色冲突调适的其他主体作用发挥得越积极，高校辅导员自我调适的能动性就调动得越充分。因此，为充分激发高校辅导员的自觉能动性，必须坚持主体性原则。通过各种方式与途径，可以促进角色冲突调适其他主体的教育、引导能力。同时，高校辅导员加强自我调适、自我学习、自我适应，从而更能激发自身的自觉调适能力。其次，注重提高高校辅导员自我调适的主动性、积极性、自觉性。授之以鱼不如授之以渔，高校辅导员作为角色冲突调适的核心，在角色冲突调适中，营造良好的调适氛围是必要的，但是更要提升高校辅导员的自我调适的主动性、积极性和自觉性。一方面，引导高校辅导员进行理论学习，学习的内容不仅要包括法律法规知识，还要包括相关学科的基础知识，包括思想政治教育专业知识、马克思主义中国化相关理论、大学生思想政治教育工作实务相关知识；另一方面，鼓励高校辅导员积极投身各类社会实践，在实践中运用理论知识，增长才干，不断丰富高校辅导员自我引导、自我教育的能力。在此基础上，高校辅导员不断在实践中成长，在实践中进行自我认识、自我评价、自我调适、自我规范，不断强化自我引导与自我教育，从而更好地调适角色冲突。最后，高校辅导员在角色冲突调适中要提升团队精神，强化互帮互助意识。在角色冲突调适中，高校辅导员可以将角色冲突的自我调适与集体调适相结合。高校辅导员角色冲突调适的主体性原则既强调高校辅导员的自我调适，又强调高校辅导员之间的团队调适。高校辅导员角色冲突的自我调适与团队调适是密不可分、相辅相成的，一个健全的高校辅导员角色冲突调适体系不仅包括高校辅导员的个体调适，还包括高校辅导员之间的相互帮助。因此，调适角色冲突需要善于通过团队促进高校辅导员自身调适，着力提高辅导员团队的调适能力，以此促进高校辅导员个体调适能力的提升，为高校辅导员进行角色冲突调适营造良好的氛围。

（四）创新性原则

创新性原则是指高校辅导员在角色冲突调适的过程中，不断发现新问题、研究新情况、丰富新内容、创新新方式，以促进高校辅导员角色冲突调适与社会发展相适应的行为准则。创新性原则是高校辅导员角色冲突调适的重要原则之一。高校辅导员角色冲突调适问题的研究是多学科交叉发展、拓宽研究的结果。一方面，这一研究要综合应用多种学科知识，如在坚持马克思主义理论的指导下，吸收应用思想政治教育学、社会心理学、组织管理学等学科的理论和方法，不仅要吸收中华民族优秀传统文化的内容，还要立足中国特色，借鉴国外相关理论研究成果。高校辅导员角色冲突调适研究综合运用多种学科知识，并不是各种知识的简单累加，而是吸取多学科的知识与方法，既有深度分化，又有高度融合，从这一方面来说，综合就是一种创新。另一方面，高校辅导员角色冲突贯穿于高校思想政治工作的过程中，在不同的时期、不同的阶段，高校辅导员角色冲突的种类不同、特点不同，因此就需要在基本理论知识与工作经验的基础上，创造性地将理论与知识相结合，并不断开创高校辅导员角色冲突调适的新局面。

创新是人们在明确发展需要的前提下，运用已知的信息和条件，突破传统思维，发现或产生某种新颖、独特的有价值的新事物、新思想的活动。高校辅导员角色冲突调适作为一项高校思想政治工作的特有活动，以高校辅导员角色冲突的调适目标、调适途径等为研究对象，较之一般的高校思想政治工作更具有特殊性与复杂性，这就对高校辅导员角色冲突与调适的目标、方法、途径等方面的创新性提出了更高的要求。此外，随着当前社会发展的快速变化，高校思想政治工作面临的新情况、新问题层出不穷，原有的高校辅导员角色冲突调适的途径往往难以解决，只有打破主观观念的束缚，克服教条主义和主观主义，对已有的高校辅导员角色冲突调适相关工作进行创新性改造，才能适应新时代高校思想政治工作的步伐。

高校辅导员角色冲突调适坚持创新性原则，首先，要坚持解放思想、实事求是、与时俱进的思想路线，以增强高校辅导员角色冲突调适的实效性为基本要求，主动、全面、客观地研究新情况、解决新问题、树立新思路、探索新方法。随着改革开放不断全面深化和社会快速发展，高校辅导员角色冲突调适面临的情况更加复杂，这就要求不断开拓创新，运用系统的思维、方法、途径等预见问题，解决问题。高校辅导员角色冲突调适的环境不断变化，如果继续用原有的、曾经发挥过作用的调适思维、方法、途径等来解决当前高校辅导员面临的角色冲突是不切合实际的想法。如果不重视高校辅导员角色冲突调适的创新，就难以适应社会进步与高校思想政治工作的步伐，也难以适应高校辅导员的发展需求。

坚持创新性原则，在高校辅导员角色冲突调适中应当吸收和应用相关学科发展的创新性成果，不断丰富高校辅导员角色冲突调适的理论与实践研究。高校辅导员角色冲突调适不仅要从根本上坚持马克思主义的指导，还要综合运用其他相关学科研究发展所取得的成果，丰富与发展高校辅导员角色冲突调适的理论体系。此外，坚持创新性原则还要注重科技成果的应用。现代科学技术的不断发展为高校辅导员角色冲突调适提供了良好的支持手段，计算机网络的发展为高校辅导员的大数据研究提供了便利条件；新媒体平台的建设，特别是官方新媒体平台的建设，有助于扩大高校辅导员角色冲突调适的覆盖面与成效性，为高校辅导员角色冲突调适提供更加丰富的创新途径。在此基础上，不断创新高校辅导员的角色冲突调适思维、调适方法、调适途径，只有这样，才能促进新时代高校辅导员角色冲突调适工作的顺利开展。

第四节　高校辅导员角色冲突的调适途径

一、社会环境优化

（一）借鉴先进经验促进我国辅导员制度改革

高校辅导员是教育大学生树立正确的世界观、人生观、价值观的指导者和引路人，既担负着光荣使命又责任重大。因此，我国应借鉴国外高校学生事务管理的先进理念，结合我国国情和实际情况，逐步吸取经验和教训，从而促进我国高校辅导员制度的不断改革。

近几年，我国政府部门制定了一系列关于高校辅导员的制度政策，这表明国家越来越重视高校辅导员的工作。高校扩招政策其实是一把双刃剑，既对我国的高等教育具有推动作用，又给我国的高等教育带来了一系列的问题。高校扩招影响到方方面面，给我国的高等教育带来了非常多的变化，影响了我国的教育理念、教育方式及教育效果。高校辅导员的工作也深受其影响，为了更好地调适辅导员的职业压力，我们应该在巩固大学扩招成果的基础上消除不利因素，坚持马克思主义的理论指导，提升大学生思想政治教育的地位，提高我国高等教育的质量，在一定程度上减轻辅导员的职业压力。

高校扩招的主要推动者是政府部门，因此政府部门应该出台相关控制招生增长幅度的政策，稳定高校已有的招生规模，科学制定我国高等教育的中长期发展规划，调整和优化高等教育的学科结构、类型结构、层次结构等，使高等教育最大限度地为经济发展服务。科学地提高教育决策水平有助于加强教育政策执行的监督机制，确保教育政策的落实力度，为高校的发展提供政策性的指导。例如，我国允许高校根据当地实际情况，在专业设置上进行前瞻性的开设和探索，拓宽大学生的就业渠道；积极构建大学生的就业指导服务体系，加强对大学生就业创业的指导，完善学校教学培养模式，加强毕业生跟踪调查和就业市场调查，形成良好的反馈机制。在国家政策的推动下，高校应该采取各种积极措施，确保毕业学生的质量，减轻高校辅导员对大学生就业指导的压力。

中共中央、国务院颁布的《中共中央国务院关于进一步加强和改进大学生思想政治教育的意见》和教育部颁发的《教育部关于加强高等学校辅导员班主任队伍建设的意见》中，明确了高校辅导员的身份、地位、作用、岗位职责、素质要求、队伍整体数量、结构及其发展等。一套周密而完整的政策体系是推动高校辅导员职业发展制度化、规范化、法治化建设的基本依据，也是缓解高校辅导员职业压力的制度保障。

高校辅导员的政策制度是指党和政府为建设一支数量充足、质量优良而又充满活力的辅导员队伍以实现思想政治教育目标、提高教育质量而对有关辅导员队伍问题所做出的战略性、准则性规定的总和。国家教育相关部门应结合我国国情，主动借鉴国外高校学生事务管理工作的优秀理念与经验，科学分析我国高校辅导员职业特征，合理安排高校辅导员岗位工作，积极探索具有中国特色的辅导员发展之路。

目前，各高校对辅导员队伍的管理做得相对比较严谨，但随着学校招生规模的扩大，管理工作也要不断地改进，执行力度还要进一步加强。过于严厉或过于宽松的管理环境都不利于辅导员工作积极性的发挥，要使各高校顺利执行国家对辅导员的政策制度，还需要国家层面出台明确的高校辅导员的相关政策，同时采取有效的措施，以保证这些政策制度的切实执行。具体而言，高校要根据国家出台的政策制度，制定切实有效的辅导员工作制度，主要解决辅导员的工作职责、培养选拔、收入分配、职称考评等问题，这些给辅导员造成职业压力的问题都需要政策制度层面做出明确的规定，并且确保能够严格落实。比如，明确辅导员的岗位职责，界定工作范围，与其他职能部门合理分工，彻底改变辅导员是学生事务“勤杂兵”的观念，实现高校辅导员思想政治教育本质的回归，从而促进辅导员队伍向科学化、制度化、法治化发展，减轻辅导员的职业压力。

（二）营造良好舆论氛围，提高辅导员的职业认同度

一种职业能否被社会认同，并产生自我认同感，主要取决于职业声望。在国家大力倡导高校辅导员专业化、职业化发展的道路上，辅导员由职业压力产生的工作表现是职业化进程中的一种阻碍。因此，合理、有效地缓解高校辅导员的职业压力是加快辅导员职业化进程的必经之路。所以，社会各界应积极引导公众建立对高校辅导员职业的合理期望，营造良好的社会舆论氛围，充分给予高校辅导员工作的信任和支持。

高校辅导员是大学生成长成才的指导者和引路人，担负着培养社会主义事业合格建设者和可靠接班人的重任。大学生的思想政治教育是以理想信念教育为核心，以爱国主义教育为重点，是弘扬和培育民族精神的教育。因此，高校要积极引导辅导员走职业化发展道路，提高辅导员的职业认同度，使其全身心地投入学生工作，担负起培养社会主义事业建设者和接班人的育人重任。

要想促进高校辅导员走职业化的发展道路，就要增强辅导员岗位的职业吸引力，培养辅导员的事业感、成就感，构建辅导员职业的人生价值实现模式，使其产生强烈的职业归属感。如果辅导员这一职业能够真正做到职业化、专业化，那么辅导员的未来发展、队伍稳定、职业压力等问题就会迎刃而解。如果辅导员的工作得到认同，就会缓解其在从业中的压力。所以，社会媒体应着力加强宣传高校辅导员的育人功能，营造舆论氛围，想方设法地增强高校辅导员的职业吸引力，从制度完善、社会支持、发展空间等长效机制方面强化高校辅导员工作的重要性，使之成为光荣的终身职业，从而提高辅导员自身的职业认同度，帮助其成长为大学生思想政治工作的专家。

（三）完善社会支持体系，增强辅导员的职业自豪感

要调适高校辅导员职业压力问题，社会支持体系就要提供有效的帮助。

社会支持体系是一项系统的工程，它包括对高校辅导员职业发展的经费支持、专业培训、理论研究等几方面。具体涉及的部门较多，如教育部门提供的专业培训和认定细则支持，政府部门提供的人事编制管理支持，财政部门给予的资金经费支持、对高等教育的投入支持，各类社会科学研究机构提供的理论研究支持等，它们为调适高校辅导员的职业压力提供了多方面的支持保障。目前，社会对高校辅导员职业支持体系只是初步建立，在专业培训和认定、职业发展等方面还有待进一步细化完善。教育部门要更加完善辅导员岗位编制管理，增强辅导员的职业认同感，解决其工作中尴尬、矛盾的心理；要开展全面的辅导员各类培训工作，提升其理论层次和能力，提高工作的实效性，进一步将辅导员的理论研究与工作实践相衔接，为实际的学生工作提供更有针对性的理论指导和方法论的支持。这样，辅导员的创新能力能够被更好地激发出来，不断改善教育的社会大环境，减轻高校辅导员的职业压力，提升其工作的积极性。

随着我国高等教育改革的不断深入，社会对大学教师的尊重和认可度越来越高。但从事思想政治工作的高校辅导员的社会地位相对较低，因此社会要加强思想政治工作重要性的宣传，重视高校辅导员在高校学生育人管理方面的工作和劳动，为广大高校辅导员树立良好的社会形象，提高辅导员的社会地位，营造辅导员工作的良好社会舆论氛围，使全社会更加关注和支持高校辅导员工作，从而形成一个共同育人的良好氛围，真正构建起社会整体参与的辅导员职业运行保障体系。

高校辅导员是高校教师队伍中从事德育工作的主要一员，其发挥的作用是不可替代的。他们是加强和改进大学生思想政治教育和维护社会稳定的重要保障，关系着高校人才的培养质量。由于社会对高校辅导员的高标准、严要求、高期望给辅导员增添了更多的职业压力，因此社会在制定标准时，应对高校辅导员持有合理的期望，认识到思想政治教育也不是万能的，同时给予辅导员相应的人文关怀，充分利用社会网络和多媒体等各种信息渠道建立辅导员信息交流平台，使辅导员有倾诉的空间和载体，借此进行信息交流，分享工作经验，加大辅导员队伍内部沟通交流的力度，构建相应的疏导机制，让其可以适当地宣泄一些消极情感，如愤怒、挫折感等。社会各界应关注辅导员的工作和心理健康状况，帮助辅导员以轻松的心态应对压力，从而确立更现实的目标，舒缓压力和紧张的情绪。

社会要通过媒介宣传多渠道、多角度地树立“尊师重教”的良好风气，以表彰、奖励、宣传优秀大学生辅导员的典型事迹为载体，加大对辅导员在高校育人方面重要性的宣传力度，起到良好的引领和示范作用；结合相关政策的支持，改变各界对辅导员认识上的不足与偏见，理解并认同辅导员工作，为高校辅导员营造一个维护职业威望的社会环境，增强辅导员的职业自豪感。

二、高校高度重视

（一）完善辅导员职业标准，防止陷入角色困境

高校辅导员专业化已成为一种趋势，专业化对辅导员的职业标准要求更加严格，并非任何人都可以从事辅导员岗位的，而是必须有科学合理的从业标准制度。高校辅导员需要具有宽广的知识储备及一定的思想政治教育基本理论与知识体系支撑。在管理模式上，高校可以探索新型的方式和渠道，建立严格的辅导员职业标准，建立专门化的分类管理型学生服务机构。辅导员在专门化机构中发挥自身所擅长的服务和指导的职能，有针对性地为全校学生开展思想政治教育。这样，一方面可以发挥辅导员的自身特长，另一方面可以使自身能力得到提升和发展。在坚持专业化、职业化、专家化的前提下，高校辅导员既要一专又要多能，即在知识技能广博基础上发展一专，防止陷入“保姆式”“万金油”“消防员”的角色困境，从而缓解其职业压力。同时，进行科学的职责分工，厘清学生工作处、院（系）对辅导员的管理责任，使辅导员的工作能更为精准、专业，分清工作主次，减少重复性的工作。

虽然我国高校辅导员制度的推进取得了很大的进步，但是，就目前高校辅导员配备情况而言，大部分学校辅导员与学生人数的配备比例远远小于 1 ∶ 200 的标准，辅导员承担了过量的工作任务。可见，高校没有严格落实制度所要求的 1 ∶ 200 标准配备辅导员，没有保证每一位辅导员所带学生人数控制在合理的标准范围内，导致辅导员产生了过大的职业压力。因此，高校应严格落实政策，进一步明确辅导员职责，分清辅导员与其他教学人员的工作边界，避免出现凡是与学生工作有关的事务都交由辅导员去做的现象，使辅导员从事务的旋涡里解脱出来，减少工作压力。高校应有效地发挥辅导员的组织协调作用，将现有的所有事辅导员都亲力亲为的做法转变为组织督导学生参与完成，从而提高工作效率。另外，学生工作虽是一个庞杂的工作体系，但高校要进一步对辅导员的学生工作进行梳理。学校各行政处室和院系的办公室应将许多行政事务直接处理或者通过学生会、班干部完成，而不

要通过辅导员中转去完成，减少工作中的中间环节。高校应以人为本，给予辅导员更多的人文关怀，从生活方面、工作方面给予辅导员足够的关心，使其感受到组织的支持和温暖，从而更有动力和信心面对工作。

就目前的高校辅导员队伍结构的整体情况而言，大多数高校辅导员是年轻人，人生阅历较浅，对工作缺乏深入研究，且其年龄结构和知识结构亟待调整。所以，高校一方面在职称和职位上要关心辅导员的成长，稳定辅导员队伍，使辅导员成为高校的主流职业；另一方面要鼓励辅导员努力向专家型转变，并长期致力于辅导员工作，选择资深辅导员引导和帮助年轻的辅导员，同时加强科学研究，逐步形成一个知识结构和年龄结构互补的学科梯队。比如，在事务管理、就业指导、心理咨询等专业方向选择一个或两个着重研究的领域，以老人带新人，做好“传帮带”，有效地发挥各年龄层次的最大优势，使辅导员队伍成为专业结构合理的专家团队，在科学研究领域有新突破和大发展。

辅导员是一种职业，随着社会分工的细化，其传统角色也要发生变化。教育部对辅导员的角色定位是德育教师，辅导员工作负荷过重往往是组织中角色定位模糊、岗位职责不清等原因造成的。高校的管理部门要明确辅导员的岗位职责和相应的考核指标，以便树立辅导员职业化的思想，提升辅导员的职业能力，增强辅导员的角色意识，优化辅导员的角色环境。

要想减少工作压力，就要减轻一定的工作量，所以高校必须建立系统、规范的管理制度，确定高校辅导员的角色特性和岗位职责，规范学生工作程序，精简辅导员的事务性工作，避免事务性工作缠身的状况。高校应有效发挥学校心理健康教育中心、就业指导中心、勤工助学中心等部门的作用，减轻辅导员的工作负荷。只有这样，才能使辅导员有更多的时间和精力，潜心研究学生的思想政治教育工作，探寻学生思想政治教育工作的客观规律，找到有效途径和方法，解决大学生的思想问题，发挥辅导员的育人功能。

高校辅导员的工作任务较重，涵盖学生的思想政治教育、就业创业指导、生活心理咨询等方方面面，工作量较大。高校应从思想上转变观念，形成高校全员育人的理念。辅导员虽是高校思想政治教育的责任主体，但高校学生德育工作不仅是辅导员的责任，还是高校全员应履行的职责，高校中的每个教职工都是育人队伍中的一员，要把学生工作与教学工作放在同等重要的位置上。为更好地缓解辅导员的职业压力负荷，高校可以鼓励专业教师参加学生管理，设置专业班主任，发挥专业教师的育人功能和作用，形成有机互动的合力育人链条，通过专兼结合的方式分担工作负荷。例如，思想政治理论课教师不仅在课堂上对学生讲授思想政治教育的理论知识，还要在日常生活工作中发挥言传身教的影响力；专业课教师在课堂讲授科学文化知识的同时，要有效渗透道德教育的相关内容；行政管理人员在工作中要充分重视思想政治教育工作的重要性，增强服务意识，改善服务态度，为大学生树立榜样示范作用。只有将“全员育人”工作真正落到实处，才能真正将高校育人工作做得更加全面和深刻，取得实效，同时适当地缓解高校辅导员的职业压力。

高校应建立科学的、合理的规章制度，要求各职能部门之间互相配合，明确分工，对辅导员队伍进行合理的人力资源配置。高校应注重人文关怀，努力为辅导员营造轻松活泼、团结和谐的工作氛围。例如，定期举办辅导员沙龙，搭建沟通的平台；进行团体拓展训练，开展文化体育活动，使其在工作之余有丰富的体育文化生活，排解和释放工作压力，增强归属感。高校还应关注辅导员的心理健康，根据辅导员的个性特点、能力倾向合理安排工作内容，充分发挥辅导员的工作潜能，为其提供心理咨询服务，使辅导员积累的心理压力得到有效的倾诉和排解，从而减轻辅导员的职业压力，让辅导员真正感受到学校、组织对他们的关怀，更有精力和热情投入工作。

（二）规范行政管理部门职责，避免转嫁事务性工作

在传统的管理模式下，高校辅导员无法实施“精细化”工作，每个人都穷于应付各个部门交办的事务性工作，多个职能部门对辅导员实行多重的管理，以至于辅导员没有多余的供自己支配的时间，职业压力增大。所以，校级相关职能部门要规范行政管理部门的职责，明确分工，使其职责范围内的事务自负其责，不得转嫁给辅导员。学校应建立完善的规章制度，形成一套较为完善的联动工作机制，责任、权利划分明确，把属于辅导员的工作明确由辅导员完成，把与思想政治教育无关或关系不紧密的工作从辅导员身上转移出去，有效地减轻和缓解辅导员的职业压力。例如，辅导员在选聘入职时，由学校委托的机构进行专业培训、考试、选拔等，学校党委根据选聘人员的资历、能力、工作表现、科研等方面的情况作为参照基础，进行下分学院的选派，期末的考评也直接纳入学校的人事部门考核，这样垂直化的管理可以减少中间的层次环节，大幅度地提高工作效率。

在现阶段，高校辅导员的管理模式多采用“刚性管理”，以“规章制度为中心”，用制度来约束、奖惩、监督、管理。随着就业竞争越来越激烈，高校辅导员的学历层次和支撑结构逐渐出现上升特点，因此高校也可以结合

各自学校的特点开展“以人为中心”的柔性管理。它是以一种非强制性的方式，从内心深处激发每位高校辅导员的潜力、积极性和创造性，使他们能自主地为高校的学生管理服务，提升高校学生管理水平。高校可根据辅导员的性格和工作特点，用一种非强制的方式充分激发辅导员内心对学生工作的热爱，使其把这份热爱变成行动的动力，提高辅导员工作的主动性和创造性，从而实现自我约束和自我管理。

高校辅导员的选聘要坚持准入机制，严格遵守选聘标准和原则，必须从源头上严把“入口关”，保障高校辅导员职业化建设的基础环节，杜绝那些内心并不热爱学生工作，只是为了一时的生计而将辅导员岗位作为自身发展“跳板”的人进入辅导员队伍，要选聘出从内心真正热爱学生工作且有较强的政治素质和工作能力的人加入辅导员队伍中。只有从内心真正热爱辅导员职业，才会在以后的职业生涯中遇到压力时主动进行自我调适。辅导员的选拔方式是影响辅导员选聘机制的外部因素，目前主要有公选制、考核制和内定制。但从长远发展来看，辅导员选聘要坚持组织推荐和公开招聘相结合的方式，成立选聘工作领导小组，规范选聘程序，坚持公开、公平、公正的原则，通过组织面试答辩、职业能力测评等形式择优选聘，避免人岗不匹配现象的发生。高校可以重点对辅导员的角色、作用、地位进行考察，避免辅导员在以后工作中因不能适应学校的组织文化和发展需要而产生职业压力。

高校辅导员的选聘要注重学科专业背景，重视职业发展潜力。例如，注重辅导员的思想政治教育专业学科的教育背景，而且可以向教育学、心理学、社会学等研究学科倾斜，其他学科也可适当吸收。同时，要考察组织管理能力、沟通合作能力、调查研究能力、职业素质能力、职业发展潜力以及语言、文字表达能力等因素，既要保证人员数量，又要优化队伍结构，这样可以保证辅导员一入职就能够基本胜任工作，避免在职业发展上“后劲”不足而产生压力。

高校辅导员的选聘要科学，构建长效机制。辅导员队伍流动性过快也是导致高校辅导员职业压力过大的一个重要原因。所以，保持辅导员队伍的相对稳定也是调适职业压力的一个不可缺少的对策。对于新选聘的辅导员，还要实行试用期考核制度，对考核不称职的人员不予入编，同时为保持队伍的稳定发展，应有明确的制度文件规定，至少要在辅导员岗位上工作一定的年限（不得少于四年或五年），这样既严格了辅导员的选聘标准，保持了辅导员队伍的纯洁性，又夯实、稳定了高校辅导员队伍的基础。所以，只有严高校辅导员的选聘机制，才能使辅导员队伍结构更加合理，整体素质更加提高，职业生涯更加轻松。

在加强辅导员队伍的组织管理时，高校要想探索建立基层专业辅导员队伍，可将辅导员工作按照工作类型分为思想教育、心理疏导、就业指导、专业学习、日常生活等若干类型，既有共性要求，又有内部分工，分类设置辅导员的工作要求，各司其职，提高工作的针对性，在提高辅导员管理和专业化水平的同时，能解决队伍规模不足、工作超负荷的问题。高校要不断加强辅导员日常管理能力，增强其心理素质，使其能够应对和调适突发事件的心理冲击，提高应对突发事件的防患意识和处理能力，增强工作胜任力。同时，高校可有意识地引导辅导员结合自身兴趣和专业特点不断学习和研究，成为某一方面的专家，解决个人兴趣发展与日常工作之间的价值冲突，从而提高辅导员的个人成就感。

（三）健全考评激励机制，激发辅导员的职业成就感

激励主要是指在管理工作中通过一系列的制度、措施、方法和手段来有效地调动职工工作的积极性。激励对组织运行起着非常重要的作用，就像列车与机车之间的关系一样，如果列车没有机车的牵引，就难以运行，如果没有激励措施，组织就很难运行得良好。每个组织都面临着激励问题，要使职工或独立或合作地完成规定的任务，并激励他们以创造性地向更高的境界发展。根据当前我国高校辅导员工作的实际情况，高校应积极贯彻教育部的有关政策，进一步完善高校辅导员的激励措施，确保辅导员队伍的长期稳定发展。

高校要结合工作表现、学术研究、学生评价等综合考核结果，对辅导员进行相应的物质和精神奖励，从而建立激励机制，提高辅导员工作的积极性、主动性和创造性。高校应构建物质激励、精神激励和环境激励相结合的有效激励机制。

首先，在物质激励层面，要提高高校辅导员的福利待遇，保证辅导员的物质生活能够与社会经济发展相适应，能够满足辅导员的正常物质文化生活需要。高校辅导员承担着高校大量的学生事务性工作，任务繁重，时间长，经常加班加点，工作中投入较多，但是物质待遇偏低，工资薪酬并不高。作为高校辅导员，他们的薪酬待遇应与工作强度、工作能力、工作绩效成正比。所以，提高辅导员的福利待遇是缓解其职业压力最直接、有效的途径。因此，高校必须切实地提高辅导员的福利待遇和经济地位，保障辅导员的物质需求，改善辅导员的生存、工作环境，在经济上对其工作予以肯定，肯定

其劳动价值，在薪酬分配方面可以引入人力资源管理的理论，使辅导员与专业教师同工同酬、同地位，激发辅导员的工作热情。

经济基础决定上层建筑。高校可根据学校的发展方向及改革趋势的需求，建立有效的激励措施和保障机制，调动辅导员工作的积极性，帮助其解决政治待遇、经济待遇、工作待遇和生活待遇各方面的问题；切实解决辅导员生活中遇到的实际困难，在辅导员的岗位补贴、住房条件等生活方面，提供帮助，为其分忧，缓解压力，提高辅导员的生活质量。在辅导员的工资待遇调查中，笔者发现辅导员对其现在的薪资情况非常不满意。目前，辅导员大多是比较年轻的群体，在家庭生活中担负着重要的责任，工作又刚刚起步，面临着结婚、生子、买房等人生大事，开销也比较大，如果工资待遇跟不上，就会令部分辅导员觉得经济压力过大，产生离职的想法。因此，高校必须采取适当措施为辅导员提供各种保障，缓解辅导员工作和生活上的经济压力，为其多提供一些与家人共处、情感交流的时间，以舒缓压力。例如，在不影响正常工作的前提下，增强辅导员工作的方式、时间弹性，了解辅导员的个人生活和工作中存在的困难和问题，并给予一定的引导和帮助，尽可能地给辅导员以足够的组织支持。待遇上对辅导员进行政策倾斜，保障其收入不低于同类专业教师，并发放岗位津贴、通信补贴、加班补贴、住房补贴等。经济收入上的肯定不仅是对辅导员在学校教育、服务管理中突出贡献的认可，还能提高辅导员的工作热情和对职业的满意程度。通过提高经济收入激发辅导员内在的驱动力，辅导员将更有干劲地投入工作，树立未来的职业信心。

其次，在精神激励层面，要满足高校辅导员的精神需要，激发其工作动力，包括情感激励、职业发展、职位晋升、荣誉激励、培训深造等。对高校辅导员的激励形式不能只停留在评比表彰上，还要通过制度构建其职业发展道路，使辅导员个人成长与职业发展相一致。在高校辅导员培训激励上，高校要从个体需求出发，制订“全覆盖、多层次、有个性”的培训方案，按照不同专业的需求，有计划、有组织地开展辅导员的专业素质和职业能力的培训，提高其理论素质与业务水平，注入新的知识、技能和活力，优化知识结构，增强其对工作的胜任力、驾驭力，从而预防高校辅导员因知识和技能的枯竭感、无力感引发的职业压力，更多地收获职业成功，体会成就带来的幸福感。

最后，在环境激励层面，要从硬件和软件两方面着力改善，改善辅导员入住学生公寓的状况，同时要使辅导员工作的基础设施和办公环境条件得到改善。

高校辅导员的职业压力要想得到缓解和调适，就需要强化辅导员的成就动机激励，构建长期有效的激励机制。具体来说，要从精神、生活、经济待遇、工作环境方面，充分调动辅导员对大学生思想政治教育工作的热爱、热情，推出具体举措支持辅导员在职攻读思想政治教育及相关专业的博士学位，提高其理论水平和知识能力，切实解决辅导员的实际困难，激发其工作的自觉性、积极性和创造性，以一种强烈的责任感和事业心做好大学生思想政治教育和管理工作。

建立科学的考评机制是调适高校辅导员职业压力的有效措施和重要保障。科学的考评机制应在充分把握辅导员岗位职责、工作内容的基础上，遵循辅导员工作的特点与规律，通过“奖勤罚懒”“论功行赏”对辅导员业务水平和工作绩效做出客观公平的评价。在访谈中笔者了解到，华东师范大学在高校辅导员职称评聘时，设立了辅导员系列技术职务职称，采取了“专、提、派”等有效的激励措施，确保辅导员“干事有平台、工作有条件、发展有空间”。该校通过“养用结合”做好了辅导员队伍长效发展激励机制工作，对辅导员的选聘、培训和发展做好了长期规划，并且学校优先推荐辅导员到校外单位挂职锻炼，参加各类培训，为辅导员搭建学校和社会的通道，加大辅导员职业工作的研究与实践力度，为辅导员排除了后顾之忧，减轻了职业压力。

构建全面科学的考评体系来衡量辅导员的工作业绩可以为今后对辅导员的激励、晋升提供可靠的依据，通过正面引导激发高校辅导员的职业成就感，可以起到鼓励先进、鞭策后进的激励作用。强化辅导员队伍的考核工作，主要突出工作的实效性和针对性，可从多个层面有针对性地对辅导员的工作进行考评，既要有学校管理层面对其工作的评价，包括常规性的辅导员工作及创新特色工作考评，还要有来自学生层面对辅导员的评价，因为辅导员工作的直接对象是学生，所以学生对辅导员的工作最具发言权。高校辅导员公开述职的方式特别能考验一个辅导员。面对学生，辅导员述职的每一件事都要确有其事才行，因为在学生面前，有无数双眼睛盯着辅导员，这样的考评方式比较具有真实性。考评要力求做到数量与质量、日常与重点、创新与常规、过程与结果相结合，争取做到全面；要合理确定各项目的权重比例，科学安排考核内容、标准与程序，坚持公平公正的原则，强调操作性、有效性。考评的内容要尽可能详实，要能全面体现辅导员的知识素养、业务水平等综合考评指标，对于工作中的创新亮点要有附加的奖励，并将考评的结果与辅导员的职称、级别等与薪酬待遇挂钩，评选出优秀辅导员并给予物质奖励。

高校辅导员工作的成果具有间接性、延迟性的特点，因此既要制定一套完善的科学考评办法，又要正确把握定性和定量的考评关系，明确标准，减少随意性。采用定性定量相结合的考核方式，既要结合学生的综合评价，又要能体现辅导员个体的工作成效及工作差异。定性考核是从整体对辅导员工作的各方面状况进行概括性描述的考评过程，可以分别从德、能、勤、绩、效等方面进行。定量考核是具体的，根据辅导员的工作职责设立量化指标，内容具体，准确性高，可避免主观、随意的评价。考评要重点从辅导员的工作态度、敬业精神、实际付出及学生的满意度等方面来考核，减少即时性的显性量化考核指标，充分考虑辅导员的岗位素质、专业能力、工作责任感、工作积极性等实际状况，“以人为本”地体现出高校辅导员的工作实效，并得到公正、公平的评价。在辅导员绩效考评中，高校要做好薪酬分配，体现优绩优酬，多劳多得，充分调动高校辅导员的工作积极性和主动性。

（四）加强队伍建设，拓宽辅导员的职业发展路径

高校的重视与关怀是缓解辅导员职业压力的前提。在高校的学生工作中，所有人都把注意力集中在大学生身上，竭尽全力地为学生排忧解难，但是对辅导员的关注少之又少，致使辅导员在长期超负荷的工作中感到职业压力很大。辅导员作为高校从事大学生思想政治教育的主力军，是落实教育教学任务的基层堡垒。所以，高校要充分重视辅导员的工作重要性，以及在高校学生思想政治教育工作体系中发挥的特殊作用，要制定相关配套政策和激励机制，从维护高校稳定的高度重视辅导员的队伍建设，切实提高辅导员的政治地位和生活待遇，提高辅导员的职业成就感。辅导员的核心工作任务是思想政治教育，它集教育功能、管理功能和服务功能于一体。教育者要有效地向受教育者传达自己的意图，进而让受教育者接受，再内化为行动。所以，高校辅导员的言传身教对大学生的影响最大，高校只有加强对辅导员队伍的建设，才能更好地培养合格的建设者和接班人。高校辅导员队伍建设的发展也要经历三个阶段：实践—理论—再实践。当前大多数的辅导员处于第一个“实践”阶段，忙于学生日常事务管理和思想政治教育工作，没有理论层次的提升，如果只是一味地陷入“实践”，就会使辅导员处于恶性循环中，产生职业压力。所以，实践在积累到一定程度后，必须上升到理论阶段，否则就会一直处于低水平的循环中。如果只有量变，没有质变，职业压力下的困顿、迷茫就会一直伴随着辅导员。高校辅导员职业的发展必须从思想政治教育学科里汲取理论养分和理论精华，只有这样，才能在指导学生工作的实

践中动之以情、晓之以理。这个“理”在很大程度上就是思想政治教育之理、马克思主义理论之理。

目前，高校辅导员群体的学历水平越来越高，整体素质得到了一定的提升，辅导员队伍建设逐渐呈现出分层递进的结构体系。为切实提高辅导员的综合素质和岗位技能，高校要将专业培训和学历提高相结合，加强对辅导员的培养，对辅导员工作中出现的“空竭时期”可结合定期的分层培训与系统教育，也可采用集中培训学习的方法，在培训学习的过程中，使高校辅导员的理论素养得到提升，提高其职业指导能力和社会交际能力，构建完善的知识体系，从而合理推进辅导员骨干学位提升计划，拓展辅导员队伍的研修平台，提升辅导员的科研意识和能力。

高校作为人才培养的重要基地，必须高度重视辅导员队伍建设，切实采取措施突出其重要位置。高校应规范选聘的任用，严把入口关，从源头上保证辅导员的质量。在选聘时，就要选聘政治强、业务精、纪律严、作风正的人才，把热爱大学生思想政治教育事业、德才兼备的人员选聘到辅导员队伍中。高校应优化辅导员的素质结构，积极组织辅导员外出调研、参加实践、学习深造等，使其知识储备能够与当今的知识架构相匹配。高校应采取适当的激励措施，关心辅导员个人的职业发展，建立相应的保障和流动机制，拓宽辅导员的职业发展渠道；鼓励辅导员攻读相关学科的博士学位，鼓励和支持辅导员考取与学生工作有关的职业资格证书，争取成为学生工作方面的专家，加快辅导员在学生教育和管理上专业化、职业化、专家化的进程。

职业发展不明是困惑辅导员的一大矛盾，也是造成高校辅导员职业压力颇大的又一原因。高校要加强辅导员队伍建设，必须从态度和行动上营造尊重思想政治教育工作的氛围，重视和关心辅导员的工作，创造条件鼓励并支持辅导员结合本职工作实践开展学术研究，设立辅导员专项科研项目，设立思政优秀科研成果奖，用优秀的理论成果指导工作实践，将工作实践积累提升到理论学术高度，探索和创新大学生思想政治教育的新思路和新方法；提升辅导员工作在本单位的职业威望和社会地位，增强辅导员的职业自豪感和职业成就感，使高校辅导员把学生工作当作一项有前途的事业、职业、专业来做，安心本职工作，悦纳本职工作。同时，高校要为辅导员的发展搭建平台、疏通渠道，切实减轻职业压力，拓宽高校辅导员的职业发展路径。

三、高校辅导员的自我调整

（一）学会自我心理疏导，坚持锻炼，增强体质

强健的体魄是做好任何一项工作的前提，更是缓解各种压力和职业枯竭的有效方法。这是因为加强锻炼可以使身体机能增强，提高免疫力，从而自如地处理各项事务。同时，由于进行锻炼，在时间的分配上就会减少压力时间的比例，更可以通过一些缓慢的锻炼来思考造成压力问题的症结所在。例如，体力下降会影响工作的效率，长此以往就会导致职业枯竭，因此辅导员要学会自我心理疏导，排解怨气、愤怒的情绪，经常“倒垃圾”，只有调节好自我心态，才能服务、管理好学生。人生总会出现坎坷，没有挫折就失去了奋斗的价值。高校辅导员作为高校的主力军，要主动接受新时期的角色转变，从心理上战胜职业枯竭。

（二）坚持正确的职业理想和信念

辅导员的职业理想和信念是辅导员在压力下维持心理健康最重要的保证。坚定信念，塑造品格，加强职业道德修养，对学生像对待自己的亲人一样爱护，对高校辅导员角色冲突调适有至关重要的作用。人要学会自我评价，若不能对自己有正确的评价，就会导致心理障碍。辅导员应该努力提高自己的应变能力和抗压能力，通过提高学习能力解决未来在工作中可能出现的问题，进而不断提升自己的综合能力。

（三）丰富生活，塑造完美人格魅力

人格是个体心理上有部分倾向性特征的统一，也就是个人的精神状态。所谓魅力，是指自身的非权力影响力，现代汉语词典对“魅力”释义为“很能吸引人的力量”，是一个人的人格、人品、学识、兴趣、能力、情感、意志等素养的综合。辅导员工作是一项富有挑战性的工作，辅导员必须有敏锐的政治素养，关注社会情势，学习党的政策、方针，用发展的眼光培育学生。

第四章　新时代高校辅导员的角色构建分析

第一节　高校辅导员的角色期望

一、国家、高校、大学生对高校辅导员的角色期望

（一）国家对高校辅导员的角色期望

自 1952 年辅导员这一角色出现在高校中，国家就对这一角色寄予厚望。辅导员不仅对培养社会主义接班人起着重要作用，还维护了高校乃至社会的稳定。国家就当前的社会环境和需求对辅导员这一角色提出了角色期望，教育部发布的《普通高等学校辅导员队伍建设规定》中也有体现，对辅导员的角色身份进行了宏观定位，同时对高校辅导员提出了具体要求：

（1）具有较高的政治素质和坚定的理想信念，坚决贯彻执行党的基本路线和各项方针政策，有较强的政治敏感性和政治辨别力。

（2）具备本科以上学历，热爱大学生思想政治教育事业，甘于奉献，潜心育人，具有强烈的事业心和责任感。

（3）具有从事思想政治教育工作相关学科的宽口径知识储备，掌握思想政治教育工作相关学科的基本原理和基础知识，掌握思想政治教育专业基本理论、知识和方法，掌握马克思主义中国化相关理论和知识，掌握大学生思想政治教育工作实务相关知识，掌握有关法律法规知识。

（4）具备较强的组织管理能力和语言、文字表达能力，及教育引导能力、调查研究能力，具备开展思想理论教育和价值引领工作的能力。

（5）具有较强的纪律观念和规矩意识，遵纪守法，为人正直，作风正派，廉洁自律。

国家更是从形成正确的政治思想和“三观”、党团和班级建设、学风建

设、学生日常事务管理、心理健康教育与咨询工作、网络思想政治教育、校园危机事件应对、职业规划与就业创业指导以及理论和实践研究九个方面对辅导员工作职责进行了详细的规定。由此可见，国家对辅导员的角色期待侧重对辅导员学生良好思想道德品质的培养以及学生政治意识的增强。

（二）高校对高校辅导员的角色期望

高校对辅导员工作的要求和期望与国家保持高度一致。但是，高校会结合本校的实际情况，对高校辅导员的基本能力和素质提出更详尽的要求。高校希望辅导员爱岗敬业、率先垂范，具有自我职业规划能力和高尚的人格魅力，能够掌握最新的就业动态并对大学生进行指导；具备政治敏锐性，理论功底扎实，思想素质高，能够结合高校开展的校园文化活动，采用开拓、创新、灵活的方式对大学生进行思想政治教育；具备危机干预能力，善于运用心理学、教育学和社会学等相关知识化解矛盾冲突，维护校园稳定，针对大学生关心的热点问题及时给予正确的引导。具体要求如下：

第一，高校辅导员要具有良好的观察和辨别能力。当代大学生正处于一个多样化的世界，面对飞速发展的社会，他们的思想和心理也会随之不断发生变化。高校辅导员工作的主要内容就是做好大学生的思想工作，高校辅导员要悉心了解大学生的思想和心理动态，要敏锐地洞察大学生的思想和心理问题，透过现象看本质，及时发现大学生中存在的问题，对症下药，给予必要的指导和帮助；高校辅导员要善于通过各种渠道和方式，准确地发现大学生思想活动的动向，掌握大学生思想变化的规律和影响因素，做到“见微知著，有的放矢”；高校辅导员要善于从烦琐的事务性工作中抓住主流，合理安排工作进度，统筹兼顾，在复杂的工作体系和事务性工作中保持清醒的头脑，使工作有条不紊地开展。因此，高校辅导员需要及时了解大学生的学习、生活和心理动态，关注大学生最感兴趣的事物，迅速、准确地找出问题，找到与学生的共同语言，耐心地开展沟通工作。

第二，高校辅导员要有很好的沟通能力。人际关系是在沟通中建立的，沟通的方式就是谈话和聆听，选择恰当的沟通方式可以提高工作成效。高校辅导员在和每位大学生谈话前，都要做好充足的准备工作，悉心了解每位大学生的性格、家庭情况、近期的状况、感兴趣的话题和心理动态，然后因人而异，选择合适的交流方式和切入点，从大学生感兴趣的话题入手，通过谈话拉近师生的距离，加深对大学生的了解，洞察大学生中存在的问题，做到“随风潜入夜，润物细无声”，逐渐影响大学生的思想认识。聆听是人际沟通的另一种重要方式，高校辅导员必须成为一位耐心的聆听者，聆听大学生的心声，加深与大学生的情感沟通，赢得大学生的信任，保护倾诉内容中的个人隐私，真诚地提出建议，解除大学生内心的疑惑，引导大学生学会生活、享受生活、适应学校、适应社会。

第三，高校辅导员要有很强的表达能力。高校辅导员在开展心理咨询、就业指导，举行各种会议，撰写通知文件和活动总结时都需要借助良好的表达能力，他们表达能力的强弱直接影响教育效果的好坏。表达能力分为语言表达能力和文字表达能力。在表达能力方面，要求高校辅导员在与大学生沟通过程中的语言应该尽量简明、准确，让大学生及时、迅速地捕捉信息。与此同时，高校辅导员在不同的场合可以选择不同的语言表达方式，注意语言应具有感染力，让大学生获得情感体验。比如，在跟大学生聚餐时，语言可以风趣幽默一些，力图与大学生成为朋友；在开会的时候，语言就要相对严肃，深入浅出地讲明道理，引起大学生的重视，与会场氛围保持一致。另外，在文字表达能力方面，高校辅导员需要完成工作计划、活动总结、通知等诸多文字表达工作，而且基层工作中发生的事情，大学生的思想、学习和生活中的重要问题都需要及时向上级领导进行书面汇报，而要想把事情和自己的想法讲述清楚，就要具备一定的文字表达能力，同时他们通过准确的文字表达可以把一些共性的实践经验总结成规律，上升到理论，提炼成学术论文，进而有效地指导实践活动。

第四，高校辅导员必须具有自我情绪管理能力。高校辅导员的工作是做“人”的工作，人既有理性的一面，又有感性的一面，在工作过程中，难免遇到不顺利的事情和尴尬的局面，从而造成情绪低落。但是，高校辅导员不能让自己的情绪影响工作，更不能让自己的情绪影响与大学生的沟通。特别是在面对很多学生的重大场合，高校辅导员要控制好自己的情绪，不能让大学生受到自己情绪的影响，不能让他们察觉到自己情绪的波动。在工作中，高校辅导员还应注意避免感情用事，在“评先选优”“党员发展”“困难学生补助”和“奖学金等评比”时，高校辅导员都是很重要的评判者。高等学校要求辅导员避免融入自己的感情，根据个人的好恶评价大学生，而必须根据客观的评分标准选拔出真正优秀的学生；在大学生之间发生矛盾争执时，高校辅导员不要主观评判，偏袒一方，而要以理服人，妥善处理彼此间的矛盾。

第五，高校辅导员需要拓展网络育人平台。随着互联网的快速发展和应用，网络已成为大学生人际沟通的重要途径，虚拟生活成为大学生一种崭新的生活状态。高等学校要求辅导员必须具备基本的网络操作技能，要不断学习和掌握网络知识，熟练运用各种网络技术，成为网络环境下信息交流和人际沟通的行家里手，树立起参与大学生网络文化生活的意识，增强与大学生进行网上交流的能力。

第六，高校辅导员要开展好大学生思想政治教育工作。高校辅导员在开展大学生思想政治教育工作中，要建立思想政治教育平台，正面引导大学生的人生信念，关注大学生的现实需求，认识国家的前途命运，帮助大学生树立正确的世界观、价值观和人生观；指导大学生认清国际、国内形势，激发大学生的爱国热情，增强他们的社会责任感和爱国主义情怀；推动马克思列宁主义、毛泽东思想、邓小平理论、“三个代表”重要思想、科学发展观和习近平新时代中国特色社会主义思想进入校园的每个角落，在点滴行动中提高大学生思想政治教育素质，使之成为品学兼优、德才兼备的社会主义合格建设者和接班人。

第七，高校辅导员要做好大学生心理疏导工作。大学生的心理发展正处于由未完全成熟逐渐走向成熟的过渡阶段。大学生原本活泼开朗、乐观自信、积极进取、适应能力强、人际交往广泛，但是由于学校和家长都忽略了对他们进行健康人格的培养，以及学习、生活和就业的压力增大，部分大学生出现了比较敏感、自卑、只求索取不知奉献、以自我为中心、渴望理解和自暴自弃等现象。为了防止因大学生心理疾患而引发的事故，高校辅导员要协助高校各有关部门，根据大学生身心发展的特点，运用教育学、心理学、管理学等相关知识，通过多种途径来缓解其心理冲突。同时，高校辅导员在对大学生进行心理健康教育时，要营造良好的心理环境，关心、爱护、尊重、理解和信任大学生，努力走进大学生的内心，与大学生建立良好的师生关系；冷静、客观地辨别事情的真伪，做到情理交融、以情感人、以理服人；提高大学生的心理健康意识，传授调节心理健康问题的基本方法和知识。通过这样的沟通，大学生能在潜移默化中受到高校辅导员积极的心理感染，使之成为适应良好、心理健康的人。高校辅导员可以为大学生讲授形势与政策课，坚持与大学生进行谈话，组织开展多种形式的主题活动，深入了解大学生的思想状况，有针对性地开展思想政治教育工作和品德行为引导工作；讲授心理健康教育课程，开展个别咨询与团体辅导，举办普及性讲座，及时发现并协助有关部门处理由于心理疾患而导致的各种问题，防止由于心理疾患而引发的恶性事故。

第八，高校辅导员要做好大学生的学业指导和素质拓展工作。高校辅导员要与任课教师和班主任及时沟通，全面了解大学生的学习状况，做好大学生和任课教师、班主任的协调工作，帮助大学生明确学习目标，培养大学生获取知识的能力，激发其学习动机，端正其学习态度，使其积累学习经验，养成良好的读书习惯。与此同时，高校辅导员要加强对大学校园文化的建设和社会实践的指导，组织大学生进行假期社会实践、技能培训和服务社区等活动，为大学生提供展现自我、张扬个性的舞台并指导大学生开展丰富多彩的班级和宿舍活动，使其在活动中得到锻炼和提高，为大学生营造轻松愉悦的氛围，培养他们的创新和实践能力。

第九，高校辅导员要做好大学生日常事务管理工作。高校辅导员应协助院（部）党委指导大学生建设党团支部，做好大学生党员发展和教育管理工作，开展形式多样的党团活动，做好团员的评议、培养和推优入党工作。高校辅导员在开展大学生综合测评、助学贷款、评先选优和勤工俭学等日常管理工作时，要坚持“公开、公平、公正”的原则。高校辅导员要经常深入宿舍，增进与大学生的交流，及时了解大学生的学习生活和思想状况，维护大学生利益，为大学生排忧解难，同时指导大学生营造良好的宿舍文化和卫生环境，开展日常安全教育，提高大学生的安全防范意识，禁止使用违规电器，妥善处理大学生中发生的各种突发事件。

（三）大学生对高校辅导员的角色期望

大学生作为高校辅导员工作的直接对象，期望高校辅导员能够在思想上、学业上引导他们，帮助他们把握大方向。除此之外，大学生还期望高校辅导员不仅能将学校的一些重要信息及时地告知他们，还能倾听他们的心声，将他们的真实想法传递给学校。总之，大学生期望高校辅导员既具有爱心、责任心，又具有亲和力、感染力，能和大学生进行良好的交流和沟通。大学生期望高校辅导员扮演好以下几种角色。

第一，高校辅导员是大学生的“人生导师”。随着经济体制、教育体制改革的不断深化和社会结构的逐渐变化，社会矛盾纷繁复杂，社会生活日新月异，思想文化领域百花齐放，徘徊在人生的十字路口的大学生如同雾里看花，很多时候会出现迷茫。面对复杂的情况，大学生在思想道德方面的认识也呈现出多面性，既有积极的一面，也有消极的一面；既有正确的认识，也有错误的认识；既有健康的思想，也有不健康的思想。高校辅导员如何对大学生进行积极、正确的引导成为急需解决的问题。因此，高校辅导员要耐心地从公民道德素质、时事政治教育和学校规范教育等方面引导和教育大学生，做好大学生的思想政治工作，引导他们克服和抑制那些消极的和不健康的东西，帮助大学生树立正确的世界观、人生观和价值观，确立坚定的马克思主义信念，使其成为思想过硬、品德高尚的社会主义事业的合格建设者和接班人。高校辅导员在做大学生思想政治工作的过程中，不仅要分析国内外的形势政策，理清思路，还要掌握相关的马克思主义知识，把握灌输这些知识的方式方法，在理解和灵活运用各种教育政策和原则的基础上，针对大学生的特点和特定的教育内容创设一定的情境，从而达到一定的教育效果。高校辅导员要关心大学生的学习，帮助他们取得学业上的进步；关心大学生的生活，帮助他们解决生活中的困难；呵护大学生的心理健康，帮助他们适应学校、适应社会；关心大学生的情感世界，帮助他们处理好爱情、学业和事业三者之间的关系；引导大学生的人际交往，帮助他们形成健康的群体归属感。高校辅导员对大学生的热爱会体现在点点滴滴的小事中，师生间浓厚的感情是一种力量，连接了师生的心灵，消除了彼此间思想的隔阂，增强了大学生的社会认同感。

第二，高校辅导员是大学生的“学习生涯设计师”。高校辅导员要正确引导大学生解决学习上的问题。在当代大学生中，大部分学生都有自己的学习目的，积极参加各种活动，努力学习并学有所成。但也有一部分学生的学习的积极性不高，在学习上追求“六十分万岁，多一分浪费”，认为学习就是为了报答父母的养育之恩和教师的栽培之恩。还有的大学生认为，上大学是为了今后步入社会能有一个好的发展平台，找到一份理想的工作，建立一个美满的家庭等。每位大学生的学习动机和学习目的不同。因此，高校辅导员在指导大学生进行人生规划时，要结合他们的学习目的，通过开展思想政治教育，激发大学生自主学习的欲望，帮助大学生结合实际确立正确的学习目标，提高学习的自觉性。此外，高校辅导员还要指导大学生解决学习方法上的问题，针对“大学生不善于规划学习”的实际情况开展教育，传授他们行之有效的学习方法和学习技巧，鼓励大学生致力于学术研究和继续深造，坚定他们上进的信心。最后，高校辅导员应推动大学生多方面能力的综合发展。大学期间是人生中知识和能力发展的高峰期，而且随着国内外就业形势日益严峻，各国对人才的能力要求发生了转变，复合型创新人才备受青睐，这就要求提高大学生的综合能力。高校辅导员要根据大学生发展的基本特点和成长规律，在思想政治教育中给予他们更多的支持、帮助和鼓励，努力促进他们综合素质的提高和职业能力的全面发展。

第三，高校辅导员是大学生的“心理咨询师”。大学生正处在一生中对周围感知最敏感和心理变化最激烈的时期。生活环境、学习环境、人际环境和管理环境的变化导致部分大学生心理失衡而产生强烈的自卑感、焦虑感和孤独感。同时，大学生在生理和心理上都已日趋成熟，情感欲望逐渐增强，特别是刚刚步入大学的新生，在挤过高考的“独木桥”后，压力得到释放，便急切地渴望与异性交往并获得爱情。因此，对高校里出现的“大学生谈恋爱”的现象，高校辅导员无须大惊小怪，更不能采取极端的办法，而应从满足大学生情感需要的角度出发，同他们一起认真地探讨爱情和婚姻的真谛，给他们敲警钟，提醒他们需要注意的问题，引导他们正确对待大学期间谈恋爱的问题，帮助他们树立正确的爱情观，引导他们正确处理爱情、学业、事业和个人长远发展的关系。在当前生活节奏加快、生存压力加大与竞争加剧的大环境中，保持良好的心态是抗拒诱惑、承受挫折、取得成功的关键。因此，高校辅导员需要加强对大学生的心理健康教育和心理疏导，帮助他们解除心理困惑，保障他们能够拥有健康的身心、轻松愉悦的心情和积极进取的心态。

第四，高校辅导员是大学生的“道德教练”。社会主义教育的本质决定了高校教育的主要目标是引导大学生树立正确的世界观、人生观和价值观。随着我国改革开放的日益深入，新鲜事物大量涌入，社会环境日益纷繁复杂，大学生难以抗拒诱惑，加上乏分辨是非的能力，极可能迷失方向。因此，高校辅导员在对大学生进行思想政治教育时，一定要坚持把正面的激励引导和先进理论的宣传教育相结合，提高大学生掌握正确的价值选择和评价标准的能力，帮助他们树立正确的世界观、人生观和价值观，培育大学生健全的人格和高尚的品德。除此之外，高校辅导员还需从大学生的学习、生活和思想实际出发，突出责任意识教育、诚信教育、挫折教育、奉献教育、遵纪守法教育和协作精神教育等，为大学生成长成才和健康发展奠定良好的思想道德基础。

第五，高校辅导员是维护大学生权益的“律师”。当代大学生站在时代与新思想发展的前沿，看待问题会更加深刻透彻，法律意识日益增强。但是，由于大学生涉世未深，经历的事情比较少，凡事理想化，容易忽视社会的阴暗面，年轻气盛，遇事易冲动，缺乏自我保护意识，因此他们在社会实践、就业和创业等过程中的权益极易受到损害。这就需要高校辅导员给予大学生及时的帮助和正确的引导，把维护大学生权益当作日常工作的一部分，在开展校园文化活动中向大学生灌输法律意识，让他们学会通过法律途径来维护自己的切身利益。高校辅导员可以协助学校成立“大学生权益维护中心”，开展“大学生维权”系列讲座，定时开展普法宣传活动来增强大学生的维权意识，切实保护大学生的权益，做好大学生权益上的“律师”。高校辅导员在帮助大学生维护权益的同时，自己可以“赠人玫瑰，手有余香”，学到许多法律知识，掌握合法的维权途径和方式，提高自身的法律修养。这样，不仅有利于大学生的全面成长成才，还有利于依法治校、依法治国，构建和谐的法治社会，推动我国教育可持续发展。

每个社会成员在社会活动中都扮演着不同的角色，每个角色都有其相应的权利、义务和行为规范。随着高等教育的快速发展，高校辅导员逐渐进入大众的视野，日益引起人们的关注。作为一种职业角色和高校学生工作的主力军，高校辅导员在国家、高校和大学生这一网络中处于“节点位置”，面对着来自国家、高校和大学生的期望和要求。所以，我国高校辅导员的角色要求是多元的，带有一定的复杂性。

二、新时代高校辅导员角色期望的特点

（一）发展性

高校辅导员的角色期望并非一成不变的，而是随着时代发展而不断丰富和完善。高校教育的目标在于培养社会发展、知识积累、文化传承、国家存续、制度运行所要求的人，培养德、智、体、美、劳全面发展的社会主义合格建设者和可靠接班人。高校辅导员的角色期望有其“政治引路人”的固有内涵，但也会随着时代的变化和高等学校学生实际需求的变化而有所扩展。当学校扩招，学生出现就业、心理健康、学业和家庭经济困难等问题时，高校辅导员的角色期望就从单一引导学生坚定正确的政治方向发展为帮助学生树立正确的世界观、人生观、价值观、维护校园安全稳定、帮助学生解决学业、就业择业、心理健康、经济困难等具体问题。在新时代背景下，随着国家社会生产力水平的显著提高，国内主要矛盾发生了变化，国家发展确定新的目标，习近平新时代中国特色社会主义思想形成，我国日益走进世界舞台中央。当代青年是同新时代共同前进的一代，要实现中华民族伟大复兴的中国梦，需要青年人尤其是接受高等教育的大学生将自己的前途命运与国家的前途命运紧密联系在一起，在实现个人发展的同时，为中华民族的伟大复兴做出自己的贡献。但这些成长于互联网时代的青年人难以甄别纷繁复杂、良莠不齐的网络信息，更难以辨析别有用心的人的有意煽动，他们更容易受到当下多元文化的负面影响，因此帮助他们坚定正确的理想信念就显得尤为重要。在这样的时代背景和学生情况的变化下，高校辅导员的角色期望便进一

步发展成由思想理论教育和价值引领者、党团和班级建设者、学风建设者等九个角色组成的角色集，角色期望的内涵进一步丰富。

（二）多样性

与以往相比，新时代高校辅导员角色期望存在更为显著的多样性。他们既要帮助学生牢固树立正确的世界观、人生观和价值观，解决青年人思想上的问题，又要指导学生处理好在学习和生活中的思想认识、价值取向、择业交友等方面的具体问题；既要引导学生树立正确的学习目标，培养学生良好的学习兴趣，为他们的终身学习打下坚实的基础，又要妥善处理学生在大学生活中的各种管理和服务工作。在辅导员的角色集中，既涉及比较专业的心理健康教育领域、思想政治教育领域、理论与实践研究领域，又涉及比较事务性的日常管理工作，还涉及顺应当今时代发展潮流的创新创业指导和网络思想政治教育等内容，辅导员的角色期望呈现出多样性。在新时代高校辅导员的角色集中，较为专业的角色需要辅导员有较为系统的专业知识、较为事务性的角色需要辅导员付出较多的时间和精力、顺应时代发展而新生的角色需要辅导员不断学习新的理论、政策、实例。因此，多样性的角色期望更加容易导致辅导员角色扮演不足，出现角色距离的困境。

（三）冲突性

高校辅导员的角色期望中既有指导学生坚定“四个自信”，树立正确的世界观、人生观、价值观的“人生导师”的部分，又有经常性开展谈心谈话，帮助学生健康成长的“知心朋友”的部分；既有开展相关管理和服务工作、组织评选各类奖助贷勤、为学生提供生活指导的“事务性管理工作者”的部分，又有在工作中开展学术研究的“理论研究者”的部分。特纳认为，在社会中，个体倾向将不同社会背景下的行为组合或者尽可能减少为统一角色，倾向扮演相互一致的角色。也就是说，个体更加倾向扮演角色期望一致的角色。在新时代高校辅导员的角色期望中，既期望高校辅导员成为学生无话不谈的朋友，又期望高校辅导员成为学生人生路上的引路人；既期望高校辅导员成为处理学生各种琐碎的、日常的事务性管理工作人员，又期望高校辅导员成为涉及学生思想政治教育、心理健康教育以及各类学生事务教育工作的研究者。但从某种意义上说，教师和朋友、事务工作者和理论研究者这两对角色期望本身就存在着矛盾。也就是说，新时代高校辅导员的角色期望存在一定程度上的内在冲突性，这种角色期望的内在冲突在辅导员进行角色领悟和角色实践的过程中势必会引起辅导员在认知自我角色、扮演自我角色时的冲突。

第二节 高校辅导员的角色行为分析

高校辅导员角色定位具有多重性：学生健康成长道路上的引路者、学生日常生活中的管理者以及为学生提供具有辅导性帮助的服务者。辅导员所产生的角色行为主要是教育行为、管理行为和服务行为。首先，最为重要的是教育行为，作为为国家培养高级专门人才的师资队伍中的一员，辅导员主要是利用课余时间对大学生进行思想政治教育，目的是培养大学生拥有良好的个人思想政治素养。其次，辅导员作为在大学中唯一负责学生日常生活的教师，会对学生进行学业和日常生活规划管理。最后，辅导员作为频繁接触大学生的人，应充分利用自身优势，为学生提供良好的服务，从而促进学生发展。

一、高校辅导员角色教育行为分析

纵观高校辅导员角色的变化和发展，在辅导员角色集中最为主要且任务最为艰巨的就是大学生思想政治教育指导者，其工作内容依旧是对大学生进行思想政治教育，包括对学生的思想和“三观”、道德伦理和政治觉悟方面的教育等。高校开展思想政治教育工作的方式主要有两种：一种是结合高校任课教师现有形式，依据相关政治理论教材，教授学生政治理论知识，为学生形成正确的“三观”打好基础；另一种是由辅导员对学生开展思想政治教育，主要是对学生的道德实践活动进行指导、对学生日常行为进行规范等，从日常生活着手，使学生拥有良好的个人文化素养。这项工作是由“教师”和“辅导员”两种角色来执行。相关任课教师会通过在课堂上对学生进行理论讲解及分析使学生理解并学到理论知识，为学生的思想政治理论教育打好基础。与专业任课教师相比，辅导员没有机会以正式的课堂形式为学生讲解思想政治理论知识，因此辅导员自身需拥有深刻的政治觉悟和政治素养，且政治立场与原则应与党中央保持高度一致，拥有坚实的政治理论基础，带领学生对马克思列宁主义、毛泽东思想、邓小平理论、“三个代表”重要思想、科学发展观以及习近平新时代中国特色社会主义思想等内容进行学习，充分利用学生社团等举办的文体活动，使学生课余时间变得更为丰富，为学生营造良好的思想政治学习氛围。辅导员角色对学生开展的教育行为与教师角色的教育行为有所不同。辅导员对学生的教育没有专业、具体的教学大纲，教育的内容主要是围绕学生综合能力的提升，相对侧重对学生思想政治方面的教育。相对于教师教授学生专业的知识，辅导员更注重培养学生的综合能力。同时，辅导员要及时与学生进行思想政治理论的交流，了解学生对政治理论的疑问，与学生进行认真的讨论及分析，理论结合实际，并融入日常生活中，通过日常生活去验证理论，使理论更容易被理解，为学生答疑解惑，辅助学生提高政治素质和政治水平，及时为学生调整发展方向，引导学生自觉地辨别是非，促进学生培养自我约束的能力，增强学生的服务意识和奉献精神，使他们成为合格的社会主义接班人。高等教育的目的是将学生培养成为社会需要的专业人才，这种专业人才不仅要有丰富的专业理论知识和熟练的专业技能，还要有较高的个人素养。高校辅导员角色用其角色行为来满足角色期望，而高校辅导员角色的教育行为更是彰显了其思想政治教育指导者的角色定位。

二、高校辅导员角色管理行为分析

在高校中，辅导员是管理学生的主要力量，他们有着直接管理学生事务的权利。例如，迎新工作、班级组织建设、学生党建、学生活动组织、学生请假、学生综合素质测评及评优活动、评校级或国家级奖学金、学生勤工俭学活动、办理助学贷款、学生毕业就业、查看学生寝室卫生及安全、传达学校重要通知等一系列非学术性学生事务及活动都由辅导员进行管理。除此之外，辅导员还要负责规范学生的日常行为，负责管理学生社团及学生干部，做好对学生日常活动的组织和管理工作。如今，辅导员既像是高中时期的班主任，又像是学生宿舍的宿管，只要是和学生有关的一切事务都要管理和负责，导致辅导员的工作内容有些零碎和混乱。例如，校学生处要求辅导员指导学生在校园网自主选择课程、期末组织学生进行课程评价、为学生发放成绩单和为毕业生发放毕业证；校财会部要求辅导员督促学生按时缴纳学费及学杂费；校医务室需要辅导员辅助自己为学生办理城镇居民医疗保险、组织学生体检；其他部门还需要辅导员协助保护学生人身安全、收集和及时更新学生个人信息等。由于学校各部门无法直接与各院系或各年级的学生进行交流，因此只好委托辅导员与学生进行沟通，并帮助处理问题，从而协调好各部门与学生之间的工作。正是因为这些零碎而复杂的工作需要，辅导员的工作量增多，要处理的事情复杂且任务繁重，原本明确而又清晰的工作职责也因此变得多样化。事情一旦相互交错就会变得复杂，以至于辅导员有时连自己都不清楚自己的工作职责。也正是因此，辅导员变成了学生的“保姆”，要对学生的校园生活尽职尽责，已经不再只是进行学业指导，还要管理学生的“日常起居”，从人身安全到心理健康都要负责。总而言之，辅导员就是学生在校园生活中对学生负责的管理者和直接监护人。

三、高校辅导员角色服务行为分析

由于国家的要求和社会的需要，辅导员不仅要负责学生思想政治教育和学生事务管理工作，还需要为学生提供心理辅导、创业及就业指导等一些专业性较强的服务。大学生的思想还不成熟，大多数还没有足够的能力去应对人生的曲折以及情绪上所产生的大幅波动，在面对社会大环境的变化和在校期间学业测试、毕业后选择就业还是考研以及社交关系等所带来的种种压力时，因难以应对理想与现实之间的差异而极易形成的负面情绪，因此而造成的心理问题也容易引起不同程度的困扰，甚至会发展成心理疾病，从而影响学生的身心发展。因此，我国越来越重视高校辅导员对大学生的心理辅导。辅导员应协助高校积极开展心理健康教育活动，主动调查和解决学生的心理问题。学生也十分期望辅导员能够在自己最需要的时候及时给予自己心理辅导。事实上，辅导员在为高校学生提供心理咨询的同时，在与学生及时进行交流和相互了解。在学生被理解和教师帮助解决问题的同时，辅导员不仅增加了与学生互动的机会，还得到了学生的信任与喜爱，使师生关系向着良好发展的方向迈进一步。在毕业去向问题上，辅导员还会为学生提供专业而又合理的发展规划。无论是考研相关问题，还是就业创业指导服务，辅导员都会为学生提供适合个人的建议，并引导学生树立正确的就业观念，帮助他们做好大学阶段的收尾工作。这就需要辅导员具有专业的指导理论和技术，依照学生的综合素质，为学生提供适合自己的发展方向。在高校中，辅导员的行为就像是一座桥梁，高校向辅导员下达指示，辅导员向高校传达学生的意愿，引导学生和校方达成共识，使学生个人和学校整体发展得更好。

第三节　高校辅导员角色面临的环境

一、高校辅导员角色所面临的外在环境

（一）社会环境

随着我国社会主义市场经济的快速发展和改革的不断深入，政治、经济和文化也随之迅猛发展，我国的社会面貌正发生着急剧而又复杂的变化，社会逐渐显现出多元化的经济模式，多种社会矛盾相互交错，各种形式的文化相互碰撞。正是因为这种趋势，新的要求在高等教育改革中被提及。然而，要使高等教育准确而又快速地适应社会的新趋势，就需要对辅导员角色行为不断地进行调整，以尽可能地满足来自社会、高校及学生等多方面的角色期望。也正是因为我国正处于并将长期处于社会主义初级阶段，人们的价值观也随着社会的进步和发展不断地在改变，竞争意识、效率和效益意识从各个方面影响着每一个社会角色的思想和行为，社会角色的价值目标和价值取向也深深受到影响。如果辅导员有正确的个人价值取向，就能提高工作的积极性，激发其工作热情与事业心；如果辅导员没有把握好自己的价值取向，就很容易产生错误的想法和行为，还容易脱离整个辅导员队伍的发展目标，一味追求名利而违背辅导员职业道德规范。在这个竞争激烈、利益矛盾较多的现实环境中，辅导员往往会因不断地调节价值观念而陷入迷茫，从而产生情绪低落和精神压抑的状况，以至于难以达到社会的期望。社会价值观的不断改变不仅影响着辅导员的价值观，还影响着高校学生的价值观，如果辅导员不能引导学生形成正确的价值观，必然会给学生今后的成长带来更多的负面影响。辅导员作为学生人生道路上的指路人，若还一味地以传统的说教和灌输思想教育为主，就很难调节现实生活中多元素、多样式的矛盾冲突，同时面临一些“问题”学生时会不知所措。若辅导员自身也处于探索自己价值观的时期，就很难坚定和准确地为学生指明人生方向，很难为学生在思想政治教育理论方面答疑解惑，也不能有效地教导学生树立正确的世界观、人生观和价值观，更难以满足学生对“思想政治教育指导者”这一角色的期待。

（二）网络环境

在信息高速传播的时代，网络的快速发展已经深刻地影响了人们的生活，并为人们带来了方便快捷的生活方式和释放压力的便捷方法。随着科学技术的不断发展，教育产生了一种重要的新模式——互联网与教育相融合，互联网也成为高校师生之间沟通交流、传递信息以及获取更多新知识和学习资料的重要渠道，互联网的融入使高校师生的工作、学习和生活都受到了潜移默化的影响。但如此发达的信息网络科技也为辅导员的工作带来了新的问题。犯罪分子利用网络系统传播淫秽、血腥暴力、诈骗赌博、封建迷信、威胁恐吓、网络谣言等不利于学生良好发展的信息，危害了许多大学生的身心健康。网络所产生的负面现象也增加了辅导员工作的难度。有些学生已经“活”在网络游戏的虚拟世界中，学习欲望逐渐消失，上课出席次数越来越少，每天不是在寝室电脑前就是在网吧电脑前，打乱了正常的日常学习和生活规律，致使其期末成绩不合格，需要重修课程，严重的甚至会影响到毕业；有些学生本身性格孤僻，却又整日沉迷于虚拟的游戏世界中，使性格变得更加独特，甚至我行我素，在学校中与同学、室友关系不和，也不能很好地适应校园生活；有些学生内心不够成熟，意志不够坚定，对网络上的信息难以辨别真假，但又急于满足自己的虚荣心，导致钱财被骗，甚至被曝光个人信息，严重危害其身心健康。网络在为学生带来便捷的学习方式和轻松的氛围的同时，会在某个不可预知的时刻对学生造成危害。这对不完全成熟且刚步入社会的大学生来说是把双刃剑，如若掌握得好，会对自身提升带来帮助，否则将产生极大危害。生活中处处需要网络，人们时时需要网络，它已经深入人们的日常生活中，如果能把控好利用网络进行活动的尺度，就能给人们带来积极的影响，但还是有心理不成熟的学生会抵不过网络的诱惑力，这就为辅导员带来了极大的挑战。例如，如何促进学生合理利用网络进行学习，如何教育学生辨别网络信息的真实性和有效性，如何指导学生在网络公众平台发表正当评论，如何更好地利用网络平台开展学生工作等，这些都是辅导员如今面临的问题。

（三）社会角色认知混淆

由于辅导员在其所属的角色丛内要扮演多重角色，导致外界对辅导员这一角色有所混淆，社会认同感低。国家希望辅导员能够作为使学生拥有积极向上的思想的思想政治教育引导者，主要工作内容是引导学生树立正确的政治信仰，“扶正”学生的不良“三观”，促使学生提高综合素质，甘愿为高等教育事业和国家奉献自己的力量，为国家发展提供高质量的人才。高校希望辅导员能够做学生事务的管理者，在保证学生学业水平达标的同时，保证学生的日常生活及身心健康，还要努力完成上级下达的任务，并及时将学生的情况反馈给校方，做好学校与学生之间的接洽工作。学生和家长希望辅导员能够在学校进行评优评奖方面多多关照，在确保学生的人身安全的同时，能够确保学生顺利毕业。辅导员自身希望能够“今日事，今日毕”，能够很好地协调各种矛盾冲突以及每个学生的诉求，不要因为太多与自己职责无关的事而影响做好本职工作。社会上的人们有时也会不清楚辅导员到底扮演着怎样的角色，或者辅导员应该是怎样的角色，但在人们口中很明确地只称呼他们为辅导员而不是教师或其他称呼，他们大概只会觉得辅导员有别于教师之处是不为学生上课，但对辅导员到底从事何种工作、职责是什么的探讨较少，因此容易出现对辅导员职业认同感弱的问题，类似问题会在一定程度上影响辅导员的心态及工作效率。

二、高校辅导员角色所面临的内在环境

（一）辅导员自身对角色认知的模糊

角色认知模糊是指社会角色的行动者不清楚自己扮演的角色的行为规则，也不了解自己扮演的角色应该做什么或如何去做。在与每位辅导员访谈的过程中，大多数辅导员也提到过这一现象，他们认为自己在扮演辅导员这一角色的时候时常会陷入迷茫，尤其是刚入职期间，因为工作繁杂琐碎，另外，对自身产生了怀疑。虽然辅导员的工作主要职责是对学生进行思想政治教育，但从当前高等教育模式的大环境来看，辅导员的大多数工作内容都是管理和处理学生事务，以及上级委派的一些职责外的工作。这些工作占据了辅导员很多与学生沟通交流的时间，也占用了辅导员本应履行自己工作职责的时间。和之前所总结的访谈材料一样，凡是和学生有关的事情都需要辅导员去做，从学术到生活，以至于有的辅导员会抓不到工作重点。另外，角色之间也容易产生冲突。高校期望辅导员成为一名严格的学生事务管理者，同时鼓励辅导员和学生形成轻松愉快的平等关系；既要具有管理者的权威，又要在为学生服务时充满热情。尤其是在为校方与学生之间互相传达信息时，要求辅导员既要执行校方的政策，又要维护学生的权益，不少辅导员为此左右为难，严重的还容易使辅导员在学生心中失去公信力，使辅导员与学生之

间产生误解。随着时代的发展和高等教育的深化改革，高等教育对辅导员的要求只是这几种角色，以后也会越来越多，如果辅导员找不到合理解决角色冲突的对策，最终会因冲突产生的后果直接影响学生、辅导员及高校的发展。

（二）辅导员角色压力过大

由于社会各个方面对辅导员的角色期望有所不同，辅导员在扮演自身角色的时候十分容易产生压力。例如，明明是朝九晚五的工作时间，却要工作16小时；除了本职工作外，，还要处理上级安排的各种各样的工作；面临突发事件和棘手问题；等等。这些都容易让辅导员产生压力。笔者在之前与辅导员进行访谈时，就“您工作中所面临的困难是什么”这一问题与辅导员进行了交谈，辅导员均称现在工作事务繁忙为自己带来了不少压力，不仅容易消磨自己的工作热情，还影响着自己的工作效率，再加上社会、高校及领导不同的高期待值也使他们觉得有压力。然而，辅导员所面临的不只是外界带来的压力，还有因自身发展问题带来的困扰。有部分辅导员表示，因长期处于身心疲惫的状态，自己曾考虑离职。也有部分辅导员表示，面对现在如此激烈的竞争，评定职称、职位晋升以及职业成长规划不明确等问题让他们有所困扰。工作时的付出与事后得到的回报所形成的反差导致辅导员产生很大压力，心理不平衡，想要继续深造或选择转行。新入职的年轻辅导员会因不知如何对学生进行思想政治教育而备感压力，工作多年的辅导员可能会因为社会和家庭角色的冲突以及职业发展问题而感到压力。

（三）角色专业素养和专业技能需要进一步提高

社会各类角色所做的工作都需要有一定的专业素养和专业技能，辅导员也需要具备一定的专业素养和专业技能，因为他们需要对祖国的“希望”负责，且这是对辅导员角色扮演者的基本要求。但是，因为辅导员日常工作量大，工作内容宽泛，自身需要扮演多重角色，所以辅导员没有合理的时间和多余的精力提升自己的理论和技能。有些高校还引入了学科背景与所学专业和教育学无关的辅导员入职，再加上部分学校对辅导员队伍的专业培训较少，一定会存在辅导员专业素养和专业技能不过关的现象。因此，有部分辅导员缺少专业的理论知识对学生进行学业辅导，在学生事务管理方面也缺乏专业的技能；还有部分辅导员因自身专业素养和专业技能低而难以应对新形势所带来的工作环境和产生的新问题，从而延伸出了其他问题。每个角色都应该有其专业的角色理论知识，但辅导员这一角色并没有，他们不仅需要储备思想政治教育理论知识，还需要融合许多其他学科知识，如教育学知识、心理学知识以及所在院系的相关学科知识，从而充分拓展其专业知识，并结合实际问题对学生进行指导。尤其是较为年轻的辅导员，在遇到问题学生时，不知道该如何与他们沟通交流，不懂得怎么对学生进行正确的引导和教育，对学生情绪的敏感度不够，不能第一时间发现学生存在的问题，这就意味着辅导员在与学生相处方面的技能还有待提高。

第四节　高校辅导员角色的建构路径

一、组织在个体角色建构中的策略

在角色建构中，组织需要定义角色的合法性、分配角色并对角色进行评估，在辅导员的角色建构中，组织可看作教育行政主管部门和高校，教育行政主管部门定义辅导员的角色期望、为辅导员职业发展提供支持，高校分配辅导员角色并对角色实践情况进行评估。在辅导员的角色建构中，组织可以通过减少辅导员角色期望的多样性、提高辅导员角色领悟的充分性、减轻辅导员角色实践的繁重性、营造辅导员良好的工作和学习氛围等措施来帮助新时代高校辅导员进行角色建构。

（一）减少辅导员角色期望的多样性

辅导员的角色期望是因时而进、因势而新的，新时代辅导员角色期望具有发展性、多样性和冲突性的特点。新时代高校辅导员的角色中包含不同领域的角色，这些角色包含“事务性工作者”“理论研究者”“教师”“朋友”等性质不同的角色。“事务性工作者”需要个体耗费大量的时间和精力，重复性极强，而“理论研究者”需要个体专注于理论研究，要求个体富有创造性，两个角色对其扮演者的要求相差甚远，因此辅导员在扮演着“事务性工作者”角色的同时难以扮演好“理论研究者”的角色。“教师”要求为人师表，需要具备一定的理论知识和丰富的实践能力，为学生传道、授业、解惑，是师者和长辈，而“朋友”建立在双方平等基础之上，要求双方有一定的相似性，是伙伴和同辈，因此辅导员在扮演着“教师”角色的同时难以扮演好“朋友”的角色。新时代高校辅导员角色的发展性导致其角色集的多样性，而角色集的多样性又导致了其角色的内在冲突性，但在国家和社会所赋予辅导员的角色期望不能改变的情况下，配置班主任和辅导员助理来承担部分角色，是减少辅导员角色期望多样性的另一种途径。班主任和辅导员助理可以扮演学生日常事务管理者的角色，协助其开展入学教育、毕业生教育、勤工俭学活动及相关管理和服务工作，协助其处理军事训练，各类奖学金、助学金，办理助学贷款的事宜，为学生提供生活指导等。

（二）提高辅导员角色领悟的充分性

辅导员的角色领悟会决定其角色实践，虽然现实情况会使两者存在偏差，但个体还是会在实践过程中努力扮演好自己认为应该扮演的角色。从对优秀辅导员的访谈资料中可知，他们完全认同自我角色，角色领悟水平很高，他们会在完成自己工作的基础上专门研究一到两个角色领域，同时能坚持工作中的理论研究。要致力于提高辅导员角色领悟的充分性，就需要结合被访谈辅导员的职业成长环境、成长路径以及外部支持的需求进行分析。因此，推动思想政治教育学科建设，加强辅导员专门人才的培养力度；建立职业准入制度，把好辅导员入口关；实现辅导员工作注册制，把好辅导员工作过程关；完善各级培训制度，加强辅导员培训力度，是提高辅导员角色领悟力的有效策略。

（1）推动思想政治教育学科建设，加强辅导员专门人才的培养力度。和国外的大学生事务工作者不同，我国目前并没有一个对应辅导员工作要求、为培养辅导员这一专门人才而设立的大学专业。大多数高校在招聘辅导员时也并不限制辅导员的专业，这就造成了新晋辅导员在扮演角色的初期无法深刻地认识角色期望，也就不可能很好地完成自身的角色领悟。这是辅导员在角色领悟中的先天不足。强大的学科支撑、连贯的人才培养路径是专门人才培养的一个决定因素。辅导员最初的职业角色为“政治引路人”，因此思想政治教育学科作为其学科支撑，有其历史性和必然性。但随着时代发展，辅导员的角色从单一角色变为九个角色，思想政治教育学科的支撑是否足够，是否在时机成熟时可以将辅导员工作发展为学科的一个专业方向，辅导员工作专业方向是否是社会学、心理学、思想政治教育学科的交叉学科，这些都成了辅导员是否能够深刻领悟自身角色需要解决的源头问题。与此同时，辅导员博士培养作为辅导员高级专门人才的重要培养途径，应该在学术上、实践中为博士生创造良好条件。高校急需一批既熟知从事辅导员职业相关的理论知识，又熟悉辅导员实际工作的博士生导师来加强辅导员博士的培养力度，使理论和辅导员的工作实际紧密结合。高校要为博士生提供担任低年级学生辅导员的工作机会，让他们在实践中研究理论、创新理论，推动学科和专业的发展，也要提高辅导员整体的角色领悟程度。

（2）建立职业准入制度，把好辅导员的入口关；实现辅导员工作注册制，把好辅导员工作的过程关；完善各级培训制度，加强对辅导员的培训力度。在辅导员入口关建立必要的职业准入制度，可依据《高等学校辅导员职业能力标准（暂行）》的知识范畴进行专门考试，通过后取得执业资格证书，只有具备执业资格的辅导员才能参加高校辅导员的选拔任用，让他们在成为辅导员之初就能充分知晓自我角色。采用全国统一的辅导员工作记录，让权威机构进行记录和认证，使辅导员的管理过程实现统一化和规范化，并针对不同工作年限的辅导员进行不同程度的角色领悟方面的培训。加强对辅导员科研项目和访问学者的支持力度，让更多优秀的辅导员在工作实践中接受高水平的学术指导，提高角色领悟水平和学术能力。加大思想政治教育工作专项博士的招生力度，让更多优秀的辅导员接受系统的学术训练，成为辅导员学术研究的先行者，推动辅导员整体角色领悟水平的提升。扩大辅导员短期国内外交流和短期培训的覆盖面，交流学习机会应更多地向独立本科院校辅导员和高职高专院校辅导员倾斜，让他们能够在繁重的工作中进行学习交流，更好地提高他们的角色领悟水平。

（三）减轻辅导员角色实践的繁重性

要想减轻辅导员角色实践的繁重性，提高辅导员角色扮演的充分性，就需要采取划清辅导员工作界限和营造同向同行育人环境的策略。

1. 划清辅导员的工作界限

教育行政部门需要推动学校进一步明确辅导员的工作边界，避免辅导员工作的无限责任制；高校需执行教育部相关的文件精神，按照规定足额配备辅导员，明确辅导员的工作边界，避免辅导员完全陷入日常事务性工作。

2. 营造同向同行的育人环境

高校应坚持全员全过程全方位育人，把思想价值引领贯穿教育教学全过程和各环节，形成教书育人、科研育人、实践育人、管理育人、服务育人、文化育人、组织育人的长效机制。专业课教师在教授专业知识中也有育人职责，需要“守好一段渠，种好责任田”，使专业教育与思想政治教育同向同行，形成协同效应，减轻辅导员的工作压力。

（四）促进辅导员有效建构自我角色

在采取以上策略帮助辅导员减少角色期望的多样性、提高角色领悟的充分性、减轻角色实践的繁重性后，高校还应该采取建设辅导员工作团队、打通辅导员“多线”晋升通道的策略，帮助新时代高校辅导员有效建构自我角色。

1. 建设辅导员工作团队

学校应培育辅导员工作团队，实现辅导员角色的单一化，尽量在配置一线辅导员时遵循事务型辅导员（本科生）和研究型辅导员（硕士、博士）相结合，初级、中级、高级辅导员相结合，不同专业教育背景的辅导员相结合的原则；在日常培训中丰富培训的层次和内容，满足处于不同发展阶段的辅导员的需求；引导不同年限的辅导员结合自身特长进行职业规划，鼓励他们坚持某一专业领域的研究，从而成长为这一领域的专家；将一个基层教育单位的辅导员团队培育为九个角色均有专家的专业学生事务管理团队，指导学生解决成长过程中的不同困惑。

2. 打通辅导员“多线”晋升通道

教育行政主管部门需要督查高校将《高等学校辅导员职业能力标准（暂行）》《普通高等学校辅导员队伍建设规定》中的人员配置、职称评聘等政策落实落地，避免出现政策“空转”。高校要落实辅导员职称评聘单列计划、单设标准、单独评审，评审过程应充分考虑辅导员工作的特殊性，不能简单地统一到专业教师序列中一概而论。各学校应根据自身情况制定辅导员评级定级细则，对应相应的职级待遇，让辅导员职务晋升不再只有狭窄的“机关”途径，形成辅导员职称、职务、职级的“多线”晋升通道，稳定辅导员队伍，做好辅导员专业化、职业化发展的导向。

二、个体在自我建构中的策略

在包含九个角色的辅导员角色中，思想理论教育和价值引领者是辅导员的根本角色，是辅导员的职业初心和职业内核；理论研究者的角色是辅导员回归教师身份的必然途径；党团和班级建设者、学风建设者、学生日常事务管理者、心理健康与咨询工作者、网络思想政治教育者、校园危机事件应对者、职业规划与就业指导者等角色是随着时代发展而赋予辅导员的，都需一一进行角色实践。众多角色赋予一人，必然会导致角色紧张，而辅导员可通过以下途径缓解角色紧张，提升角色实践能力，建构自我角色。

（一）寻找合力，减少角色期望的多样性

辅导员是高等学校学生管理队伍的组成部分，是大学生思想政治教育工作团队中的一员，需要和职能部门、专业课教师配合，共同做好大学生思想政治教育与管理工作。同时，面对烦琐细致的日常事务性工作，辅导员可以通过建立学生干部团队或兼职辅导员团队来分担部分工作，在培养学生干部的同时释放自己的压力，从而有更多时间分配到其他更为重要的角色实践上。例如，学生的思想政治教育与引导、班级管理的顶层设计、特殊学生的关注等工作。

（二）加强学习，提高对角色的领悟力

在工作过程中，辅导员面临来自国家、社会、学校、家长和学生等的多种期望。国家和社会期望辅导员将大学生培养为国家发展所需要的青年人才；学校期望辅导员配合学校各个部门完成对大学生的育人工作；家长期望辅导员能够监督孩子圆满完成学业，锻炼学生的各方面能力，为学生未来就业、升学打下良好的基础；学生期望辅导员能够关心自己的个性发展，为自己提供学习、生活等各个方面的实际帮助。要实现以上的多方期望，需要辅导员明确自身的职业界限，并熟知职业理论、法规和知识，充分认可自身的九个角色，这是辅导员实现角色期望的前提与起点。

辅导员可以抓住国家在辅导员系统中的培养机会，如参加全国高校辅导员示范培训班、申报辅导员骨干专项课题和精品项目、参加辅导员工作创新论坛、在职攻读思想政治教育专业博士学位等。这些业务学习能够在不同程度上加强辅导员对自我角色的认识和认同，更为深刻地认识自我角色，为角色实践做好铺垫。

（三）总结规律，减轻角色实践的繁重性

总结事务性工作的规律，减少重复的事务性工作带来的精力磨损。许多人认为，辅导员的日常工作状态就是整日处理烦琐无章的日常事务性工作。看似烦琐无章的工作其实也有其固有的规律和章法，辅导员只需在工作中稍加留意和总结，就能事半功倍，从而减轻自身角色实践的繁重性。

（四）提高角色期望、角色领悟、角色实践的一致性

辅导员面临着角色期望的多样性、角色领悟的不充分性和角色实践的繁重性等角色建构的困境。社会学角色理论认为，角色期望将决定角色领悟，角色领悟的程度又决定着角色实践的情况。但是，由于辅导员个体的差异和其工作环境的差异，角色期望、角色领悟、角色实践难以完全保持一致，进而难以呈现出理想状态。此时，辅导员需要在高校的支持下，通过各种策略合理减少角色期望的多样性，提高角色领悟的充分性，保持角色领悟与角色期望的一致性；减轻角色实践的繁重性，保持角色实践与角色领悟的一致性，从而呈现出理想的工作状态。辅导员要抓住新时代的新机遇，努力让自己蜕变成既懂思想政治理论，又懂工作实操业务，既能开展常规教育管理工作，又能应急处理各类危机事件，既能埋头事务性工作，又能提笔进行理论研究的新时代高校辅导员。

在新时代高校辅导员角色建构的过程中，辅导员个体需要寻找工作中的合力来减少角色期望的多样性；通过加强业务学习和理论研究来提高角色领悟的充分性；通过总结事务性工作的规律来减轻角色实践的繁重性；提高角色期望、角色领悟、角色实践的内在一致性，抓住机遇建构个体角色等，从而赋予角色更丰富的内涵。高校可以通过配置班主任和辅导员助理来减少辅导员角色期望的多样性；推动思想政治教育学科建设，加强辅导员专门人才的培养力度；建立职业准入制度，把好辅导员的入口关；实现辅导员工作注册制，把好辅导员工作的过程关；完善各级培训制度，通过加强辅导员的培训力度来提高辅导员角色领悟的充分性；通过划清辅导员工作界限，营造同向同行的育人环境来减轻角色实践的繁重性；通过建设辅导员团队，打通辅导员“多线”晋升通道来促进新时代高校辅导员有效建构自我角色。

第五章　高校辅导员职业能力的提升

第一节　高校辅导员职业能力的相关阐释

一、相关概念的分析

（一）职业的含义

在社会学意义上，职业是指从业人员为谋取主要生活来源所从事的社会工作类别。职业是随着社会分工而出现的，并随着社会分工的稳定发展而构成人们赖以生存的工作方式。因此，职业不仅是一种谋生的手段和途径，还是人与人、人与环境、人与社会建立联系的通道和窗口，也是一个社会人应当承担的社会角色和社会责任的代名词。

（二）能力的含义

关于能力的概念，国内外并无统一的、公认的界定。上海辞书出版社出版的《辞海》对能力是这样解释的："顺利完成某种活动并直接影响活动效率所必需的个性心理特征。分一般能力和特殊能力。前者指进行各种活动都必须具备的基本能力，如观察力、记忆力、抽象概括力等。后者指从事某些专业性活动所必需的能力，如数学能力、音乐绘画能力、飞行能力等。人的各种能力是在素质的基础上，在后天的学生、生活和社会实践中形成和发展起来的。"在管理心理学中，能力是指人们成功地完成某种活动所必须具备的个性心理特征[①]。一般认为，能力具有两种含义：一是指已经发展出或者表现出的实际能力，如会开车、会滑雪等；二是指潜在能力，即各种实际能

① 吴晓义，杜今锋．管理心理学 [M].2 版．广州：中山大学出版社，2009：41.

力展现的可能性。能力具有多层性和多重性。

（三）职业能力的概念

职业能力一般是指人们从事某一职业所必须具备的本领和技能，是从业者在职业岗位上所蕴含并在职业行为中彰显出来的多种能力的集合。它既是确定职业资质标准和实现从业的基本条件，又是完成职业的任务与要求、实现职业发展目标的基本保障。由于不同的职业对职业能力有不同的界定和要求，不同的学科对职业能力的内涵有不同理解，因此学界对职业能力的定义不尽相同。有学者从心理学角度将职业能力定义为成功从事特定职业所具备的一系列综合性、稳定性的心理特征。也有学者从管理学角度将职业能力定义为某人胜任某个岗位需要的标准化的意志态度、知识结构和技能行为。随着心理学、管理学理论的发展，职业能力的内涵逐渐从强调单一方面转变为强调多个方面的综合影响[①]。

（四）职业能力的特征

1. 可塑性与发展性

职业培训的意义正是基于人的可塑性与发展性，人在从事某种职业后，随着实践的深入与时间的推移，个体职业能力会呈现不断增长的趋势。人有着无限发展的可能性，人的能力永远处于塑造之中，具有不断追逐理想的境界，向着无限的职业发展的“可能性”行进，具有努力建设一个属于自己的职业理想境界的力量。

2. 建构性与整合性

职业能力不是先天素质独立发展而成的，而是与工作环境和岗位要求息息相关。职场工作的要求、工作对象的需求、工作的问题情境使职场人将自己原有的知识和能力与新的岗位知识和技能相联结、架构，进而生成新的能力。某些职业岗位不仅要求人员具有一般的工作能力，还要求具备特殊的专业能力或综合能力，这就需要职场人不断地调整能力结构，对能力要素进行重新整合，以适应职业岗位的需求。

---

① 杜瑞军，周廷勇，周作宇．大学生能力模型建构：概念、坐标与原则[J]．教育研究，2017（6）：44-57.

3. 创新性与拓展性

创造是人的生命和生活之源，人的本质就是人的创新创造活动，只有在创新创造活动中，人才能体现自己的本质，才能获得真正的自由和解放。职业能力不仅具有创新性，还具有拓展性。人不仅能主动拓展工作，还能主动学习进取，积累知识与经验，实现能力的迁移。

（五）辅导员职业能力

关于高校辅导员职业能力，许多学者曾进行过深入探索，但迄今为止，对辅导员职业能力的内在特殊规定性尚未达成共识，对辅导员职业能力内涵的理解认识差异较大。笔者认为，高校辅导员职业能力是指在组织实施日常思想政治教育过程中所表现出来的由知识、技能、方法、态度与价值观综合而成的一种素养和行为模式，在内涵上包括政治方向引导、思想价值引领、道德行为指导、思想与心理问题疏导等思想政治教育能力，指导党团学组织建设、实施日常教育管理的组织管理能力和语言表达、信息处理、人际关系、学业辅导等基础性能力以及教育科研、创新创造等方面的拓展性能力。需要补充说明的是，辅导员职业能力的核心是思想政治教育能力，它是在思想政治教育工作目标指引下，由多种能力有机组合而成的。从思想政治教育的概念角度看，思想政治教育是指社会或社会群体用一定的思想观念、政治观点、道德规范对其成员施加有目的、有计划、有组织的影响，使他们形成一定社会、一定阶级所需要的思想品德的社会实践活动①。我国高校思想政治教育是一种特有的培养人的社会实践活动，是一种传播正能量的社会实践活动。因此，高校辅导员的职业能力尤其是处于核心地位的思想政治教育能力是一种不同于其他职业的特殊能力，是一种传播正能量的职业能力。从辅导员履行工作职责和完成工作任务角度看，辅导员的职业能力是显性能力与隐性能力的统一。辅导员职业能力的显现与发挥必须依托专业知识的积累、情意素养的支撑以及专业技能的训练，因此辅导员职业能力的外在表现体现的是政治方向引领力、道德品质规范力、思想教育引导力、组织管理协调力、生活行为指导力以及职业工作创新力。辅导员的隐性职业能力突出体现为品格影响力、自我学习力和心理调适力。辅导员的职业品格包含职业道德、职业信念、职业精神、职业追求等职业素养，外化为职业工作亲和力、

① 陈万柏，张耀灿．思想政治教育学原理 [M].2 版．北京：高等教育出版社，2007：4.

凝聚力和感召力。身教胜于言教表达的就是一种隐性能力的作用。自我学习力具有可测量的显性能力的一面，但更多地表现为难以测量的隐性能力，如知识上的自我更新、经验上的自我积累与反思，实际上都是一种难以模仿和复制的能力。辅导员的心理调适力是较强的心理素质的体现，也是抗御工作困难和勇于面对工作挫折所必须具备的职业品格之一。辅导员作为教师，“需要内建自我心态调节的自觉，拥有超越的精神品性，甘于平凡并能真诚无私地奉献；需要教师以敬业的品性和乐业的心态来展现教书育人为乐的精神气质和风貌”①。

二、高校辅导员职业能力的价值功能

研究辅导员职业能力不可避免地涉及辅导员职业地位以及对辅导员职业能力发挥功效的期待。辅导员职业能力的价值及其功效既属于辅导员职业能力研究的基本理论范畴，是探讨辅导员职业能力本质所必需的，又是研究、探索辅导员职业能力发展的实践途径和解决辅导员能力发展困惑的重要理性前提。

（一）高校辅导员职业能力的价值形态

1. 辅导员职业能力因其对社会人才培养的贡献而存在重要的社会价值

党和国家高度重视辅导员在高校思想政治教育中的重要地位，重视辅导员职业能力的培养，实际上也是对辅导员职业能力所蕴含的社会价值的认可。2017 年教育部修订版《普通高等学校辅导员队伍建设规定》指出：“辅导员是开展大学生思想政治教育的骨干力量，是高等学校学生日常思想政治教育和管理工作的组织者、实施者、指导者。”辅导员的职业价值因其认真践行职能和实现社会功效而得到国家和社会的认可。辅导员致力于立德树人和又红又专的高素质人才培养，辅导员职业能力的价值也在高校的育人实践中不断地彰显和放大。对辅导员职业能力而言，其最高的社会价值体现在提高大学生的思想政治觉悟、道德境界、人格品质，满足大学生的德性需求和全面发展需求。辅导员职业能力不断发展和提升的过程实质就是育人的质量和功效不断提高的过程，因此重视辅导员职业能力及其价值就是重视高校人才培养的质量和规格，也是在彰显具有中国特色的高校思想政治教育模式。

① 韩延伦，刘若谷．教育情怀：教师德性自觉与职业坚守 [J]. 教育研究，2018（5）：83-92.

2. 辅导员职业能力具有促进辅导员个体自由、全面发展的内在价值

辅导员对人才培养的无私奉献、对职业能力提高的不倦追求反映着辅导员的理想信念、职业操守和道德品行修为的崇高境界。辅导员的职业生涯、辅导员个体职业能力的发展与完善也是个体生命的实践。辅导员在对自身能力成长与发展的反思中寻觅人生的真谛，在和谐共进的职业团体中获得心情的愉悦，在师生的愉快合作及有意义的对话沟通交流中享受着职业的欢乐和兴趣。对辅导员职业发展而言，其最理想的价值创造和追求目标是努力成为学生成长成才的人生导师和健康生活的知心朋友。辅导员正是在职业能力的个性化追求中才获得自身的发展。按照马克思关于人的全面发展学说，只有人的个性获得充分自由发展，才能最大限度地实现自我价值和全面发展。

（二）高校辅导员职业能力的主要功能

1. 辅导员职业能力的根本功能是育人，育人的根本在于立德

辅导员职业能力的价值功能就是通过思想政治教育和管理实现全面育人的功能。教育的首要问题是培养什么人的问题，教育的根本任务是培养社会主义建设者和接班人，培养一代又一代拥护中国共产党领导和我国社会主义制度、立志为中国特色社会主义奋斗终身的有用人才。辅导员的主要职责和核心工作任务是对学生进行日常思想政治教育，提高学生的思想水平、政治觉悟、道德品质、文化素养。马克思主义的指导地位、培养社会主义建设者和接班人的使命要求高校辅导员旗帜鲜明地对学生进行爱国主义教育、集体主义教育、社会主义教育、共产主义道德品质教育，引导学生正确认识世界和中国发展大势，正确认识中国特色和国际比较，正确认识时代责任和历史使命，正确认识远大抱负和脚踏实地，激发学生自觉地为建设中国特色社会主义和实现中华民族伟大复兴而努力奋斗。辅导员职业能力的稳定发挥体现为国家主流意识的精神表征，它以社会核心价值观的生产和再生产为主旨，在培育理想信念、养成道德人格以及确立社会规范的价值实践中发挥着引领方向、振奋精神与凝聚人心的思想功能[①]。

---

① 曲波．意识形态建设视域中当代思想政治教育的观念创新[J]．思想理论教育，2016（2）：41-45.

2. 辅导员职业能力具有促进辅导员个体不断发展的功能

辅导员在引领学生不断发展中也发展着自身，在育人中育“己”。辅导员职业能力的培育及职业能力的完善实际也在完善辅导员个体的职业修养，增强辅导员的职业情感认同和职业信心，培育辅导员个体的思维力、创造力、感染力、研究力、执行力、领导力、自我发展力和自我控制力。辅导员要通过教育引导、价值引领、思想指导、实践养成、环境熏陶、人格影响等方式和途径教育学生，培育和弘扬核心价值观；辅导员自身必须带头学习和弘扬社会主义核心价值观，深刻理解社会主义核心价值观的真正内涵和职业能力的要求，用自己的模范行为和高尚人格感召学生，进而促进辅导员岗位职责的社会意义的实现和自身能力建设。

三、高校辅导员职业能力的主要特征

高校辅导员是学生思想政治教育活动的组织者和实施者，是学生全面发展的指导者，其职业能力必然带有不同寻常的重要特征。辅导员职业能力具有鲜明的个性化特点，突出体现为政治性、教育性、实践性和综合性等特征。

（一）高校辅导员职业能力政治性的本质特征

思想政治工作是党的生命线。“政治性”是高校辅导员与生俱来的属性，是辅导员职业能力的本质属性，体现着我国社会意识形态的本质要求，反映着社会主义高校办学方向和高素质人才培养规格标准。这种政治性既源于思想政治教育的阶级性、党和国家对思想政治工作的期待，又源于思想政治教育的目标与内容。辅导员的核心职责是思想政治教育，因此思想政治教育能力是辅导员的核心能力或关键能力，辅导员能力的本质属性是政治性。

辅导员职业的工作目标实质是国家战略对该职业具体要求的体现，是国家意志对辅导员职业目标作用的结果。“在这种职业目标的引领下，辅导员在工作中传播中国特色社会主义的政治思想、道德伦理等社会观念，这是上层建筑对具有特定联系的物质关系的影响，是统治阶级思想和意志的体现，具有鲜明的政治色彩。”① 在辅导员的主要工作任务和工作内容中，无论是以爱国主义、集体主义、社会主义教育为重点的政治教育，还是以世界观、人

① 孙来文 . 我国高校辅导员的职业化发展研究 [J]. 科教导刊（电子版），2019（30）：84-85.

生观、价值观教育为核心的思想教育，抑或是以增加道德认知、践行道德义务、施加道德影响为内容的道德教育，无不带有鲜明的政治性和阶级性。辅导员职业能力的形成和发展一刻也离不开思想政治教育的原则要求。

辅导员职业的政治性也决定了辅导员能力的政治属性。教育部《普通高等学校辅导员队伍建设规定》中提出的辅导员工作的要求和主要工作职责都体现了鲜明的政治性。辅导员工作职责与使命的政治性存在决定了辅导员职业行为的政治性、专业素质结构的政治性。辅导员必须牢记使命的政治担当，提高政治站位。辅导员职业能力的政治性一方面表现在坚持马克思主义和共产主义的理想信念，坚持党的宗旨，严明党的纪律，用党章规范自己的一言一行，在任何情况下都要做到政治信仰不变、政治立场不移、政治方向不偏。即坚持党的领导，坚持党的基本理论、基本路线、基本纲领、基本经验、基本要求；必须增强政治意识、大局意识、核心意识、看齐意识，自觉在思想上、政治上、行动上与以习近平同志为总书记的党中央保持高度一致，自觉维护中央权威。另一方面，辅导员在思想政治教育的实践中，必须时刻把握政治性，才能使思想政治教育及其管理工作不偏离党的思想政治教育的根本目标。正是在上述意义上，辅导员职业能力与学生事务工作者的职业能力在本质属性上划清了界限。

辅导员可以是学生成长发展的辅导者，也可以在一定范围内和一定的时间节点内充当学生事务管理者，但必须始终以思想政治教育为本职，以思想政治教育为职业性存在，以思想价值的积极引导和正确的政治方向教育为核心职能，帮助和促进学生健康、全面发展。

（二）高校辅导员职业能力教育性的基本特征

高校思想政治教育的根本目的是提高学生的思想政治素养和道德素养，促进学生自由、全面发展。思想政治教育的根本任务是培养“四有”新人，培养社会主义现代化事业的合格建设者和可靠接班人，体现着育人的本质。辅导员职业能力的教育性是辅导员职业能力的基本属性，是辅导员职业化、特色化存在的意义所在。

辅导员职业能力的教育性是基于辅导员的工作要求和主要工作职责。依据《普通高等学校辅导员队伍建设规定》，辅导员必须恪守爱国守法、敬业爱生、育人为本、终身学习、为人师表的职业守则，必须不断提高学生的思想水平、政治觉悟、道德品质、文化素养，必须引导学生做到四个“正确认识”，即正确认识世界和中国发展大势，正确认识中国特色和国际比较，正确认识时代责任和历史使命，正确认识远大抱负和脚踏实地，成为又红又专、德才兼备、全面发展的中国特色社会主义合格建设者和可靠接班人。辅导员承担着思想理论教育和价值引领、党团和班级建设、学风建设、学生日常事务管理等工作职责，必须引导学生做社会主义核心价值观的坚定信仰者、积极传播者和模范践行者，引导学生深入学习习近平系列讲话精神和治国理政新理念、新思想、新战略，帮助学生不断坚定中国特色社会主义道路自信、理论自信、制度自信、文化自信，牢固树立正确的世界观、人生观、价值观。

辅导员是教师队伍的重要组成部分，所从事的工作岗位内涵就是“教育”，无论是进行思想政治教育，为学生发展服务，还是实施教育管理，实质都是教书育人，就是培育学生的健康人格，促进学生全面发展。辅导员职业能力的强弱实际上必然与促进学生发展的功效成正比。在一定意义上，辅导员的职业能力就是教育智慧的代名词。辅导员的言传身教、苦口婆心，千方百计地推动和引领学生全面发展，显现的就是辅导员的爱心、耐心和对党的教育事业的无限忠诚。辅导员之所以能够真正成为学生全面发展的引领者和人生导师，是因为有高超的思想政治教育素养和教育能力。

辅导员作为教育者，就要做到热爱学生、理解学生、教育学生、帮助学生，善于研究学生发展，要知道一切艰苦的努力和辛勤劳作都是为了学生的发展。辅导员面对的是人的思想观念、政治观点、道德品质的形成、变化和发展，面对不断变化的教育情境，没有一成不变的教育方法，也不存在一劳永逸的价值领悟，必须敢于并勇于克服各种教育困难和教育障碍，不断地学习、探索、创新，不断地实现自我更新与自我完善，自觉地在“育人”中“育己”，只有这样，才能紧扣育人工作的时代脉搏，跟上教育发展的步伐。

（三）高校辅导员职业能力实践性的职业特征

辅导员的职业工作实质就是教育人的社会实践活动，实践性就是辅导员职业能力的职业属性。

首先，辅导员职业能力的实践品性体现为基层性。辅导员工作在思想政治教育的第一线，与学生联系最紧密。要想将学校各职能部门和学院的各项工作落到实处，及时把学生在学习、生活等各方面的诉求反映给相关部门并落实解决，就必须准确、充分地把握学生的思想动态、思维方式和行为习惯，这就要求辅导员经常深入学生的现实生活、学习当中去了解他们。

其次，辅导员职业能力的实践品性体现为操作性。辅导员就是这样一种实践工作者，丰富、具体、真实的教育情境既是辅导员展示教育技能技巧的工作舞台，又是提升辅导员职业能力和生成实践智慧的主要根源。在与学生交往交流的实践中，辅导员逐渐积累了丰富的、鲜活的教育经验，增长了实践知识与实践能力，积淀了实践领悟，其职业功能和职业创造价值也必将在实践过程中得以体现。

最后，辅导员职业能力的实践品性表现为具有足够的感召学生、影响学生的人格力量。思想政治教育是由人创造并参与的特殊社会实践活动，人际交流产生的亲和力、党团学组织活动产生的凝聚力和向心力、教师的人格魅力影响等都蕴含着浓厚的实践色彩。就辅导员的人格魅力影响而言，其一言一行、一举一动，都会潜移默化地影响到学生。辅导员的气质、胸怀、学识、教养、追求等都是育人实践不可或缺的因素。

（四）高校辅导员职业能力综合性的岗位特征

思想政治教育是一门以马克思主义理论为基础、综合性和实践性都比较强的学科。思想政治教育的学科属性和辅导员岗位职责决定了辅导员职业能力具有很强的综合性。

辅导员能力的综合性是由辅导员工作任务的艰巨性、复杂性决定的。辅导员所从事的学生思想政治教育内涵极为丰富，涉及面极广，工作边界广袤，涉及政治方向教育、思想价值引领、道德行为指导、精神文化生活等方面，学生成长与发展的诸多需求都与辅导员的职业行为息息相关，仅具备单一的素养和能力很难适应工作的需要。另外，在工作运行层面，辅导员需要综合运用思想政治教育能力、组织管理协调能力、语言表达能力、科研与创新能力等。作为一种社会实践活动，学生思想政治教育涉及学习、生活等领域，涉及学校各相关部门的协调配合。辅导员要想掌握工作的主动权，高效率地完成本职工作，就必须注重职业素养的综合性积累，具备宽口径的知识储备，不断强化职业能力的综合性。再者，从解决问题的角度看，思想政治教育工作的对象是人，必须从多角度、多方面对人的思想和行为、对各种思想政治现象和问题进行“立体”的综合分析。

第二节　高校辅导员职业能力提升的必要性

随着环境的变化，辅导员工作面临环境改变、工作对象特点改变以及自我发展的三重挑战。高校辅导员能否投身于立德树人的伟大事业，加强与改进大学生思想政治教育，促进大学生成长成才和健康生活，培养担当民族复兴大任的时代新人，关键在于不断完善和发展高校辅导员职业能力。进入中国特色社会主义新时代，高校辅导员职业能力提升是一项系统工程，依然任重道远、意义重大。

一、适应社会形势发展变化的迫切要求

辅导员身处培养担当民族复兴大任的时代新人的角色，其内涵更为丰富，职责日趋繁重，因此在工作要求不断提高的环境中，各方对其职业能力提出了更高的要求。

（一）国家进步、民族复兴、社会发展的需要

在当前国际国内形势复杂多变的时代背景下，各种非马克思主义社会思潮不断冲击大学校园。面对社会日新月异的发展、国际国内政治经济形势的深刻变化、改革开放实践中的重大理论和实践问题，高校思想政治工作外部环境发生了巨大变化，对大学生的思想政治教育面临着更加严峻的考验。显然，严峻的社会环境使高校思想政治教育工作的广度和深度同时加大，新时代高校辅导员的工作涵盖范围越发广泛，具有动态性、情境性和多样性等特点，这对辅导员职业能力提出了更高的要求：高校辅导员在“三全育人”的格局中必须具有“因事而化、因时而进、因势而新”的科学方法，要有更坚定的政治立场、更强的政治敏锐性、更敏锐的洞察力、更丰富的理论知识、更全面的综合素质来应对国家进步、民族复兴、社会发展的需要。

（二）新媒体时代大学生思想政治教育工作发展的需要

网络信息技术方兴未艾，各种传播媒介应运而生，新媒体平台重心逐渐从“PC 时代”向“移动时代”转型，自媒体时代信息量呈几何倍数暴增，大学生更是移动网络社会中的生力军，而且接收信息的渠道愈发多样化、多元化、复杂化。信息获取渠道的丰富性和实时性使大学生同国际国内社会环境的接触更加紧密，大学生的价值观呈现多元化的发展趋势，表现出较强的平等意识、批判意识。辅导员不再把握信息的主导权和话语权，对辅导员的敏锐性、网络舆情把握度、媒介运用力、应变能力、工作艺术和沟通技巧等提出了诸多严峻的挑战。换言之，信息传播过程的互动性对辅导员的职业能力提出了更高、更严格的要求，辅导员的工作艺术和技巧的高低决定了辅导

员育人渠道能否与网络竞赛。新媒体时代辅导员职业能力的提升有助于辅导员转换角色，克服“本领恐慌”和新媒体理论宣传碎片化的问题，不断“逆流而上”地转换自身的工作方式，占领信息网络阵地，提高媒介素养，积极开展大学生网络思想政治教育对话，把新媒体这个“最大变量”化为“最大正能量”，从而推动大学生思想政治教育工作的创新发展。

（三）高校教育改革发展的需要

随着高校教育改革发展的不断推进，我国高等教育大规模扩招实现了跨越式发展，深化改革的重点逐步放在内涵式发展上，提出了“双一流”建设的目标，这对辅导员提出了更高的要求。提升高校辅导员职业能力可以有效增强辅导员对新体制和新环境的适应能力，使辅导员最大限度地更新教育理念，具有更强的服务意识和奉献精神，更有效地解决学生的思想困惑，更好地为学生的成长成才服务，从而维护高校的和谐稳定，促进高校教育改革发展。

二、培养担当民族复兴大任时代新人的客观要求

“培养担当民族复兴大任的时代新人”这个新提法是具有新时代特质的人才培养新理念，是新时代赋予高校辅导员的使命担当。在中国特色社会主义事业建设过程中，培养担当民族复兴大任的时代新人是新时代赋予高校义不容辞的使命，对卓越人才培养的高质化和辅导员职业能力也提出了挑战。辅导员作为与大学生联系最紧密的“人生导师”和“知心朋友”，应当具有先进的人才培养理念，以更好的观念和行为培养担当民族复兴大任的时代新人，从而谱写大学生思想政治教育的新篇章。

（一）准确把握新时代大学生思想特点的需要

大学阶段，大学生思想意识呈现高度的独立性、隐秘性和自觉性，处于理想信念、道德品质和价值理念形成的关键时期。涉世未深、是非判断能力有限且有较强从众心理的大学生一直是西方敌对势力煽动的重点对象，在西方国家利用新媒体技术不断对大学生进行思想渗透、传播非马克思主义社会思潮的影响和冲击下，他们容易出现思想波动。新时代高校辅导员作为学生成长成才的引路人，首先要确立高势位的价值引领地位，成为正确的价值观念的传播者，依据新时代大学生新的思想特点，坚定理想信念，在马克思主义思想和完整的中国特色社会主义理论体系引领下，不断增强自身的思想政治素质和相应的心理辅导技巧，在多元思潮的碰撞中因势利导，引领大学生摆脱多元意识形

态困扰，推动新时代中国特色社会主义思想深入人心，树立起思想的“防火墙”，形成对社会主义核心价值体系的认知和认同，为大学生的成长奠定科学的思想基础。其次，辅导员既要重点关注主流意识形态的宣传，又要了解大学生个体思想政治教育成长过程的不平衡性，善于分析、把握在“互联网 +”时代成长起来的“00 后”大学生的思想特点和影响学生个体思想特点的主要因素，全面、准确把握中国特色社会主义一元价值观，与时俱进、审时度势地对不良价值观做出相应的预判，开发大学生的主体性和尊重大学生不断扩大的个体差异性，因人而异，采取有针对性的深度思想辅导。在高校立德树人的大格局中，辅导员要想准确把握新时代大学生思想特点，就需要不断提升思想政治教育引领能力，只有这样，才能让大学生树立正确的“三观”和符合社会需要的思想品德，引导大学生坚定道路自信和树立共产主义远大理想。

（二）做好大学生教育、管理、服务工作的需要

进入 21 世纪以来，高等学校的合并和扩招导致其呈现规模化发展的趋势，在利益格局深刻调整的时代背景下，大学生管理正逐步由单一的行政化管理模式向社会化管理模式转变，这对辅导员的教育、管理、服务工作构形成了新的挑战。辅导员在学生工作的第一线，要想协同各思想政治工作队伍关照学生、融入学生，为学生的发展“赋能”，就要解决学生的思想问题，充分体现高校的育人功能和服务功能；辅导员要在大学生中开展班团组织建设、人际交往活动、社会实践和寝室文化建设等“多位一体”的隐性服务，引导大学生进行自我教育。学生骨干队伍建设、贫困学生的认定工作、综合测评以及评奖评优等学生日常事务管理工作中蕴含着许多践行社会主义核心价值观的机会，要求辅导员公平、公正、公开地进行评定，体现教育高度。学生管理工作千头万绪，需要辅导员遵循“一把钥匙开一把锁”的原则，开展差异化教育，实现思想政治层面上的“喷淋”和“精准灌溉”。辅导员要有更强的职业能力，满足新时代对辅导员做好大学生教育、管理、服务工作的需要，不断提高自身的工作能力和业务能力，在解决学生的实际困难和普遍问题中找准思想政治教育的切入点，切实促进学生全面发展。

三、推进高校辅导员队伍专业化、职业化发展的必然要求

（一）辅导员队伍专业化发展的需要

高校辅导员是一个多门专业知识和技能综合且自成专业体系的社会职业

岗位，专业化程度是辅导员队伍建设的定海神针。开展职业能力建设是推动高校辅导员专业化发展的核心内容与主要途径①，可以使辅导员掌握专门的知识，形成专门的技能，从而刺激更多的辅导员向专业化发展，鼓励更多的人才加入辅导员队伍，有利于辅导员队伍建设稳步发展。这也是高校辅导员愿意投身于此岗位的幸福感、荣誉感和成就感所在。从长远看，高校辅导员应增强职业能力提升的自觉性，努力走专业化发展道路，增强对岗位的职业认同感、职业归属感和职业自信心，提高社会的职业公信力和地位，使自身从专职向专业转变，最终成为一名专家型辅导员。

（二）辅导员队伍职业化发展的需要

职业化是现代社会走向高度分工的产物，辅导员职业能力的提升有利于推进队伍职业化建设，增加辅导员队伍的社会认同度，从而为打造中华民族“梦之队”提供坚强保障。从发展进程看，为了提高辅导员专业水平，确保高校辅导员队伍建设的稳定性，高校必须坚持以辅导员队伍职业化发展为导向，不断更新工作理念，健全培训支持系统，合理设定职业岗位，优化工作体制，形成辅导员职业化建设的长效机制。随着职业化发展的不断深入，辅导员不仅要掌握该职业所必需的全项专业知识和技能，还要不断进行自我职业生涯探索，确立职业发展的专业领域，加强专业学习和理论研究，形成自身独特的职业能力，精通某一专项能力并可持续发展，从而成为某一领域的专家，如成为学生就业指导的择业辅导员、学生日常事务管理的事务型辅导员、担任为学生生活提供指导服务的生活辅导员。

第三节　高校辅导员职业能力结构模型的构建

一、高校辅导员职业能力建设的目标和原则

目标和原则是保证正确研究方向的根本，认真遵循国家政策和学生健康成长规律是高校辅导员职业能力建设研究目标和原则确立的基础。归纳起来，这些有益于更好地探讨辅导员职业能力的构成要素和主要内容，探析实

① 李忠军 . 以职业能力建设为核心推动高校辅导员队伍专业化发展 [J]. 思想理论教育，2014（12）：97-102.

际研究过程中可能存在的主要矛盾和突出问题，总结能够助力辅导员职业能力发展的途径与具体措施等。寻找影响因素，建立评价体系，逐步完善和健全高校辅导员职业能力建设体系，高校辅导员职业能力建设目标和原则逐渐清晰。

（一）高校辅导员职业能力建设目标

提升辅导员作为高校思想政治教育的主力军的综合能力，应坚持以马克思列宁主义、毛泽东思想、邓小平理论、“三个代表”重要思想、科学发展观和习近平新时代中国特色社会主义思想为指导，按照国家、教育部、地方教育行政部门和高校对高校辅导员的职业定位和需求开展研究。建设职业化、专业化的高校辅导员队伍通常指高校的辅导员工作岗位逐步成体系、不断稳固的过程，而这可使辅导员将辅导员岗位当作自己终生的事业追求。本书以促进高校辅导员职业化、专业化发展为宗旨，秉承理论与实践相结合、坚持传承与创新相结合、巩固基础与提升质量相结合的建设宗旨，切实提出提升辅导员职业能力的科学规划。目标具有方向性、主观性、现实性、社会性和实践性等特征，能够以主观意志来反映客观现实，通过维系多方关系来确保组织与个体的满意程度和正确方向，受多重社会因素影响，通过实践检验正确性。高校辅导员职业能力建设的目的是能够适应时代要求，特别是在高等教育“双一流”建设的新形势下，满足国家要求、社会需求、高校需要、学生期盼和辅导员个体期待的职业发展的需要，进而通过正确把握现状，解决角色不清、能力不足、制度体系不健全、社会关注不够等多方面的问题，有效帮助辅导员提升职业能力，并强化辅导员职业认同，帮助辅导员坚定职业理想，最终促进辅导员职业化、专业化发展。

首先，明确职业角色定位是辅导员职业能力建设的基本目标。角色是指个人所扮演的符合自身社会地位的社会成员。高校辅导员角色定位的发展历程大致经历了从早期的“专职政治教育的学生工作者”到对学生进行政治教育的高校基层政治工作干部的过程，历经从事教育工作的教师到“学生事务”管理者的转变。具体来看，高校辅导员具有多层次角色定位：高层次角色——高校辅导员主要承担着高校学生的指导者角色；中层角色——辅导员自身的职业规范与素养的细化规定；微观定位——辅导员在具体实践指导中作用的发挥。总体来看，高校辅导员的角色定位是随着社会的发展而不断更新的，既具有多元化的角色定位，又具有鲜明的时代特征。因此，从这个角色定位的发展历程看，从政治工作、思想教育到习惯养成、管理服务，其实现了教育、管理与服务三角色一体化，实现了工作方式向对话型、参与型、平等型的转变。

其次，提升人才培养质量是高校辅导员职业能力建设的根本目标。在我国，传统教育教学工作重知识轻能力、重理论轻实践，这导致现代大学生在理论上口若悬河，在实践中无从下手。因此，随着实践人才培养逐步被提上日程，提高高校人才培养质量开始变得至关重要。从学生时代开始到进入社会之前，成绩都是评定学生优劣的唯一标准。这一标准本身没有问题，问题在于评定标准的设置过于单一化，必然会引发导向性问题，如家长和学生都过度关注考试分数，而没有对社会需要的综合能力予以重视，导致学生的个性成长和爱好发展都被压缩，学生的全面发展受到阻碍，学生的创新能力遭到扼杀。高校作为学生由学校走向社会的最后一个平台，在提升人才培养质量方面发挥着把关人的重要作用。辅导员是影响这一事件的重要人物，他们与学生接触最多，对学生的了解最为直接，对学生的影响具有持续性和针对性特点，因此在学生迷茫、疑惑的情况下，辅导员更要发挥其应有的作用。无论是在课外的非学术活动引导和鼓励上，还是在学生日常问题的处理上，辅导员对学生培养的价值都不容忽视。为了使学生人尽其才、学有所用，向社会输出更多的符合时代需求、市场需求、岗位需求的新时代人才，辅导员不仅要承担帮助学生顺利完成学业的基本任务，还要促进学生全方位发展。在情商培育、职场生存、职业人生等多个方面，辅导员都要发挥作用，助推学生实现个人梦想，增强学生投身国家建设的信心和决心。因此，辅导员的职业化、专业化发展是学生全面发展、提升综合素养和增强社会竞争力的重要助力因素。

再次，促进高校辅导员职业体系不断完善是高校辅导员职业能力建设的关键目标。近几年，社会对辅导员的关注度持续增加，有意从事辅导员岗位的毕业生人数也逐年上升。竞争现象的出现带来了辅导员选聘标准的改变和要求的多样化，增加了辅导员职业应聘的难度，很多高校甚至出现了较高的门槛。例如，专业限制、学历要求，甚至一些高校有性别要求等。“百里挑一”的现象在很多高校都会出现，即顺利通过层层选拔、笔试、面试甚至是实习考核优秀的人才才有机会参加最终选拔，这体现出了高校辅导员职业竞争的激烈。从一定意义上讲，这是社会对高校辅导员职业的认同度显著提高的表现，既提升了高校对辅导员岗位的关注度，又对辅导员职业竞争力水平的不断提升起到了助推作用，因此辅导员职业化发展的趋势日趋明显。国家对高校辅导员职业体系的建设和完善势在必行，特别是近年来，对辅导员专业化、职业化体系的建设成了辅导员职业发展体系的必然选择。职业化发展是实现个人事业成就的有效途径，优化辅导员职业化目标的前提是进一步明确辅导员职业标准，划清职业界限，这不仅能促进辅导员群体明确工作职责、清晰工作内容，还可为辅导员开展工作提供主题内容和依据。职业化前的辅导员工作由于在高校学生工作中未得到明确的位置和价值标的，在很多情况下无法获得社会的认同，导致很多教育工作者在高校中的地位不受重视，不能有效发挥其积极性，而专业化、职业化发展给辅导员带来了不同于高校其他管理和服务群体的鲜明特色，能够保障辅导员的合法权益，也能给辅导员职业发展带来广阔的空间。在访谈过程中，笔者发现，辅导员在职业发展中要重点关注的问题是其对自己职业定位的准确性，并且对自己的职业道路要有清晰的认知与坚定的信心。因此，职业化和专业化发展为辅导员职业化与个人发展提供了重要的前提保障。

最后，适应现代大学制度的要求是高校辅导员职业能力建设的重要目标。推动一个国家和社会发展的核心力量是各个领域的高水平人才。“千里马”的发现和培育需要有明确的环境和对象，高校以人才培养为首要职责，人才的发掘与培养自始至终都是我国社会全面发展的优良传统。《中华人民共和国高等教育法》第四章第三十一条中亦有明确规定：“高等学校应当以人才培养为中心，开展教学、科学研究和社会服务，保证教育教学质量达到国家规定的标准。”人才培育是高校教育的重点工作，教育是我国现代化建设的基石，高等教育是教育现代化的关键节点。高等教育不仅担负着为社会培养优秀人才的重要使命，还担负着传承优秀传统文化、传播社会主义核心价值观、弘扬中华文明的光荣使命。高校辅导员通常有着良好的专业素养、优秀的人格魅力以及丰富的工作经验，可以对学生学习、生活的方方面面产生影响。因此，辅导员走向职业化、专业化发展之路也是适应社会经济发展的必然要求。辅导员队伍职业化、专业化发展不仅有利于提升高校学生工作的效率，提高人才培养的质量，还可在某种程度上激发辅导员队伍的工作活力，优化为学生服务的体系，发挥生力军的作用，弥补学生工作队伍发展的不足。另外，辅导员在自身职业化的过程中也促进了自身发展。

高校辅导员职业能力建设是一项系统性工程，在不同阶段和不同时期，对辅导员的能力建设有着不同需求和标准。弄清基本目标、根本目标、关键目标和重要目标的关系，做好角色转换和行动转化，从预设规划、实践评估、调整规划到再实践、再适应的过程都将成为促进辅导员职业能力建设的必要过程。辅导员要遵循个体特征、主体需求和客观要求，科学地对自身职业发展进程进行有效规划，逐步清楚目标与能力之间的关系，以较高的标准要求自己，最终实现更高水平和更高目标的职业技能发展。

（二）高校辅导员职业能力建设原则

校辅导员职业能力建设应坚持“以人为本”和“科学发展”的总体原则。在新形势下，高校面临着辅导员职业能力发展不平衡、不充分的问题，因此应给予辅导员更多的关注，以多样的形式组织开展提高辅导员职业能力的活动。辅导员的职业定位和目标具有独特性、差异性和多变性的明显特征。当前基于新形势下高校思想政治工作问题，国家给予了辅导员前所未有的重视，使辅导员的责任变得更重，而面对大学生思想问题明显剧增这一现实，辅导员职业能力建设就要把握好以下几点原则。

一是坚持实事求是的原则。实践导向是开展研究的基本导向，辅导员职业能力建设要坚持一切从实际出发的宗旨，充分掌握个体特征与能力起点，通过有效的手段进行能力水平实践检验和评估，准确把握辅导员职业能力水平现状，在此基础上制订具体的能力提升实施方案并着力推行。

二是设定阶段目标要明确、清晰，保证辅导员通过必要的努力可以实现。辅导员职业周期在人的全职业生命周期中也许占据全部，也可能是某一个阶段的过程，而国家对这个岗位是朝着全周期的发展方向定位的，因此对于职业个体来说，能够对个体职业发展的阶段进行划分是非常重要的。辅导员不同职业阶段的能力建设水平和标准有着明显的差异，不可一概而论。对于个体来说，从业者要清楚个体在不同阶段的能力标准要求，针对性地确定个体的职业目标，进而通过组织集体行为和个体主观努力相结合的方式实现个体职业能力的提升。因此，坚持阶段性原则有利于个体职业能力建设的逐步发展。

三是执行过程要坚持扎实稳步推进原则。无论培训还是活动都要真实有效地推进，不能流于形式。一方面，高校要大力支持并有效组织制订高校辅导员能力建设规划；另一方面，辅导员要积极主动参与其中。只有上下一致，各方面明确自身角色、地位、作用，结合具体措施，才能保障辅导员职业能力建设研究的科学化与实效性。各高校对辅导员队伍都有总体规划和设计，这其中包含辅导员发展梯队、辅导员特色项目、辅导员退出机制等，这些都会促使辅导员更好地适应其所在的职业发展环境，从而不断地调整个人职业方向，并不断地使个体职业能力水平得到提高。整个发展过程应该稳扎稳打，必须历经个体与个体间、个体与组织间不断调适的过程，因此个体的能力建设也是一个循序渐进、不断调整的过程。由此不难看出，国家顶层设计、高校和地方政府的积极配合以及辅导员个体都应该以稳步推进的方式不断促使高校辅导员职业能力得到提升。

二、高校辅导员职业能力建设的构成要素

辅导员的职业能力建设应该顺应时代的发展和社会形势变化的需要，在原有基础上进一步强调和突出辅导员队伍建设和其能力的提升，在把握大学生思想政治教育时代规律和深层次内涵的同时，准确对照辅导员的标准和定位，提升其个人素质，使其与工作实践的匹配度、胜任度更高。高校辅导员作为高等学校专门从事学生思想政治教育工作的专业人员，传统意义上的职业能力主要包含过硬的政治素质、管理能力等，但是辅导员的职业能力要素并不是一成不变的。面对高等教育普及化、学生需求个性化、社会环境多变化、学生思想多元化等一系列变化因素，高校辅导员职业能力建设针对新的挑战，对转变思维和方式方法的训练提出了更高的要求，增加职业适应力和竞争力为今后工作的重点和关键。

（一）高校辅导员职业能力的内容建设

辅导员的职业内容按职业功能进行划分，可以分为教育、管理、服务、研究四个方面。据此笔者认为辅导员应具备以下九个方面的专业能力。

第一，思想政治教育工作能力。思想引领、价值培养是辅导员职业的首要能力。准确把握学生的思想动态，具备开展思想政治教育的载体、方法和技能，掌握了解学生问题的渠道和总结问题的能力，有助于使用有效的教育方法、活动载体、训练平台和交流方式来帮助学生实现思想上的成熟、精神层面的丰富，以最有效的方式针对性地提升所带学生的综合素质，促进学生思想上的进步和政治上的发展，让学生在思想方面健康发展，同时能用理论上的自信强化学生对国家、民族、人民、共产主义事业的高度认同，帮助学生养成良好的生活、学习习惯和自尊、自爱、自强、自律的优秀品质，学有所成、学有所用，以斗志昂扬的姿态在新时代的建设中贡献个人力量。

第二，日常事务管理能力。帮助学生维持正常的学习生活秩序是辅导员的显性职责，也是容易量化的内容。学生事务管理能力是辅导员的基本能力，解答学生的日常问题、完成日常管理是辅导员最基本的工作。在学生大会、晚点名、班会及重大工作的安排部署中，辅导员要能够将学生组织起来，并按照学校的规章制度、所在单位的计划安排、学生学习生活实际需要

实施各类常规的管理措施，辅导员只有具备一定的技术和技巧，才能达到实际的效果。加强学风建设是辅导员工作的重要抓手，以学习为主线的学生管理是辅导员常用的技能，但如何更好地将推动学风建设与思想政治教育的有效结合需要辅导员进行合理设计，从而进一步明确学生的学习目的。辅导员要组织和动员学生参加大型活动、军事训练等，要做好奖、助、贷、补、免等一系列的学生常规资助管理工作，同时开展宿舍管理、证件办理、文件通知等一系列涉及学生参与环节的工作，以及辅助学校其他部门、学院进行教务管理等工作。这些是辅导员职业外部体系更加容易感受到的能力，是显性能力，这些在一定实践意义上占用了辅导员日常工作中的绝大部分精力。

第三，党团和班级建设能力。辅导员要兼职学生支部书记、兼职团干部、兼职学生社团指导教师等多个角色，因此辅导员的党团建设和班级建设能力要有较为全面的发展。辅导员要讲好党课、团课，用理论武装青年学生的头脑；能够指导党支部、团支部开展党员发展、入党积极分子培养、“三会一课”、党团组织生活等系列理论学习及组织活动工作。党团建设和班级建设是对学生开展基层组织工作的实践训练，是对辅导员个体理论知识、组织能力、集体教育及业务实践的高水平要求，而且这既是管理平台，又是服务平台，更是对学生进行示范演练的平台。辅导员的集体建设能力对所带集体的整体精神面貌、奋斗精神都有直观体现，因此其也是辅导员必备的高水平能力。

第四，心理健康教育与咨询能力。开展心理健康教育和咨询工作要求辅导员具有较好的自我心理调适能力，保持积极阳光的心理状态。高校辅导员应具有心理咨询相关理论知识与技能，拥有良好的心理学知识储备，有能力在工作中妥善处理学生可能出现的一般心理问题。在工作中，辅导员要定期通过各种心理测量量表、问卷对学生进行测试，并进行正确的解读和反馈。辅导员要通过培养心理委员、心理讲座等多种方式，对大学生进行心理疏导，引导学生实现自我管理、自我发展。辅导员的心理健康教育与咨询区别于心理咨询师、心理医生，其最主要的能力是甄别和预防，同时具备组织开展阳光心理健康教育活动的能力，如能组织和实施体育活动、心理团体辅导、心理测试、心理小游戏、心理健康剧等活动。

第五，学业指导能力。学习技能的训练、学习习惯的养成以及学术活动的组织等工作是辅导员职业能力的重要构成部分。大学时光对大部分学生来说是集中学习的最后阶段，学生的集体精神培养得到了最大限度的发展，而现实中学生的个人主义精神似乎与集体主义精神冲突不少，这里面一个关键的平衡点是学生独立意识的培养不足导致学生难以独立思考、独立面对困难和独立解决问题。因此，辅导员需要搭建平台不断培养学生的独立品格，让实践活动、创新创业、生活体验等都融入学生自我设计和管理的环节，让他们能够辩证地掌握事物发展的多个方面，并将自己置身其中，寻找合理的立足点，这样既减轻了学校的负担，又提升了学生对学校的归属感，最终可达到培育学生独立精神的效果。只有具备独立精神，才能逐步形成独立学习、独立思考、终身学习的良好习惯，因此辅导员对学生学业的指导能力主要体现在其对学生独立精神培育的能力上。

第六，网络思想政治教育引导能力。虚拟环境下的思想引领教育是对辅导员较高能力层次的需求，近些年刚刚纳入辅导员职业能力构成要素，将其单独从思想政治教育能力体系中独立出来，表明新形势下网络思想政治教育已经足以成为一项非常重要且必要的工作阵地。当代大学生作为网络原住民基本形成了个体的虚拟世界生存的样态，这对辅导员在虚拟环境下开展思想政治工作形成了巨大挑战。网络的非面对面性、网络的虚假性、网络的开放自由性都给辅导员开展工作带来了极大的挑战。一方面，辅导员要能够利用网络平台开展积极教育、正确引导；另一方面，辅导员要做好防范和监督管理工作。因此，要想强化运用新技术和新手段在网络环境下开展工作的能力，辅导员就必须加强网络陪伴、媒介信息素养、媒体运营操作等多项技能的学习，既能做到防患于未然，又能建立新的提升工作质量的平台，真正具备因时而新、因势而新开展学生工作的能力。

第七，职业生涯规划和就业指导能力。大学生在高考结束报志愿的时候就抱着日后能够找到一份好工作的心理而选择自己心仪的学校和专业，期待通过大学的学习来实现个人乃至家庭的梦想。当前，多数高校尚未成立专门的职业发展中心，而且缺乏专门的就业指导工作人员，这些职责都压到了一线辅导员的肩上。因此，辅导员帮助学生不断靠近个人人生目标、职业目标的能力就显得尤为重要。辅导员要帮助学生进行职业选择，提高学生求职面试的能力，从而让学生减少迷茫、坚定目标、增强自信。分层分类的精准化服务学生的能力和对学生全程陪伴的能力能够时刻帮助学生把握发展方向。

第八，理论和实践的研究能力。辅导员的多重角色使辅导员面临着多重考核，而高校的科研成果产出是衡量学校水平的重要指标，那么针对辅导员这一高校不可或缺的队伍，将其融入公平的高等教育评价体系就很有必要了。因此，理论与实践研究成果的产出就成了考核辅导员的一项重要指标，也成了其职业发展、职务晋升的重要参考。高层次的理论和实践研究成果不仅可以促进辅导员个体职业发展进程加快，还可以推动高校辅导员职业团体迅速发展。

第九，危机事件应对能力。辅导员在很大程度上担负着保障学校安全稳定的重要职责，是在危机事件发生时“召之即来、来之即战、战之必胜”的“消防员”“安全员”，因此危机事件应对能力是高校辅导员不可或缺的一项能力。高校是人员聚集地区，往往会有各种各样的突发状况，辅导员要第一时间做好现场统筹指挥工作，有效控制事态发展，及时掌握现场情况，及时向学校领导汇报突发事件并妥善保护好学生的安全。事后，辅导员还需对学生进行集体和个体的心理疏导，消除可能产生的负面影响，解决后续将面临的各方面问题。

（二）高校辅导员职业能力的层级关系

尽管辅导员职业化发展道路的选择性较多，但从实际情况看，他们的工作大多面临着多头管理，即“上面千条线，下面一根针”的状态。以新入职辅导员为突出代表，他们常常需要在烦琐的学生事务中投入大量的精力，因而往往忽略了对个人职业发展的考虑和规划。完善辅导员职业发展体系可以从以下几个方面着手：一是厘清辅导员这一角色在不同的工作实际中的工作内容和重点，有的放矢，为辅导员搭建职业化、专业化的发展平台，为其职业发展规划铺好路；二是从高校的管理机制出发，为高校辅导员减轻常规事务性工作的规模和难度，他们的工作重心应该是学生的思想政治工作，而不应把所有与学生相关的任何事情都压在自己肩上；三是高校行政管理体制应进一步完善和优化。由于辅导员目前普遍面临的现状是在高校过高的门槛和一系列过于量化的评价体系面前望“职”兴叹，因此要从制度角度激发辅导员自身发展的原动力，否则会导致辅导员队伍产生职业倦怠感、职业困惑或是自身发展的扭曲，这并不利于高校组织管理水平的提升，更不利于高校人才培养质量的提升。

（三）高校辅导员职业能力的系统特征

职业能力指的是一个人能否胜任所从事岗位职责的综合能力，是决定一个人在其岗位上能否发挥个人能力、实现职业抱负的重要因素。辅导员职业能力一般具有以下三个特点。

一是导向性。高校辅导员不仅要在理论层面将正确的思想意识、政治观点和道德规范传授给学生，更重要的是要教育和引导学生结合自身的教育背景和体会，在分析、选择、对比、总结中将理论知识吸收内化，通过实践进一步体现出教育效果。辅导员岗位的设置初衷非常明确，因此其职业能力建设的导向性也非常明显，从定义可以清楚地认识到辅导员从业者要坚持“干一行，爱一行”的理念，从辅导员岗位设置初衷出发，确定个人职业能力建设方向。

二是实践性。高校辅导员的工作不仅要关注学生的实际生活和学习，更重要、更具有现实意义的是辅导员要帮助和引导学生解决生活中的具体问题，这涵盖成人、成才、择业、交友等多个方面。纸上谈兵式的辅导员职业能力建设是绝对要被淘汰的，辅导员岗位是实践性极强的岗位，其主要的精力应放在开展学生工作实践上，只有真正具备较高水平的专家型辅导员才能逐步将理论上升为实践。因此，基于行之有效的实践能力开展工作、胜任岗位是辅导员职业能力建设的第一步，是其能力系统完善的基本要求。

三是时效性。现代性、时代性、实效性、历史责任等都充分体现了高校辅导员职业能力建设时效性的重要程度。辅导员职业生命周期的理想状态是强势开局十五年、螺旋上升十五年及平稳发展十五年，其能力水平在不同职业发展时期的要求是不一样的，但都要满足个人职业阶段需求，更重要的是要符合其工作对象的时代性和现实需求。随着经济的发展和社会的进步，辅导员作为社会主义接班人的培育者，要与时俱进，积极吸收新思想、新知识，勇于站在时代的前沿，不断更新自身能力与知识体系，成长为职业型、专业型、专家型辅导员，从而实现个人的理想抱负和职业的可持续发展。

（四）高校辅导员职业能力的个体差异分析

依据个体差异对个人职业能力进行评估是职业能力建设的主要方面。个体职业性格、社会知识、成长经历、家庭文化背景等都对个体的职业表现具有较大的影响。从高校辅导员价值观角度分析辅导员的职业能力差异，可以看到性别差异、职业年限、年龄大小、学习背景等因素都是个体选择辅导员职业并发展辅导员职业的重要考虑因素。本书从性别、入职年龄、学历学位三个变量开展调查研究，比较分析了辅导员职业能力自我评价中“最重要能力”“最常用能力”“最胜任能力”“最易提升能力”的差异性，以此在不同自然条件下确定辅导员职业能力发展的科学方向。具体比较如下。

1. 性别差异

高校辅导员职业能力的性别差异如表5-1所示。

表 5-1 高校辅导员职业能力的性别差异比较

自身评价	男辅导员	女辅导员
最重要能力	思想政治教育、理论和实践研究、学业指导、职业生涯规划与就业指导	心理健康教育与咨询、日常事务管理、党团和班级建设、危机事件应对、网络思想政治教育
最常用能力	职业生涯规划与就业指导、理论和实践研究、网络思想政治教育、危机事件应对	思想政治教育、党团和班级建设、日常事务管理、学业指导、心理健康教育与咨询
最胜任能力	心理健康教育与咨询、危机事件应对、思想政治教育、党团和班级建设、日常事务管理、职业规划与就业指导	思想政治教育、日常事务管理、心理健康教育与咨询、理论和实践研究
最易提升能力	党团和班级建设、网络思想政治教育、学业指导、危机事件应对、职业规划与就业指导	思想政治教育、日常事务管理、心理健康教育与咨询、理论和实践研究

2. 年龄差异

高校辅导员职业能力的年龄差异如表 5-2 所示。

表 5-2 高校辅导员职业能力的年龄差异比较

自我评价	30 岁以上（含 30 岁）辅导员	30 岁以下入职辅导员
最重要能力	思想政治教育、危机事件应对、职业规划与就业指导、心理健康教育与咨询、理论与实践研究	日常事务管理、党团和班级建设、学业指导、网络思想政治教育
最常用能力	思想政治教育、心理健康教育与咨询、危机事件应对、职业规划与就业指导、党团和班级建设、日常事务管理、理论和实践研究	学业指导、网络思想政治教育
最胜任能力	心理健康教育与咨询、危机事件应对、思想政治教育、党团和班级建设、日常事务管理、理论和实践研究	职业规划与就业指导、学业指导、网络思想政治教育
最易提升能力	日常事务管理、心理健康教育与咨询、思想政治教育、党团和班级建设、理论和实践研究	危机事件应对、学业指导、网络思想政治教育、职业规划与就业指导

3. 学历差异

高校辅导员职业能力的学历差异如表 5-3 所示。

表 5-3　高校辅导员职业能力的学历差异比较

自我评价	硕士（含）以上学历辅导员	硕士以下学历辅导员
最重要能力	心理健康教育与咨询、危机事件应对	思想政治教育、学业指导、日常事务管理、网络思想政治教育、党团和班级建设、职业规划与就业指导、理论和实践研究
最常用能力	危机事件应对、职业规划与就业指导、理论与实践研究	思想政治教育、日常事务管理、党团和班级建设、学业指导、心理健康教育与咨询、网络思想政治教育
最胜任能力	思想政治教育、学业指导、心理健康教育与咨询、职业规划与就业指导、理论与实践研究、危机事件应对	党团和班级建设、日常事务管理、网络思想政治教育
最易提升能力	思想政治教育、党团和班级建设、日常事务管理、心理健康与咨询	网络思想政治教育、学业指导、危机事件应对、职业规划与就业指导、理论与实践研究

三、高校辅导员职业能力建设的基本要求

通过近些年的努力，高校辅导员职业化建设取得了不错的成绩，但依然存在一些普遍问题，如育人概念范围不清晰、职业制度规范缺失、学科支撑缺位、辅导员个体素质亟待提升等。高校辅导员职业化建设是一项复杂的系统工程，需要进行必要的统筹协调。因此，构建合理的高校辅导员职业能力建设模型要坚持从政府、高校以及辅导员自身等多个角度发力，通过明确理念、总结经验来不断推进制度的发展，确保政策的导向作用，通过借鉴国外学生事务管理经验，构建工作协调系统，从而形成职业能力建设的基本条件。

（一）坚持科学理念

理念的形成是一切工作的前提。中华人民共和国成立以来，我国各级各类高等教育系统都对大学生思想政治教育进行了大胆尝试，而且中央高度重视大学生思想政治教育工作，提出了育人为本、德育为先的教育方针，为高校进行大学生思想政治教育定下了基调。在推进高校辅导员队伍建设过程中，国家坚持以新时代高等教育重要论述为指导，认真贯彻思想政治教育工作会议精神。但在此过程中也存在很多问题，如在大学生教育中重智育轻德育、事务性劳作上缺乏思想引领等。造成这些问题的深层次原因有以下几点：一是急功近利。智育教育的成果鲜明，时效性较强，导致辅导员投入的

精力往往更多。二是德育工作受重视不足，导致德育为先的教育方针没有得到落实。这些突出问题一直影响着高校辅导员职业化的发展，需要通过系统的工作才能解决。另外，要解决这些问题还需要辅导员遵循以人为本理念、形成协同育人理念、坚持立德树人理念。

第一，遵循以人为本的理念。以人为本是马克思“人的全面发展”理念的突出体现。马克思认为，人应当真正获得独立和自由，个体的自由和全面发展是所有人自由和全面发展的前提条件。社会主义社会发展的最终目标是在共同体的社会关系中使每个人都得以自由、全面发展，因为社会的发展进步最终还是落在人这一本体上。教育是促进人全面发展的一条有效途径。教育与人的发展关系问题一直都受到重视。以人为本是新时期教育的基本准绳，也是全人类教育事业日趋统一的理念。只有理顺教育与人的发展关系，才能有效探索路径，进而提高人才培养的质量，最终使人全面而自由地发展。

在我国，一些高校对以人为本的理解过于片面，甚至错误地理解以人为本的理念，导致在辅导员和学生的关系中主体和客体易位，限制了辅导员作用的发挥，也阻碍了学生工作的开展。在具体工作中，很多辅导员认识不到自身的价值，没有在思想上高度审视自身工作的价值。长期奋斗在实务工作当中，缺乏思考和总结，以及思想政治教育核心功能的弱化是导致辅导员职业迷失的重要原因，而且这必然会带来职业价值感的降低。因此，辅导员要发挥主观能动性，时刻注意调动自己和学生的学习、生活积极性，引领学生追求合理的目标，实现自身及学生的全面发展。高校的管理者和服务部门要对辅导员进行必要的培养和帮扶，使辅导员遵循以人为本的理念，促进辅导员队伍的稳定和进步，进而通过他们做好大学生思想政治工作，达成高校立德树人的根本要求。

第二，形成协同育人的理念。协同育人就是通过借助家庭、社会、学校等多种力量实现人才共同培养。协同育人有利于共享资源，合作共赢，协同发展，优势互补，共同为教育对象负责，提升人才培养质量。高校是立德树人的主体，辅导员是高校立德树人工作的关键力量。作为高校育人工作的力量之一，辅导员要根据自身及周围环境的特点，整合多种资源，通过多种渠道开展育人工作，从而实现人才培养的多样化。辅导员工作是一种道德实践活动而不只局限在知识的传授上。在学校的课堂上，辅导员不仅要在理论教学和实践教学中发挥教师角色的育人功能，还要与其他学科教师多联系，以了解其他学科育人的特点，在理论教育的过程中尽可能打通思想政治理论课与其他学科的关系，围绕各种教育实践活动，不断提高学生的政治素养，提高学生的综合素质、创新精神与实践能力。在生活中，辅导员要密切注意学生的活动圈，发掘可以影响他们的一切因素，并分析这些因素之间的关系，从而发挥协调育人的作用。在学校层面，辅导员要利用学校资源和社会资源为学生创造学习机会和条件，不断改进高校与社会联系育人过程中的问题，发挥协调员的作用。总而言之，高校思想政治教育要全面落实“三全育人”的理念，协调好全员之间的关系，而建立科学的团队工作机制和坚持团队协作理念是提升辅导员职业能力的重要选择。

第三，坚持立德树人的理念。高等学校为社会输出合格的建设者和可靠的接班人，特别是培养坚定的共产主义信仰、主动投身国家建设和推动社会进步的青年人。功利化的教育显然违背社会主义办学方向。促进大学生全面发展是辅导员工作的本质要求。作为大学生思想政治教育的骨干力量，辅导员应坚持高质量履行立德树人的内在职责，认真贯彻落实相关精神，响应号召，加强培养学生的社会使命感、创新精神、职业素养和实践能力。推进辅导员职业化、专业化队伍建设，着力提升辅导员整体工作能力，进而促进高校实现育人目标的意义深远，这一目标的实现离不开各职能部门和工作人员的协作互助。为完善现代大学制度，强化内部治理体系的科学化发展，全体教职员工都应当坚守立德树人这一根本理念，做好顶层设计，完善政策制度，强化监督保障，确保围绕立德树人的根本任务开展工作，牢固树立起人才培养的核心地位，对违背立德树人理念的各项行为要坚决抵制。

（二）扩大协同育人队伍

当前，我国高校针对辅导员主要施行学校学工部门和学院双重管理模式。一般情况下，辅导员在学院分管某个年级学生的全部学生工作，包括评奖评优、困难补助、查寝考勤、办证补证及档案收发等事务，校内只要与学生有关的工作都要带上辅导员，甚至课堂考勤、考试管理和专业实习等都有辅导员的责任。如果没有协同育人的机制，“干事有平台、工作有条件”将无法落地，辅导员职业边界依旧不清晰。因此，扩大协同育人队伍，打造协同育人环境有利于优化辅导员职业化的发展路径。

第一，构建高校辅导员团队内部协同机制。高校辅导员单一工作模式是导致辅导员工作繁重的关键原因，实践发现辅导员工作团队建设可以大大提升高校辅导员工作的实际效果，有效促进其职业能力的提升。从优化工作结构、促进专业化发展、提升工作实效的角度看，构建辅导员团队内部通力合作模型可大大推进辅导员职业能力的提升。

第二，完善辅导员与大学生参与协同育人体系。人有自我实现的需要，因此也有自我服务、自我管理和自我教育的能力。青年学生是高级知识分子，在不断完善自我的过程中形成了较好的自理与自立的意识。师生之间、生生之间的教育互动无处不在，因此高校要充分利用这一机会开展协同育人工作。辅导员的一项重要职业能力就是培养一批优秀的党员干部，使之成为广大学生的坚强后盾和学习榜样。学生干部在主客体协同过程中发挥着重要作用，学生参与教育活动的程度直接影响着学生的综合能力。通过多项大学生就业竞争力调查发现，学生在大学期间参与活动的程度和角色的丰富程度对就业竞争力和职业发展有深远的影响，这也成了选人用人的重要参考指标。因此，高校可以课外实践活动为载体，通过丰富多样的活动引导大学生在各种集体活动中与他人进行互动，进而实现协同育人的目的。辅导员要充分发挥第一课堂对学生的知识传授、思维训练作用，不断创新学习形式，增强学生参与人才培养的主人翁意识和积极性，帮助他们形成独立自主的学习生活理念，并不断参与到学生群体积极发展当中，为自身发展创造条件。在第二课堂，辅导员要与教师协作培养学生安排自己学习和生活的能力，强化学生干部的培养，注重学生社团锻炼、校园文化建设、团体活动组织等，让学生主动投身到日常锻炼当中。辅导员要加强学生组织与学生个体的协同互动、学生干部与普通学生之间的协同互动、学生与学校的协同互动。通过不间断互动，大学生可充分发挥主体作用，最终取得良好的自我教育的效果。

第三，搭建班主任参与协同育人平台。班主任协同育人在很大程度上减轻了辅导员在学生学业指导方面的压力，帮助辅导员分担了很多日常管理事务。但很多时候辅导员与班主任之间的工作协同关系尚不科学，因此搭建好班主任参与协同育人的思想政治教育工作平台可对辅导员职业能力的提升起到重要作用。发挥辅导员和班主任的联动作用，将大大提升工作效率，进而提高育人效果，最终实现协同育人的目标。从辅导员职业的产生看，辅导员本身也是从教师队伍衍生出来的职业。专业教师特别是资历较深的教师担任班主任是高校协同育人的重要资源选择。班主任带动专业教师队伍参与学生工作，可以促使教师加深对思想政治教育工作的理解和支持，是提高思想政治教育工作效率的有效途径。班主任和辅导员有各自自的特点与优势。按照教育要求，辅导员以专职为主，对国家政策、制度规范等领会得更加准确，从事学生工作角度的专业性更强；班主任多是一线教师，对学生专业成长意义重大。研究班主任和辅导员协同育人的途径对提高辅导员职业化建设水平和高校育人教育具有积极意义。因此，理顺两者的关系，充分调动辅导员和班主任工作的积极性尤为重要。

第四，鼓励思政教师参与协同育人系统。在高校，大多数辅导员承担着一部分思想政治理论课教学工作，都会讲授思想道德修养与法律基础、形势与政策等课程，是思想政治理论课教师（简称“思政教师”）队伍的组成部分，两者形成了必然的联系。辅导员以思想政治实践教育为主要工作内容，思政专职教师则以课堂教学为主要工作内容，这就为他们提供了合作的前提和机遇。思政教师在学术前沿掌握和理论研究深度上具有明显的优势，辅导员则在掌握学生的实时思想动态、关注热点和兴趣特长上占据优势，如果能够搭建起辅导员和思政教师协同育人平台，将大大提高教育质量，并促进两者共同进步。在实践中，辅导员与思政教师可以开展协同教学，实现协同育人的目标。因此，辅导员职业化建设要充分考虑到两支队伍的合作共赢，在合作中推进辅导员的职业化。

第五，整合行政资源，营造协同育人环境。大量的管理工作是辅导员日常必须面对的，特别是学校行政部门的学生管理服务工作往往通过辅导员这一桥梁完成。如何充分整合学校各部门的资源，实现对学生的有效管理，提升工作效率和质量是辅导员要充分关注的问题。大力争取行政管理人员的力量，将育人资源整合与共享，是达成协同育人目标的重要途径。例如，加大与行政部门间的协调和沟通工作，争取政策与资源的支持，帮助辅导员开展工作。向行政部门推荐学生勤工俭学、实习锻炼等可发挥行政部门管理育人的重要作用。同时，各部门的管理干部对学生进行必要的思想教育、职业指导及能力提升辅导等，无形中大大分担了辅导员的工作压力，促进了高校管理育人智能的发挥。因此，辅导员要重视日常与行政管理人员工作的机会，做好行政资源的整合，营造协同育人工作环境，吸引行政管理人员助力学生成长成才教育。

（三）规范辅导员职业制度

高校辅导员职业能力建设需要以不断完善和规范辅导员职业制度为前提。具体来说，要唤醒辅导员的职业意识，强化辅导员职业化发展理念，进一步完善辅导员职业准入制度，把好职业入口关，优化辅导员考评和激励制度，促进辅导员职业能力提升，规范职业辅导员各项培训制度，帮助辅导员提升胜任力，健全职业辅导员晋升和退出制度，以确保队伍的稳定和活力。

第一，唤醒辅导员的职业意识。职业意识是作为职业人所具有的意识，也称为主人翁精神，具体表现为基本的职业道德。职业意识在职业生涯中具有重要价值，它既影响着个人的择业和就业方向，又影响着整个社会的就业状况。因此，激发辅导员的职业意识对辅导员保持职业道德、开展具体工作具有重要作用。高校辅导员的职业意识对辅导员工作质量有着重大影响，如果辅导员能将工作当作个人终生奋斗的事业，那么将无怨无悔、自觉奉献、主动创新、勇于克服困难。因此，唤醒辅导员职业意识是激发和保持辅导员高昂的职业奋斗精神的基础，也是维持辅导员工作热情的重要手段，更是保持辅导员队伍稳定和可持续发展的重要途径。因此，在制度制定时，应考虑如何有效激发辅导员的职业意识。在制定辅导员职业制度时，需要明确规定其权利和义务。激发辅导员职业意识，建立必要的职业规范，既是辅导员职业发展的必然要求，又是其个人发展的需要。只有激发辅导员职业意识，才能激发其内动力，调动其积极性，而辅导员职业制度能保证其在自主自觉地进行自我职业能力建设过程中不至于出现影响职业道德行为的关键问题。

第二，完善辅导员职业准入制度。职业准入是指根据《中华人民共和国劳动法》和《中华人民共和国职业教育法》的有关规定，从事技术复杂、通用性广，涉及国家财产、人民生命安全和消费者利益职业（工种）的劳动者，必须取得相应的职业资格证书，方可就业上岗。对技术工种（职业）从业人员实行就业准入制度，其根本目的是提高劳动者的技能水平，增强其就业能力和适应职业变化的能力，实现高质量就业和稳定就业。辅导员从业者职业起点的科学化设置是国家和高校应该综合考虑的重点问题，避免使不适合从事辅导员的人员或将辅导员工作作为跳板的人员进入辅导员队伍，因此对准入制度规范性及选聘程序合理性的研究至关重要。2017 年，教育部颁布的《普通高等学校辅导员队伍建设规定》对辅导员选聘制度进行了修订，细化了指标条件，优化了政策导向，但依然存在操作指导性不足的问题，因此各地各高校需努力使政策落地，将标准落实，将选聘落准。职业准入制度在一定程度上可以保证辅导员职业从业人员的基本素养，有利于提升整个队伍的素质。在实际选聘的操作中，需要从专业知识、问题解决能力、书面表达能力等多个方面着手，并严格执行考试纪律，形成一套辅导员职业素质测量规范系统和专家考察团队。同时，要出台相应的职业准入资质考取或认证制度，拉长对辅导员从业者的选聘周期，帮助高校选拔优秀的人才，更好地帮助应聘者在能力匹配过程中进一步明确个人职业选择，坚定长期从事辅导员的职业理想。

第三，完善辅导员考核与激励制度。《高校辅导员职业能力标准（暂行)》明确规定了辅导员职业发展的层级，并对应列出了辅导员职业考核依据，是辅导员队伍素质能力标准化进程的开端，但是该标准还处于原则性、指导性层面，可量化的内容和具体操作性都尚显不足。完善考核评价与激励制度需要依据职业现实需要，既要满足岗位职责规定，又要发挥激发从业者职业热情的作用。因此，考核评价制度一方面要树立职业规范，另一方面要坚持落实考核标准，且考核过程中应侧重考察实际工作业绩和育人实效。考评制度要注意结合辅导员工作的特点与热点，注意在制度导向方面发挥考评促进辅导员工作效率提升的作用，形成以考核促发展、以考评提质量、以考核激励队伍的良性机制。另外，尤其要把辅导员工作和其他教学及单纯的管理工作等区分开来，同时注意考核中要合理科学地体现层次性，丰富辅导员职业业绩的衡量维度。

第四，规范辅导员各项培训制度。规范辅导员各项培训制度的目的是帮助辅导员胜任岗位，是辅导员制度体系科学性和可行性的体现。近年来，多数辅导员处于忙于日常工作疏于自身提升的状态，而在学校高水平建设过程中也存在着对辅导员成长培养不够重视的问题，不利于辅导员综合素质的发展，最终导致辅导员自身发展缓慢，其职业化、专业化进程受阻。进行必要的规范可以在一定程度上提升辅导员自身的能力，同时对辅导员队伍建设起到保护作用。辅导员工作本身就涉及繁杂多样的事务，如果不进行必要的培养工作，不对培训进行必要的规范，就会直接影响其工作效率和效果，严重的话可能造成不可挽回的损失。随着政治、科技、经济的发展，各类新事物、新情况不断涌现，客观上要求辅导员开阔视野，增长见识，提升应对新鲜事物的能力和素质。只有运用新技术、新手段和新方法，及时、有效地掌握学生思想动态，了解社会发展趋势，才能有效处理学生的日常问题，才能在面临复杂和突发问题时临危不乱。因此，教育部专门设立了教育部高校辅导员培训和研修基地辅导员研究会、建立了辅导员发展与研究中心等，为完善辅导员学习和培训制度，规范其学习活动提供了软硬件保障。自 2005 年首期全国高校辅导员班主任骨干培训班开班以来，截至目前共举办了 200 多期学习培训活动，而且培训效果得到了各高校的广泛认可。目前，在全国辅导员示范培训班的基础上，各高校规范本校辅导员的培养制度显得更加实际有效，特别是辅导员分层、分类、分阶段的学习制度建设显得更具有实效性。当前，加强新时代中国特色社会主义思想教育，全面落实贯彻全国高校思想政治教育工作会议精神，是不断提升辅导员理论教育能力的重要前提。同时，随着人工智能时代的到来，大数据、“互联网 +”等信息化教育手段成了辅导员必须掌握的教育方式。因此，高校要立足《高校辅导员职业能力标准（暂行）》，助力高校辅导员职业化、专业化发展的总体目标，设计一套完备的、科学的辅导员职业发展成长课程体系，逐步实现辅导员培训制度的系统性、实效性、持续性，促进辅导员从职业到理想的转变。

第五，健全职业辅导员晋升和退出制度。职业晋升机制是从业者个体职业发展过程中的重要机制，是个体从职业较低层次到较高层次的发展机制，对个体具有激励作用，能够很好地促进个体提高职业胜任能力。晋升是对辅导员职业发展最好的激励，而职业发展路径不通畅是影响辅导员队伍稳定的重要因素。完善晋升制度既能够帮助辅导员实现职业发展的专业化，又能够促进辅导员队伍的稳定，还能激发辅导员工作的积极性和主动性，使其不断攀登职业高峰。职业晋升制度对辅导员队伍的职业化来说就是通过职业规范的要求达到职业的专业化保障，为辅导员的职业发展设立条件，前提是这些条件要有科学性、合理性和可实现性。对于乐于从事辅导员职业的辅导员来说，畅通职业发展通道能够让辅导员全身心地投入工作中，不断增强职业认同感和自我职业价值感，在收获学生成长成绩的同时，促进个人的职业发展，形成良性循环。同时，要完善辅导员退出机制，针对不适合从事辅导员、不愿意从事辅导员工作的在岗辅导员要建立淘汰和强制退出制度，这样既保证了整个辅导员队伍的工作质量，又维护了辅导员整个队伍的形象，提升了整体队伍的职业地位，促进了队伍的科学化发展。

（四）加强相关学科支撑

学科支撑的紧密度是评价辅导员职业化水平的重要维度之一。辅导员专业学科意识的形成需要较长的过程，但其职业化、专业化的发展势必以学科支撑为基础，以学科体系的发展和研究为保障。辅导员职业知识是一个多学科交融的知识体系，需要不断完善，而学科支撑系统的搭建是辅导员职业能力提升的理论基础所在。因此，要通过加快辅导员知识体系构建、建立科研合作长效机制、创设辅导员专业成长平台和加强辅导员专项硕士博士培养等模式促进辅导员职业相关学科知识支撑体系的巩固和加强。个人的素质和能力是影响职业发展最重要的因素。不断积累专业知识、主动增强个人素质能力、强化研究是完善辅导员相关学科支撑和实现职业能力提升的必由之路。

加强相关学科对辅导员工作的支撑，辅导员职业主体的内生动力就显得更加重要，辅导员需要主动将相关学科知识转化成个人职业素养和技能。一般主体会显现出较强的差异化需求，因此需要从业者既遵循一般的规律，又要设计出个体特色发展模式，从而充分实现学科融合。第一，积累专业知识。具备系统的专业知识是进入某一行业的基本保障，如前所述，辅导员职业知识包含教育学、心理学、社会学、法律等多学科的知识，而对知识的掌握和把知识具体运用于学生工作当中，需要辅导员不断地搜集、整理相关知识，认真学习总结，寻找适用于辅导员工作的内容，并内化成个人知识素质。第二，发挥主观能动性，积极提高个人综合能力。业务能力和基本素质是辅导员实现专业发展的基本保障。目前，高校辅导员职业地位总体来说仍然偏低，需要辅导员摆正心态，减少辅导员群体内部的抱怨、消极怠工，降低工作失误，正确认识各职业发展的优劣关系，形成正确的能力提升认知，不断提高自身综合能力，处理好“有为”与“有位”之间的关系。第三，不断提升科研水平。科研成果的产出是对职业理论与实践关系的成功总结，更是辅导员综合运用多学科知识的综合体现。辅导员在从事科研活动的过程中，要从实践出发，有效结合科研基础理论从事相关领域的探索和研究。学科体系发展与辅导员职业化建设相辅相成，随着辅导员专业化的发展，许多相关学科的发展与辅导员队伍的科研工作产生了交集。因此，未来高校辅导员既是思想政治教育的实践者，又是该领域的科研人员。这要求辅导员具备一定的科研能力，开展“辅导员专业”的相关研究。目前，辅导员职业研究能力是辅导员获得较高职业地位、更好的职业发展以及将辅导员这一职业作为终生奋斗事业的关键能力。

四、高校辅导员职业能力建设模型的设计

设计高校辅导员职业能力建设模型的目的是通过高校辅导员职业能力建设层级关系的搭建，使辅导员更加清晰地开展能力素质提升相关工作。综合相关职业能力理论，通过借鉴成熟行业的职业能力结构模型构建的方法思路，基于前文关于辅导员职业能力构成的结构图和模型建构原则，下面建立一个三维度的新时代高校辅导员职业能力结构模型。在新时代背景下，辅导员职业能力结构模型的建构应基于辅导员队伍能力建设及个人发展的双向探讨。同时，职业能力维度和职业发展层级维度是构建能力模型的另外两个结构要素，职业能力维度是指模型中具有并列关系的能力类型，能力层级是指模型中具有包含关系的能力类型。也就是说，新时代高校辅导员职业能力结构模型包括对象维度、职业能力维度和业务发展层级维度三个维度。根据上面的逻辑构建出新时代高校辅导员职业能力三维层级结构立体模型，具体结构模型如图 5-1 所示。

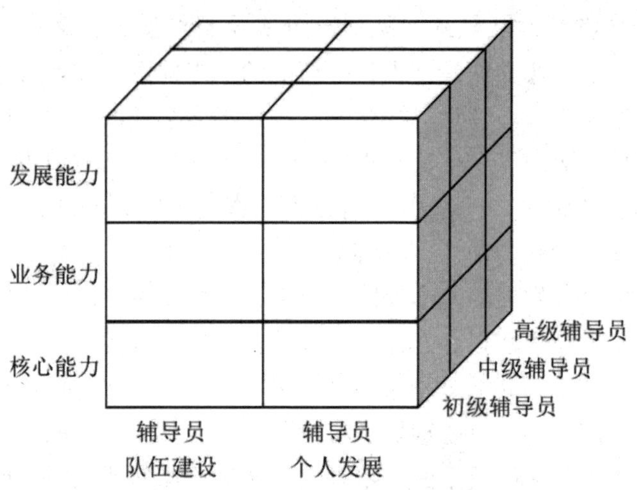

图 5-1　高校辅导员职业能力结构模型

在图 5-1 中，以辅导员队伍和个人发展为目标“对象”维度，以职业发展为导向的“层级”维度和以人为导向的“职业能力”维度是确定高校辅导员职业能力的三个重要指标。高校辅导员职业能力结构模型要根据不同的对象和不同职业发展层级的要求产生不同的组合，以应对高校发展、大学生全面发展、辅导员队伍发展和辅导员自身发展的需要，使辅导员职业能力在动态发展中实现高度匹配。下面详细阐述对象和职业发展层级两个维度。

（一）对象维度

辅导员要提升职业能力，这既是辅导员队伍专业化的要求，又是辅导员个人职业生涯的发展需求[①]。第一，基于辅导员队伍团队能力。职业能力结构化可为高校培养辅导员提供一个可参考的标准，有利于探索完善辅导员的职业能力理论体系标准建设，有助于辅导员团队中形成“传帮带”的良好氛围，形成辅导员内部结构梯度，为辅导员的选聘、培训、考核和选拔等队伍建设的改进与创新提供参考，最终有利于队伍建设，从而形成团队合力。第二，基于辅导员个体发展。一方面为辅导员职业生涯规划提供了科学的参考内容，另一方面帮助辅导员评估自身各个阶段的职业能力，为其找准自身职业定位提供了可循性建议，促使辅导员全方位、多角度地补充完善，提高自身的职业能力。

① 林伟毅.高校辅导员职业能力的现状及提升路径 [J]. 思想理论教育导刊，2017（1）：134-136.

（二）职业发展层级维度

职业发展层级的设计有利于高校辅导员不断自我提高，而《高等学校辅导员能力标准（暂行）》的出台为辅导员职业能力发展搭建了成长阶梯，进一步细化完善了辅导员能力成长层级，使辅导员职业进步与能力得以相匹配。随着工作年限、级别职称以及经验的增加，辅导员能力提升在不同的层级侧重点应当有所不同，只有这样才能促进辅导员个人相应能力结构的层级发展，从而使辅导员完成从职业型、事业型到专家型的蜕变。根据文件规定，将高校辅导员的职业发展等级分为三个阶段。

1. 初级辅导员

初级辅导员指的是工作前 1 ～ 3 年的辅导员，其工作经验和职业能力处于初级阶段，属于经验积累找准角色定位的适应探索期。在这一阶段，高校辅导员应当尽快积累相关的做好学生工作的基本理论知识，并全面、系统地掌握和岗位相关的各项业务能力，其主要工作任务在于夯实大学生思想政治教育、学生发展指导、学生日常事务等工作基础。当然，初级辅导员在工作学习过程中也要有“问题意识”和“学术意识”，结合当前学生工作实践中亟待解决的学术问题进行初步的学术研究。

2. 中级辅导员

中级辅导员在工作时间上具有 4 ～ 8 年的工作经历，进行了广泛且深入的接触、学习和探索，这时属于发展成长期。随着辅导员职业层级的发展，辅导员对自身的职业发展路径越来越清楚，开始有目的地提高工作分化程度和有所侧重地深耕自身专攻方向的能力，如有的辅导员发展成了心理咨询师，有的辅导员做职业规划师，完成了从职业到事业的转变，并逐步提升了自己的发展能力，在辅导员团队中发展成了一专多能的行家里手，迅速向专家型辅导员的职业阶梯迈进。

3. 高级辅导员

高级辅导员工作时限为 8 年以上，是职业发展的最高境界，意味着辅导员从事学生工作的自主性达到一个新的境界，需要辅导员突破职业发展的倦怠期，通过不断学习、实践、沉淀和研究，完成从职业型到专家型辅导员的华丽转身。因此，专家型辅导员应当具有强烈的研究意识，掌握科学的研究方向，自觉夯实自身的理论研究基础，更多地增强自身发展能力，以“名师工作室”“课题负责人”等形式发挥自身在某一领域的专业辐射作用，以“传帮带”的形式带动初、中级辅导员进步，从而成长为“理论水平深，科研学术精”的辅导员。

第四节　高校辅导员职业能力提升的实现路径

随着时代的发展和社会的进步，高校思想政治教育工作面临着新的问题、新的矛盾和新的要求。高校辅导员职业能力建设也必须依据时代给予的条件和提出的要求，因势而变，积极开拓高校辅导员职业能力建设的新路径。

一、整体队伍能力结构的优化

（一）凸显核心能力，落实辅导员思想政治教育主体地位

实际需以思想政治教育能力为核心，突出辅导员的思政功能和主体地位，明确辅导员职业属性，培养其职业归属感。具有专业化和排他性的核心能力是社会分工和教育发展的客观要求，直接决定了该项职业的性质与任务，是高校辅导员获得社会认可和提高职业自信的主动脉。

新时代高校辅导员的核心任务包括坚持立德树人的本质，强化辅导员的思想引领功能，帮助大学生树立正确的世界观、人生观、价值观，帮助学生学习习近平新时代中国特色社会主义思想，引导学生认知、认同和践行社会主义核心价值观，不断满足大学生对美好精神生活的追求。因此，各级教育部门和高校领导必须深刻认识高校辅导员职业角色这一特殊属性，将思想政治教育能力当作辅导员工作的关键把手，科学定位辅导员职业角色。只有这样，辅导员提升自我的积极性才能提高。可以说，凸显这个核心，就抓住了高校辅导员职业能力发展的主要矛盾，促进了辅导员队伍发展和个人业务能力可持续成长。

（二）优化辅导员团队结构，增强辅导员队伍的整体实力

1. 优化队伍整体结构

努力培养一支优质的高校辅导员队伍是深化高校思想政治教育改革进

程中的新命题，直接关系到立德树人根本任务的完成和思想政治教育工作的功能发挥。要从优化辅导员队伍的年龄结构、职称结构、学历结构、职业能力层级结构、梯队建设等方面入手，宏观上制定辅导员队伍构成的发展愿景和配套机制，在队伍专业发展上给予大力支持，加强辅导员队伍管理的顶层设计。以培养学术带头人和中青年骨干辅导员为重点，从选拔配备、培养发展、职业发展以及优化退出四个环节入手，尽量做到位得其人，人尽其才，着力打造一支老中青年龄相结合的、学历水平较高的、专业背景较深厚的、业务能力精湛的、结构合理的辅导员队伍，更好地蓄积辅导员队伍可持续发展的内在活力和潜力，最终推动辅导员队伍整体水平的提升。

2. 创新工作模式

新时代辅导员队伍结构日趋合理优化不仅体现在队伍成员数量、成分、结构梯度的问题上，还是体现在团队成员间的机制构建问题上，这是新时代高校辅导员队伍建设的重点和关键问题。依托能力结构模型能够为新时代辅导员队伍成员间机制构建提供新思路，从而演奏好辅导员队伍结构优化这篇乐章。

（1）探索专科化的工作模式

在专业化发展的时代，为了提高工作的实效性，辅导员队伍的功能也应该高度分化。一方面，高校要明晰岗位职责，合理设置辅导员的岗位任务，如下设学生事务管理中心、就业指导中心、理论研究中心等，并尝试引导辅导员依据前文提到的辅导员能力结构模型的能力维度，结合个人专业背景和特长，明确自身业务主攻方向。高校要在明确各主攻类型和每一个主攻方向的基础上明确各层级比例构成，分类别、分层次搭建辅导员职业能力提升平台，这样才能有利于辅导员的专业化发展，确保每一名辅导员在队伍整体结构中都有位置，使能力提升有平台。另一方面，在深向维度上提供平台支撑，依据不同主攻方向的辅导员形成专家型团队，每一块工作都由专业化的辅导员负责，专业化的工作模式有利于各项工作的顺利开展，可提升工作效率，从而构建辅导员职业能力专业化发展的新格局。

（2）探索建立阶梯式的工作模式

高校可以在高校辅导员队伍内部设置辅导员初、中、高三个级别的岗位分工，建立自己的骨干梯队。初级辅导员负责学生的日常事务管理；中级辅导员作为资深辅导员，与新手结对指导工作，同时承担自身主攻领域的学生管理工作，并鼓励他们成为实践研究者；高级辅导员可以做初、中级辅导员的成长导师，在学生工作方面可打破传统的带班模式，根据自身主攻领域，成为队伍里的“专科医生”，发挥标杆作用和规模效应。这种工作模式有两方面优势：一是有利于将具有一定理论基础和实践经验的专家型辅导员从事务性工作中解放出来，充分尊重辅导员的个体发展规律，精准发展辅导员的专项能力，促进其职业能力的专业化提升。二是这种阶梯式发展工作模式的建立不仅对队伍的整体职业能力提升有显性作用，还对年轻辅导员有隐性的积极作用，让他们感到从事辅导员这一职业同样可以大有作为，成为某一领域专家，从而增强他们提升自身职业能力的积极性。

（三）建立多元的专业化培训机制，推进高校辅导员职业能力长效发展

辅导员的职业能力提升离不开其能力结构的不断专业化、系统化。依照专业化、开放化、层级化与系统化的能力结构建构原则，各高校要坚持分层次、分类别、多形式、重实效、有保障的原则，积极建构深度与广度与辅导员的能力相匹配的、专业化要求和事业发展相结合的多元职业能力培训机制，科学开展促进能力长效发展的辅导员培训教育模式，以能力提升为导向，以真正通过培训的专业化来推进高校辅导员职业能力的专业化发展，从而推动队伍结构不断优化。

1. 更新培训理念

培训理念是改革培训的先导，它贯穿于培训的全过程，只有在观念上进行改变，在行动上才能落实。高校辅导员职业能力培训一定要紧跟时代的步伐，以问题为导向，遵循科学评价方法，形成正确的辅导员职业能力培训理念，不断满足时代、社会、学生的新的需求，不断把握时代发展的前沿和动态，始终以满足个性化需求为导向、坚持以能力提升为目的，只有这样才能树立开放化、主体化和多样化的培训理念。开放化的理念指辅导员的培训内容应当常变常新，具有时代性和先进性，及时满足社会主义现代化建设实践和高校辅导员职业能力现状的需要；主体化理念旨在发挥辅导员的主体作用，因此培训应当以辅导员的内在需求为切入点，鼓励支持高校辅导员定期培训学习，不断更新自己的知识储备，不断提升自己的专业技能，不断改进自身的工作方法，不断提高自身的工作科学化水平；多样化的理念旨在呼应辅导员个性化发展需要的现实，搭建多样化的培训平台和锻炼平台，注重对不同工作阶段的辅导员进行多层次、多角度培训，以满足其不同层面的需求。

2. 注重培训内容

在更新高校辅导员职业能力培训理念的同时，必须注重管理过程的规范化以及内容的科学设计，具体可以参照高校辅导员职业能力结构模型来设计具有指导性、实用性、针对性的培训内容。从职业能力结构模型看，辅导员的思想政治教育能力处于最重要的地位。从辅导员的培训需求看，其业务能力排第一位。高校要将思想政治能力、业务和科研能力方面的培训综合起来，科学制定培训内容体系，细化培训教育内容模块。具体来说，可以从以下三方面入手：一是要夯实辅导员开展思想政治教育的能力，重点在于帮助辅导员学习、掌握马克思主义思想，提高意识形态工作主导能力、网络话语能力等；二是要不断拓展辅导员业务能力培训，聚焦学生工作的前沿，针对各业务能力开展具体培训课程供辅导员选择，为辅导员提供多元化、菜单式、精准化的培训项目；三是要开展有关辅导员理论研究能力方面的培训工作，针对辅导员的科研能力进行系统的培训、指导，以提高辅导员科研成果的质量，促使科研成果转化为实际应用，形成辅导员科研成果“实践—理论—实践”的良性循环。

3. 改进培训方式

培训方式是培训的实现方法与形式，要将理论逻辑的知识培训和逻辑经验的实践经验交流来开展培训。各地区高校应该优化培养环境，打破学工系统的小循环和教育系统的大循环，根据辅导员的职业能力倾向，在充分利用传统培训方式的基础上，结合现代科学技术，开发出“线上”和“线下”相结合、理论教育和实战训练相结合的多样式培训模式。构建专业化、多样化、层级化的组合拳培训模式，注意不同层级间的衔接与补充，对辅导员履行职责所必需的知识与能力进行设计，并不断实践，既体现培训的阶段性，又体现其整体性。

4. 拓宽培训组织

要利用多样化的培训机构，不断拓宽培训组织。高校应最大限度地汇聚社会资源这个“外力”，共同打造一批产学研联盟的新型辅导员培训基地，以教育系统和社会系统的融合汇聚辅导员培训组织。例如，协同公安局网络安全中心开展网络思想政治教育专题培训，联合高校园区治安办开展学生安全教育工作专题培训，与国际交流协会联合开展辅导员国际视野能力提升专题培训等。

（四）完善评价体系，激发高校辅导员职业发展动力

对辅导员的职业能力进行科学、完善、全面、有效的考核与评价对辅导员的整个工作具有导向、促进、调控、诊断、反馈、激励和优化的作用，并且可以深层次地为高校辅导员明鉴自身职业能力提供标准与依据，是促进辅导员职业工作科学化、系统化的推进器，是使高校辅导员队伍形成积极向上氛围的催化剂。因此，依照能力结构对高校辅导员评价体系进行完善，形成既有内在张力又有发展活力的、以能力结构为基准的综合评价体系势在必行。

1. 坚持评价体系的专业性

建立专业评价标准是一个职业发展成熟的重要标志[①]。首先，要坚持评价体系的专业化、标准化，防止因为个人主观因素而使辅导员工作评价标准模糊化，进而影响辅导员评价体系的有效性和可信度。其次，建立科学有效、丰富专业的评价体系应以职业能力结构模型为基准，始终明确思想政治教育的核心地位，辅以业务能力和发展能力的各项指标。最后，要坚持客观公正的专业原则，从实际出发，实事求是，充分反映辅导员层级职业能力要求，制定具体的能力评价体系，以提升辅导员的职业能力，最终促进辅导员队伍的专业化成长。

2. 坚持评价体系的开放性

首先，改变之前以科研为主的单一考核形式，秉承开放性理念，不断优化评价原则、评价内容、评价方式、评价手段。例如，采用定性评价和定量评价相结合的方式，实现网格化、精细化的管理考核等。其次，对于国家社会中出现的新形势、新媒体的发展、时代的发展及大学生成长成才过程中的新需要，高校要及时了解，调整评价标准，升级评价机制。只有坚持评价体系的开放性，才不会导致辅导员工作评价流于形式，才不会片面反映辅导员的现实工作成绩，才不会偏离评价考核的目的，更不会挫伤广大辅导员与时俱进开展工作的积极性。

---

① 古晶，陈新．专业化视角下高校辅导员评价机制评析 [J]. 教育与职业，2014（23）：83-84.

3. 坚持评价体系的全面性

高校辅导员的工作属性面向教育、管理和服务拓展，因此工作评价必须根据辅导员的工作内容、工作量、工作实效等涵盖全部职业能力的考核，不仅要考核其思想政治素质、业务能力，还要构建以学生为中心的教育、管理、服务等工作业绩考核体系，在测评体系上全面反映辅导员的实际工作成绩，以促进其职业能力提升。要坚持全面性原则，需要把握以下几点：一是要把辅导员工作当作一个整体看待，从整体角度全方位评价其成效，而不能简单地以某一能力的好坏为根据，以偏概全地评价辅导员工作的整体；二是在构建评价体系时，要明确评价体系构建的目标是促进大学生全面发展，统筹好辅导员和大学生两者的关系，以全面的评价体系促进辅导员职业能力与学生全面发展的良性互动；三是要采取区别分析的方法，根据不同地区、不同背景辅导员的实际情况，既看到共同点，又看到差异性，从而有利于个性化地指导辅导员完善自身工作；四是要坚持全方位多元考核，各高校要规范评价执行的监督环节，坚持日常考核和年终考核相结合，力求做到"所有辅导员都要被考核，所带学生都要参与考核"，设定好所有参评人员的话语权重，并规定他们要在严格遵守考评制度的前提下完成自身的考评任务。

4. 坚持评价体系的层级性

在完善辅导员评价体系时，必须充分考虑到辅导员工作的特殊性质和发展特点，建议以能力结构为依据设计分层分类的科学评价体系，分别建构初、中、高三层级高校辅导员评价标准，科学设置三个层级的评价内容、评价标准、评价程序、评价方法等，实行多元化的职务评价方式。坚持层级性原则对消除高校辅导员当中存在的"职业倦怠"现象，进一步促使辅导员在职业价值层面进行突破和实现整个队伍的良性发展具有重要意义。

二、个人能力的优化

（一）主动对接职业能力的新要求，适应新时代发展

1. 提升新时代感召力

中国特色社会主义进入新时代是辅导员工作面临的最大的时代主题，辅导员当有新作为。进入新时代，我国各个领域都呈献出了新变化，多元的社

会思潮暗流涌动，意识形态领域斗争严峻，种种不良观念蜂拥而至，严重影响了大学生的思想，使辅导员在引导大学生坚定中国特色社会主义发展道路的过程中面临极大挑战。面对崭新的时代，在感受到新时代扑面而来的气息的同时，辅导员要时刻牢记习近平提出的“着力增强思想政治教育的时代性和感召力”的精神，立足我国实际，秉承与时俱进的精神，主动把握时代对辅导员提出的新要求和使命担当，勇立时代潮头，切实增强自身的新时代感召力，教育、引导大学生主动适应社会和新时代的发展要求，为大学生筑牢思想防线，把思想政治教育提升到用习近平新时代中国特色社会主义思想武装大学生的战略高度，正确理解新的矛盾转化，鼓励大学生担当起“强国一代”的时代责任。

（1）深化理论武装，提升时代引领力

只有理论上清醒，政治上才能坚定。新时代是高等教育立德树人的历史新方位，辅导员应增强新时代的使命感和责任感，紧扣“培养担当民族复兴大任的时代新人”使命，与新时代同频共振，深化自身理论武装。马克思主义是凝结了几代人智慧的成果，是系统的世界观和方法论，是民族复兴的宝贵理论财富和思想精髓，辅导员要加强马克思主义理论学习的自觉性，并建立终身学习理念。新时代中国特色社会主义思想是新时代思想政治教育工作的理论基础、时代主题和发展遵循的基本理念，赋予了新时代高校辅导员深化理论武装新的内涵和要求。辅导员要深刻领悟这一思想的核心内容和价值意蕴，既要着重学透、学深、学实贯穿其中的马克思主义立场、方法，对大学生进行新思想的宣传和讲授，又要进一步提高理论运用能力，将其中的基本观点研究落实到工作中，正确看待日益复杂的新时代社会热点问题，解决大学生“理论文章看不透，现实时事看不明”的困境，并将中国特色社会主义的伟大成就作为热点，适时对大学生进行科学引导，使大学生坚定道路自信。辅导员只有站在新时代的高度学习新理论，深刻把握大学生成长过程中思想意识的变化，因势利导，感召大学生听党的话、跟党走，教育大学生树立正确的历史观、国家观和共产主义崇高理想，才能引领大学生跟紧时代，融入时代主流，拥有时代的精神动力，培育大学生时代精神，加强“四个自信”建设，引导大学生成为具有历史责任感和时代使命感的、担当民族复兴大任的时代新人。

（2）转变教育观念，培育改革创新精神

国内教育处在科学发展的重要时期，改革创新是新时代高校辅导员提高职业能力的强大动力。提高辅导员时代感召力就要求辅导员顺势而行，紧跟时代步伐，承担动力变革的主体责任，不断更新发展理念，增强改革创新本领，坚持与时俱进的工作方法，把握教书育人规律，提高教育技巧，增强思想政治教育内容的时代性、渗透性、实效性，持续不断地为大学生的成长成才提供“精神力量”，不断开创发展新局面。在新时代，辅导员应站在时代前沿，着眼培养人、开发人、塑造人，主动对接新时代大学生、新媒体的特点，更新思想观念，始终把握改革创新的主导权，只有这样，才能紧跟时代发展步伐，把握时代发展机遇，回应时代主题，才能把大学生培育成适应中国特色社会主义发展过程需要的创新人才。

（3）创新方式手段，凸显思想政治教育的时代感召力

继承是基础，创新是事物发展的本质要求。信息化社会的新发展对思想政治教育的时效性和精确性都提出了挑战，高校在感受到新时代扑面而来的气息的同时，要有创新思想政治教育方式方法的新思路、新作为，真正“因势而新”地将新媒体技术优势转化为辅导员的工作优势。在新时代，思想政治教育活动载体普遍缺少时代感和亲和力，这迫切需要辅导员在传承传统优秀方式手段基础上，积极适应新媒体技术的发展，与时俱进、贴近时代、吐故纳新，学习新知识和技术，创新具有新时代特色的网络思想政治内容和形式，使思想政治教育工作方法真正接地气、入人心。以网络思想政治教育为例，辅导员要发挥“两微一端”等网络载体优势，促进“线上＋线下”的良性互动，积极主动介入网络空间领域，把握“互联网＋教育”这一线上活动的宣传优势，不仅重“形”，还要重“魂”，开拓具有时代气息、大学生喜闻乐见、丰富多彩的思想政治教育活动，从而占领意识形态斗争的主导权，在多元的价值取向中树立主流价值引导。比如，广大辅导员要结合传统线下教育平台的优势，如课堂主阵地、校园文化活动，并将其与线上网络意识形态教育高度融合，从而提升思想政治教育的针对性和实效性。辅导员要善于运用现代化手段建立网络平台与大学生进行各种形式的交流与讨论，如通过微信、微博、QQ 等大学生喜闻乐见的形式搭建正面舆论宣传平台，建立微信公众号传播党的声音，分析当前的时代热点事件，把握网络舆论走向，循序渐进地引导大学生树立主流意识形态观，形成积极的舆论环境，发挥互动的教育优势等，这样的意识形态工作方式更加具有时代性和吸引力，增强了对大学生的时代感召力。

（4）重塑话语体系，增强思想政治教育对话的时代性

面对新时代复杂的思想政治教育环境，辅导员的话语体系只有不断调试并保持高度的时效性，才能够提升思想政治教育对话的时代性、亲和性和说

服力，才能使理论教育宣传内容入脑入心。辅导员话语体系是指辅导员在思想政治教育过程中通过沟通、交往、宣传、描述、评价等活动，以达到一定思想政治教育目的的言语符号系统[①]。辅导员话语体系与国家意识形态相关的主流话语体系紧密相连，从本质上讲就是思想政治教育话语过程，承担着宣传党的主流意识形态和价值观，对主流话语形态进行辩护、引导、规范和实现教育目标的作用。中国特色社会主义进入了新时代，随着社会主要矛盾的变化，高校要抓住契机重塑辅导员话语体系，增强思想政治教育对话的时代性，不断增强工作的艺术性，从而彰显新时代高校思想政治教育的新风貌。因此，辅导员要做到以下几点：一是话语体系理念创新。话语体系创新并非一定要求新求异，而是辅导员要树立尊重大学生主体性、师生平等性与思想政治教育对话生活性的话语理念，并且要吐故纳新，体现时代气息。只有这样，才能使思想政治教育工作更贴近生活。二是话语体系内容创新。辅导员要顺应日新月异的时代潮流，结合新时代、新征程、新起点对思想政治教育内容重新进行阐释，从而教育、引导学生树立“四个正确认识”并正确认识新的矛盾转化，化解矛盾。三是话语体系载体重组。有效运用载体是提升主流价值观话语权的关键环节[②]，因此辅导员要把握好新媒体技术这个载体，提升新时代主流意识形态话语权，把握发力点，不断吸纳并合理使用网络话语的元素、规则和新词汇，主动占领网络舆论阵地，在潜移默化中引导学生牢固树立“四个正确认识”。四是话语体系语言方式的转变。在学生教育管理服务的过程中，辅导员可以增强自身适应新时代中国特色社会主义发展要求的话语能力，用讲故事、举实例、摆事实等接地气的语言方式与学生平等对话，使思想政治教育工作更贴近学生，从而达到润物无声的育人效果。

2. 提高美好精神生活引导力

新时代社会主要矛盾的变化赋予了高校辅导员职业能力新的内涵，即要求高校辅导员具备美好精神生活引导能力。随着时代的变化，大学生对美好精神生活需求的向往也开始与时俱进，已不再仅满足于简单的精神丰富，还出现了许多新特点。因此，辅导员要主动对接新时代辅导员职业能力的新要求，注重提升美好精神生活引导能力，满足大学生对美好精神的需求。以

① 苏兰，桂国祥.新时代辅导员话语体系的解构与重塑[J].思想政治教育研究，2018，34（3）：153-156.

② 李琳.高校辅导员职业能力内涵与提升路径探析[J].思想教育研究，2015（3）：105-107.

人为本的需求动力是提高辅导员职业能力的关键，辅导员若想满足大学生的理想信念、多元文化、人生态度等可持续性的良性精神需求，就要合理利用需求驱动开展思想政治教育工作，这对夯实大学生精神生活基础和促进社会主义精神文明建设蓬勃开展都具有重大的实践意义。因此，辅导员要尽力满足大学生日益增长的美好精神生活需求，着力建构自身美好精神生活引导能力。

（二）聚合能力要素，全面提升自身能力基础

能力要素是能力结构模型的基本构成，聚合能力要素的整体系统功能有利于进一步优化能力结构。以能力结构为基准，高校辅导员应具备较强的新媒体运用、学生事务管理、意识形态领导、自我提升等能力，这些能力的合理聚合是塑造职业优势和促进职业能力发展的基础，是辅导员实现职业化和专家化可持续性发展的关键，也是辅导员夯实职业能力基础、增强底蕴的需要。

1. 高校辅导员能力要素形成

由知识、实践向能力的多重转化是高校辅导员能力元素形成的一条重要路径[①]。工作职责的繁杂化要求高校辅导员具备完善的知识结构、扎实的职业能力。实践活动是知识向能力转化的中介环节，因此参照职业能力结构模型的要求，辅导员要系统掌握专业知识和职业理论，以发展的眼光有针对性地丰富和更新自身知识储备，整合、调整并优化个人知识体系，发展自身的理论思维，注重将知识融入实践并不断整合，以自身不断整合的优势职业能力和知识体系的学理性、系统性、完整性、科学性与层次性实现职业能力质的飞跃。

2. 高校辅导员能力要素整合

要素与要素、要素与系统之间都具有紧密联系，高校辅导员职业能力结构是一个完整的系统，具有整体性、相关性、稳定性等特征。整合高校辅导员能力元素，即辅导员个人遵循能力要素间的排列逻辑，依据自身职业能力的发展目标，发挥自身能动作用，认清各个能力要素的性质地位，有策

① 覃吉春，王静萍. 高校辅导员职业能力结构与提升路径[J]. 思想理论教育导刊，2018(2)：145-148.

略、有步骤地对自身能力要素进行训练强化，以系统论观点为指导，形成立体式的整合方法，不断把自身的职业能力体系当作一个有机整体加以改善。因此，高校辅导员必须抓准核心能力，提升业务能力，同时不断提升发展能力，不断融合、实践、内化自身的各种能力，发挥最大的运行效力，从而使自身的职业能力更加全面、职业生涯更加美好。

（三）把握各种交流平台，提高自身育人管理能力

开放化的能力结构能促进辅导员的职业能力不断完备化。思想交流可产生情感共鸣和智慧碰撞，所以通过一次次开诚布公的交流，辅导员必将产生新的理念和思想，并绽放异彩。因此，开放化的能力结构要求辅导员具备强烈的交流意识，以交流平台为依托，加强对相关信息的把控。高校辅导员应当从以下三方面加强信息交流。

1. 加强与大学生之间的交流

学生思想的动态性、多样性、差异性要求辅导员加强与大学生的沟通，只有这样，辅导员才能了解大学生的所思、所想、所需，才能直接引导学生并从学生身上学到东西，最终更好地借由教育实践适应大学生的变化与发展，而这也是辅导员提升自身能力的过程。辅导员要利用一切与学生接触的机会进行思想碰撞，不断了解学生的发展现状和特点，且必须及时更新知识、理论、技能，努力研究和探索学生学习、发展的规律，使工作富有成效；辅导员应创造交流机会，如紧跟时代的步伐，学会借助载体，创办个人微信公众号，传播最前沿的教育理念并加强与学生的互动。

2. 加强高校辅导员之间的沟通共享交流

人与人之间的能力类型具有差异性，每个人的能力结构组合方式不同，因此相互交流沟通是他们职业能力提升的催化剂。辅导员要博采众长，加强与同行之间的交流，这样不但可以增加专业成长的机会，使个人的成就被更广阔的社会圈子所认同，而且随着辅导员专业意识、职业意识的提高和交流的增加，能发生思想和理论观点的碰撞，从而进一步深化个体能力间的优势互补，促使辅导员个体广泛吸取众人能力之长，从善如流，弃自身能力之短，形成浓厚的反思氛围。同时，辅导员要虚怀若谷，积极向专家请教，积极参与不同高校、不同岗位间的实践锻炼，积极参加国内乃至国际学生工作短期考察，认真备战辅导员职业能力大赛，创造条件积极参加高校学生工作

论坛等学术平台的交流活动，从而在不断交流共享中对自身的职业能力有更加深刻和直观的认识，明确自身能力的短板并不断补齐，使自身职业能力得以持续提升。

3. 加强与社会的交流

大学生思想政治教育作为社会大系统中的一个子系统，具有突出的实践性，必然会受到社会大系统中其他因素的影响[①]，辅导员要保持开放的状态，不断积极参加社会调研，紧密关注社会发展趋势，在实践中增加阅历，了解国情、民情、社情，增强对社会现实问题的阐释能力和解决实际问题的能力。只有这样，才能增强大学生的社会责任感和历史使命感。同时，辅导员要敢于到更宽阔的社会大环境中进行历练，通过自身与社会间的双向流动得到源源不断的灵感，从而为自己注入新鲜的血液，促进工作创新发展。尤其在信息时代，高校辅导员的工作要取得实效，其就要具备强烈的信息意识，注意思想政治教育外部环境的变化，善于进行信息交流并为知识共享创造条件，做到因势而新，并通过各种渠道、各种途径、各种方式有目的地加强与外部社会的交流和接触，辐射带动更多的辅导员同行积极投身社会实践。

（四）提高发展能力，跨越职业高原期

以辅导员职业能力结构模型为基准要求辅导员在注重核心能力和业务能力双能力的同时，加强理论和实践创新，保持职业能力的发展性，有利于其获得具有辐射性和带动性的科研成果，在实现自我由经验型向研究型转变的同时，带动辅导员队伍水平的提升。

1. 辅导员应树立主动学习和终身学习的理念，确立职业化发展理想

辅导员的自我教育是获得知识和技能的重要途径，也是优化自身职业能力结构必不可少的途径。职业能力是一个发展的动态范畴，辅导员要意识到自身是专业化发展的主体，要有坚定职业化发展的内在动力，具有坚定的专业发展意识和自觉性，进而树立终身学习的理念，不断更新、巩固知识内存并掌握前沿的教育理念，以为自身专业化发展提供不竭动力。一方面，辅导员可以对比高校辅导员职业能力结构模型，查找自身的不足，反思自身的教育理念和行为，从而明确自身学习和努力的方向，形成深厚的专业积淀，精

① 费萍．高校辅导员职业能力培养论析 [J]. 教育评论，2015（5）：76-78.

准培养和发展自身的专项能力，努力保持职业能力的发展性。辅导员要在学习过程中确定职业目标，经过一个长期的自我修养与锻炼过程，形成自身的核心优势能力，实现职业的可持续创新发展。另一方面，辅导员要根据时代发展以及实际工作的需要，通过在职攻读思想政治教育专业硕士、博士学位巩固并完善自身专业知识体系，不断适应新时代教育环境和大学生特点的变化。

2. 辅导员要努力提升实践与研究方面的能力，实现专家化发展目标

理论在辅导员实际工作中的助推器和催化剂作用远未发挥，而且科研能力是新时代高校辅导员职业能力中的一个薄弱环节。高校辅导员的理论素养水平同辅导员自身的胸襟和眼界、经典著作的阅读量、对理论研究进展的关注度等密切相关[①]。因此，一方面，辅导员应基于自己的知识专长和客观的自我认知，明确职业能力培养方向，在自己有兴趣的专业领域纵向发展，重点提升岗位胜任力，从辅导员的职业能力中选取思想政治教育、心理辅导员、学生事务管理等不同方向的某一专业领域开展持续、深入的理论研究，通过参加基本的科研训练、加入学术研究团队、参与思想政治教育领域的学术会提高基本的科研水平，在研究过程中促进自身实践工作能力提升。另一方面，辅导员应该增强科研实践自觉性。学术科研能力并非与生俱来，而是人们在学习过程中通过有目的的训练获得的，因此辅导员要自觉关注党和学术界最新的理论研究成果，在国家政策和平台的大力支持下承担更为复杂、宏观的任务，走专业化发展道路，从而成为辅导员科学研究领域中获得其他专业人士尊重的有影响力的专家、学者。比如，通过申请科研课题、研究工作案例、撰写调查报告等都是辅导员提高科研能力的有效途径。

3. 辅导员要科学规划个人职业生涯，谋划人生发展的阶梯

高校辅导员职业能力结构模型为辅导员指明了工作方向，高校辅导员要以此为基准，确定精准的专业定位和职业生涯规划，以谋求职业发展。辅导员要审时度势，树立正确的发展目标，有步骤地进行岗位相关的理论学习和实践探索，进而提升自身职业能力，最终实现自身能力结构层级化跳跃。首先，全面科学的自我认知是增强辅导员职业认同感的前提。辅导员要从个人的能力、兴趣、潜能、职业发展需要多个维度全面客观地进行自我认

① 刘建军. 辅导员如何提升理论素养 [J]. 高校辅导员，2014（4）：3-7.

知分析，并评估自身的能力倾向。其次，辅导员要在科学客观的自我分析基础上，根据对外部环境的分析，结合自身在实际工作过程中的经验，明确职业发展方向，储备相应的宽口径知识，充分锻炼各发展阶段的能力，扬长避短，全面提升自身的职业能力。最后，辅导员要确立具体与阶段性的发展目标。辅导员要制订个性化的个人成长学习规划，发挥在业务能力方面的优势，开拓工作新思路和新方法，借助辅导员双线晋升政策的实施，不断明确自身的专业化成长方向，向某一领域纵深探索研究，从而实现自身发展。

第六章　高校辅导员综合素养的提升

第一节　高校辅导员个人魅力的提升

高校辅导员作为开展大学生思想政治教育的骨干力量，在整个高校思想政治教育体系中扮演着极其重要的角色，担负着重大使命。辅导员的一言一行都会对学生产生一定的影响，而辅导员具有的感召力和吸引力作为自身魅力，可以对学生起到良好的引导作用。所以，辅导员个人魅力的发挥关系着思想政治教育的效果，提升高校辅导员的个人魅力也就成了提升高校思想政治教育实效性的关键环节。

一、完善自我修养以提升品格魅力

（一）明确自我认知

高校辅导员要提升自己的品格魅力要先对自己有一个明确的认知，知道自己的优势和劣势，从而确定自己能否胜任高校辅导员的工作。如果缺乏自我认知，没有明确的目标，看不清自己的能力，辅导员就可能无法寻求工作和生活之间的平衡，也就无法发现工作的乐趣。

高校辅导员要明确自我认知，除了对自己的能力有一个明确的认识之外，还要对自己所从事的工作有一个正确的认识。高校辅导员作为高校思想政治教育工作中的中坚力量，不仅要传达党的各项主张思想，还要重视学生日常管理，深入学生内部，做他们的良师益友。辅导员工作并不是由琐碎小事构成的毫无含金量的工作，相反，因为每一次的讲评与年级会都是辅导员的课堂，每次关于传统文化、职业规划、求职技巧的讲授都是辅导员负责的课程，哪一门都是专业，哪一项都是学问，一个话题延伸为一个专题，一个专题延伸到一门课程，一门课程吸引学生的加入，所以辅导员工作是一件具有较高含金量的工作，不是单纯的打杂。辅导员从事这一工作的初衷不是为了个人荣誉，不是将其当作晋升的跳板，也不是为了赢得别人赞扬，而是源于对学生无私的爱，是在工作中实现自身价值的一份坚守。

（二）增强关爱意识

高校辅导员要提高自己的魅力，尊重与关爱学生是其必须具备的素质。辅导员要做到关爱学生，必须先做到尊重学生，真正树立平等的思想。每个学生都有自己的权利和尊严，更有自己的思想、情感和需要，他们需要辅导员的尊重、爱护与帮助，而高校辅导员真正尊重学生，就应该尊重他们的人格、思想、权利、个性。

在日常工作中，辅导员要坚持平等的态度、民主的作风和公正的处事风格，放下身段，多一点微笑，少一点架子，无论对学生的入党问题还是荣誉奖励，都应该有公平公正的标准，征求学生的意见与建议，并接受学生的监督，而不是自己单独做决定，这样才有利于维护集体的稳定和学生的权利，受到学生的信任与尊敬。另外，辅导员对学生的关爱要体现在生活的方方面面，可以是心有灵犀的会心一笑，可以是润物细无声的贴心关怀，可以是困惑彷徨时的推心置腹，也可以是挫折背后的倾心相助。高校辅导员只有由心而发地关爱学生才能真正打动学生的心。日常小事当中更能体现出对学生的关心，如经常性地深入课堂，与学生一起听课，了解学生的学习情况；深入学生宿舍，与学生聊聊家常，了解学生的生活情况；深入学生食堂，与学生一起进餐，了解学生的伙食情况。在深入贴近学生的过程中，辅导员应做到以下几点：一是要重点关注家庭经济困难的学生、学习成绩落后的学生、思想与心理存在问题的学生以及单亲家庭或者家庭发生重大变故的学生，真心实意地关心他们、爱护他们、帮助他们，努力为他们排忧解难；二是要关注不同年级、不同阶段、不同特点的学生的不同需求，而且对新生要给予更多学习与生活上的指导，对临近毕业的学生则更多给予求职就业方面的指导。辅导员只有尊重学生，由心而发地关爱学生，扎扎实实为学生办好事、办实事，才能真正走进学生心里，成为他们的良师益友，进而增加自身的吸引力，使自身魅力也得以提升。

（三）提升公平意识

高校辅导员是高校思想政治工作的骨干力量，承担着帮助学生成长成才的重大责任。随着教育事业的不断发展，高校辅导员的角色也从单一的政治引路人转变成了学生成长发展过程中的良师益友，集教育者、管理者、服务者、协调者和研究者等角色于一体。因此，高校辅导员能否得到学生的认可与信任是其能否有效开展思想政治教育工作的决定性条件。

提升高校辅导员的公正意识十分重要。首先，高校辅导员应该把每一个学生都当成自己的亲人看待。无论学生家庭情况是富有还是贫穷，无论其与自己的关系是近还是远，辅导员都应该做到一视同仁而不是区别对待。其次，高校辅导员要尊重每个学生的个性。家庭环境以及生活情况的不同造就了学生不同的个性特征，所以并不是所有的学生都会痴迷学习，也不是所有不学习的学生都是不务正业，他们每个人都有自己的个性特征，需要高校辅导员给予他们充分的信任，并对他们进行发掘、塑造，而不是只关注那些成绩优异的学生。最后，进行班级各项评优评比时要做到公平公正。助学金能给予贫困的学生一份希望，因此辅导员应该深入调查与了解学生的情况，避免道听途说或受私人感情的影响。另外，在奖学金评定时也要按照统一的标准进行筛选与排序，做到让所有学生心服口服。

二、广泛涉猎研究以提升学识魅力

（一）丰富知识储备

高校辅导员的学识魅力体现在辅导员渊博的学识之中，而不断丰富自己的知识储备是具备渊博学识的必经之路。辅导员工作的复杂性和多面性要求每位辅导员都要掌握各个方面的理论知识，因此高校辅导员在平时应先该做到的便是多读，通过阅读的形式开阔自己的视野，进而充实、丰富自己的知识，这样在工作过程中或者与学生谈话时才不至于平铺直叙，枯燥无味，而是做到娓娓道来，令人信服，且学生会对这样的辅导员增强好感度和信任度。多读书不仅是增长知识的途径，还是具备积极生活态度的表现，因此高校辅导员在熟悉掌握基本的思想政治教育学理论知识等专业知识之外，还要多读心理学以及职业规划等方面的书籍，及时补充知识缺口。对于辅导员而言，无论传统的四书五经还是享誉中外的经典名著，只要选择得当开卷即有益。具体来说，不仅对辅导员的工作有很大的帮助，还能提升其气质，进而展示其魅力。与此同时，时代的发展让现在的知识更新速度日益加快，高校辅导员要想丰富自己的知识储备，除了要掌握全面的理论知识之外，还要及时更新自己的知识储备库，时刻关注国家新的理论方针与政策，随着时代的变化而改变，一成不变或者因循守旧最终都会跟不上知识发展的潮流。高校辅导员作为学校党政干部的后备军，更要养成读书学习的好习惯。辅导员在工作中获得的是经验，而理论学习是赋予工作实践的有力武器，辅导员只有不断地学习和更新知识，提高自身学识魅力，才能更好地适应工作需要。

（二）优化知识储备

当下高校辅导员掌握的专业知识都比较扎实，但对其他领域内的理论知识掌握不足，这就要求高校辅导员在平时不仅要学习思想政治教育专业的基本理论、基本知识和基本方法，还要学习经济、文化、法律、科技、管理、历史等方面的知识，加强教育管理理论以及教育法规等知识的学习。不懂教育管理学知识，就不能担当起建设世界一流大学的重任；不懂经济学和现代科技，就不能担当起推进高校高新技术产业化的重任；不懂历史和文学，就不能担当起推进高校学生高素质教育的重任。因此，高校辅导员要优化自己的知识结构，广泛涉猎研究，实现学识的均衡发展。同时，高校辅导员要懂得自我总结和反思，因为书本上的理论始终是他人的思想表达，只有真正将知识内化到自己心中变为自己的智慧，才能产生效果。这就需要高校辅导员之间能够互相交流想法，将自己内化后的思想与知识表达出来，相互借鉴、相互批评，以对知识有一个扎实而全面的掌握。总之，国家对高校辅导员需要掌握的职业知识有一个全面的阐释，高校辅导员要以此为目标，优化自己的知识结构，掌握各方面的知识，同时竭尽所能地将掌握的知识内化为自己的工作智慧，将基础知识、专业知识和法律法规知识同马克思主义理论紧密结合起来，同辅导员的工作实践紧密结合起来，同高校学生的实际情况紧密结合起来，同时代发展的潮流紧密结合起来，以积极主动的态度虚心学习，提升自身的学识魅力。

（三）巩固实践知识

如果将辅导员应具备的知识比作一座冰山，那么理论知识只是露在水面的部分，实践知识则是以内隐形态深藏在知识冰山的下部，是辅导员学识魅力发展的支撑。高校辅导员只有将掌握的理论知识应用于实践之中才算真正完成了一次知识的传递。在实践过程中总结的经验便是高校辅导员以后工作的一笔宝贵财富。高校辅导员要想获得丰富的实践知识，就应该在工作中深入实际，在实践中接受锻炼和培养，在实践中发现自己的长处和不足，在实践中磨砺自己、丰富自己、发展自己、培养自己。比如，在工作中有意识地进行调查研究，全面了解学校各个部门的基本情况以及学生的实际状况；有意识地对学生进行一些心理辅导，将学到的心理学理论运用到实际工作中；

主动承担一些会议主持、教师培训等工作；参与关于职业规划的讲座，在此类工作中总结学到的经验，从而不断提升自己的实践知识掌握程度。

三、加强综合锻炼以提升才能魅力

（一）积极参加培训

高校辅导员培训是提升辅导员工作能力的重要途径，辅导员积极参加培训不仅能够获得新思想和新方法，还能够对以后的工作起到指导作用，推进其才能魅力的提升。对于刚入职的高校辅导员来说，岗前培训具有重要的作用。辅导员在参与岗前培训时应该认真对待，及时做好培训笔记，了解辅导员工作应该具备的素质与能力，以及作为高校辅导员所承担的职责，及时提出自己的疑惑。在培训时，辅导员只有重点关注自己欠缺的能力以及自我提升方法，做到心中有数，才能在以后的工作实践中减少错误。对于工作了一段时间之后的辅导员来说，培训也相当重要，因为辅导员经验丰富并不代表其就能够解决所有的问题。社会在发展，学生也呈现出新的特点，积极参加培训是了解最新政策动态以及学生实际特点的有效途径。经验丰富的辅导员可以在培训过程中与大家分享自身经历的案例，提升沟通交流能力；可以针对当前培训存在的问题出谋划策，提升解决问题的能力；可以对培训形式提出想法，提升自己的创新能力。另外，高校辅导员也要根据自己的实际情况做出明智的判断与选择，如自己在科研能力方面存在不足，就要多参与针对研究能力提升的讲座或者培训，做到积极参与、慎重对待。无论年轻辅导员还是年长的辅导员，认真参与培训对提升自己的才能魅力都具有不可或缺的作用。

（二）汲取工作经验

高校辅导员作为维护高校和社会稳定、保证高等教育事业持续健康发展的重要力量，担负着培养社会主义合格建设者和可靠接班人的重要职责，其才能魅力的发挥和提升在辅导员工作中占据重要位置，所以要想提升自己各个方面的才能，辅导员需要自己主动汲取工作经验。汲取工作经验分为两个方面：一是要汲取自身工作经验。高校辅导员在工作过程中要善于总结经典案例，不断反思自己的不足，将自己的规划和目标与学生的实际结合起来，在工作中积累经验并灵活运用，提升自己的能力。二是要汲取他人的经验。当今时代各个学科、各个门类存在交叉，高校内部各个职能部门也存在着千丝万缕的联系，同时在浩如烟海的知识面前，一个人的力量显得异常渺小，而且辅导员工作不是一个人就能完成的，需要与他人进行合作，发挥团队精神。正所谓“三人行，必有我师焉，择其善者而从之，其不善者而改之”，经验丰富的辅导员要在年轻辅导员那里寻求激情与创新的力量，刚入职的辅导员更要从其他辅导员那里汲取宝贵的经验，用于自己的日常工作。辅导员要做到主动帮助他人，充分通过辅导员论坛、辅导员协会、辅导员沙龙、辅导员研讨会等合作平台，适当利用辅导员结对子帮扶、心得交流、制度研讨等形式积极求教经验丰富的辅导员，深入学习他们的先进事迹，研究具体可行的工作方法并借鉴行之有效的规章制度，探索思想政治教育工作的规律性和科学性，结合自身实际、学生发展需要和学校发展情况采取行之有效的教育方式，全面推进大学生管理和教育方法的创新，使自身的理论水平和管理服务能力上升到一个新台阶。

（三）完善科研创新

高校辅导员只有掌握各个方面的能力，才能在实际工作中做到游刃有余，其中科研能力和创新能力的掌握尤为重要。首先，高校辅导员不仅要管理好学生，还要承担教育科研的任务与责任。辅导员队伍的专业化不仅要求高校辅导员成为大学生思想政治教育的专业型人才，还要求其向专家型方向发展，而这要求辅导员不断提高自己的科研能力与创新能力。辅导员工作在高校管理与服务的第一线，与学生有直接并密切的联系，因此辅导员要想提升自身的科研能力，让自己更有魅力，就要多与学生交流，秉承贴近生活、贴近实际、贴近学生的“三贴近”原则，真正踏踏实实弯下腰深入学生群体当中，全面了解学生的想法以及面临的问题，也只有这样，其才能掌握第一手的资料，为科研成果的形成奠定良好的基础。其次，高校辅导员要注重平时的积累，通过撰写工作日志、生活日记以及工作总结等方式积累丰富的实例材料与文字资料，并将这些材料进行分类归纳，进而提升材料的针对性与有效性。最后，辅导员可以对这些自身在平时的工作中积累的资料和实践经验进行分析与总结，以获取一定的理论成果，并在已有成果基础上联系实际工作中出现的新情况、新问题进行创新探究。

四、勤于沟通交流提升语言魅力

（一）创设交流平台

语言的魅力只有通过沟通才能真正体现，高校辅导员要尽可能创设与学生交流的机会，在交流中取长补短。高校辅导员不要把与学生之间的谈话或者沟通当成一种被动的教育任务，而要把其当作与学生之间的平等对话。具体交流方式多种多样，可以是一次推心置腹的谈心，辅导员在交谈过程中或了解学生遇到的困难，或解除各种各样的误会，或对学生心理问题进行开导，当然也可以是一次操场边的散步、偶然相遇的几句悄悄话、给学生的一封信、一句鼓励的话语等，各种各样的形式均可以运用到高校辅导员的沟通实践中。真诚的语气、温馨的话语以及鼓励的眼神都能够展示出辅导员对学生的关心与呵护，同时辅导员在不断交流的过程中锻炼了自己的语言，使自己能够做到言之有物、言之动情、言之有理，进而很快走进学生心里，真正成为学生的知心朋友。辅导员带着一颗爱心与学生沟通与交流，学生也会视这样的辅导员为朋友、亲人，从而愿意接受教导。双方在沟通过程中可以增进了解，建立感情，进而更加有利于辅导员个人魅力的发挥和提升。

（二）丰富语言储备

高校辅导员的语言是否具有吸引力和感染力，是否具有强烈的说服力，是否丰富多彩，在很大程度上取决于高校辅导员的语言储备是否充裕，而要丰富自己的语言储备离不开平时的阅读与学习。无论是在卷帙浩繁的文化典籍中，还是在普通平凡的生活中，都蕴藏着极为丰富的语言资源，高校辅导员要善于利用和开发这些语言宝库，而无论前人的文学著作还是源于现实生活的语言资源，都是高校辅导员汲取语言养分的重要载体。高校辅导员既要向书本学习，又要向生活学习，汲取语言精华并内化于心，日积月累以避免语言的贫乏与平庸。另外，随着互联网资源的普及以及网络思想政治教育的发展，一些网络语言也成了学生喜闻乐见的语言形式，高校辅导员若是在与学生沟通过程中掌握了学生喜爱的网络流行语，就能够在一定程度上增强语言的鲜活性，甚至给学生一种眼前一亮、耳目一新的感觉，提高沟通的效率，进而达到交流教育的目的。辅导员只有全面掌握各类语言，博闻强识，才能提高自己驾驭语言的能力，才能在具体工作中真正做到说理透彻、言之有物、言之有味。

（三）掌握语言技巧

高校辅导员在工作中运用适当的语言技巧会达到事半功倍的效果。首先，在与学生进行交流时要明确沟通的目的，如果是为了排解学生心中的苦闷或压力，那么着重无声的语言，也就是倾听的力量，即辅导员要想了解学生的内心想法，解决问题，就要学会做一个良好的倾听者。当然，学会倾听也不是闭口不言，而是要在倾听的过程中与学生进行适当的眼神或者是肢体上的交流，让学生感觉到辅导员在真诚地倾听他们的烦恼，进而使学生更完整、更深入地倾诉，以更加有利于问题的解决。其次，高校辅导员与学生的沟通不只是帮助学生排忧解难，有很大一部分是对学生做错事的批评，虽然在交流中应多运用鼓励性的语言，但批评也是不可或缺的。高校辅导员在进行批评教育时要应用适当的语言技巧，浅尝辄止或者过犹不及都不能很好地达到批评的目的，而且要学会换位思考，将心比心，建立一个平等的交流平台，拉近彼此的距离，从而排除辅导员身份上的压制性。最后，幽默的语言在批评教育时发挥着重要的作用，因为幽默的语言既可以缓解批评时沉闷、严肃的氛围，又能够促使学生认识到自身错误进而改正。高校辅导员语言技巧的掌握也不是一朝一夕的事，其要在工作中不断地探索和训练，不断地积累和实践，因为只有坚持不懈，才能真正提升自己的语言魅力。

第二节　高校辅导员与学生沟通有效性的提升

辅导员身兼教育者、服务者、管理者多种角色，其工作内容涵盖大学生学习、生活的各个方面，且每项工作内容都离不开与学生的沟通互动。不同的工作内容产生不同的沟通情境，而在不同沟通情境下，双方期望的沟通目标各有侧重。为了达到不同的沟通目标，辅导员应采取侧重点不同的沟通举措。下面逐一针对不同情境中的沟通提出建议和措施，以期在实际工作中提升辅导员与学生沟通的有效性。

一、处理思想政治类问题的有效沟通措施

辅导员工作的首要任务是对学生的思想观念和政治观点进行引导，这也是辅导员与学生沟通内容的重中之重。辅导员在学生工作中面对的思想政治类问题包括学生的世界观、人生观、价值观的引导和道德观、政治观、法治观的树立等。由于思想政治类问题属于原则性较强的问题，在处理此类问题的沟通中，观点一致与行为引导是主要目标，因此辅导员应注意以下几点。

（一）全面倾听和分析学生关切

沟通中的倾听与分析是辅导员处理思想问题的第一步。由于思想是一

种精神现象，思想政治问题一般不会外显。要想发现现存的或是潜在的思想政治问题，辅导员需要先做好“倾听”工作。辅导员倾听的过程既是信息收集的过程，又是获得学生信任、建立情感的过程。要使获取的信息全面且深入，辅导员“倾听”需深入学生，在与学生的日常谈话中仔细听取学生的观点和想法，充分掌握学生的思想动态。在发现问题或问题外显之后，辅导员应针对问题与学生进行单独沟通以深入了解学生的思想状态，并与学生联系密切的其他学生沟通以全面分析问题。要在倾听过程中建立信任的桥梁，辅导员在倾听中应保持真诚的态度，认真对待学生的每种想法，在尊重学生的同时获得学生的信任，从而使学生愿意与辅导员分享自己的观点。在了解问题之后，更重要的工作是“分析”。思想是一个复杂的系统，学生思想问题的背后往往蕴藏着复杂的原因，与学生长期所处的社会环境与学习生活环境有着不可分割的联系。在分析这类沟通问题时，辅导员要注意以下几点：一是要进行性质和程度分析，界定事件属于个别性事件还是群体性事件，是倾向性问题还是已定型问题，是轻微型还是严重型。二是要进行原因探析，在沟通中注意获取背景信息，并将信息整合对比，在复杂问题中找出关键矛盾，而政治立场、相关利益、信仰、认知能力、家庭生活等都可能是引发思想政治问题的因素。三是趋向分析，包括在沟通中分析不良思想观念是否会产生性质变化、是否会进一步扩散“传染”、相关问题的缓急程度、是长期积淀或是偶然爆发等。四是学生情况分析，即分析学生的现实需要、兴趣点、个人情况等，以便针对性地进行沟通。

（二）以思想观念与政治观点引导为主要沟通内容

大学生群体是青年人中的精英群体，具有思维活跃、关注时事的优势。但在当前涌动变换的世界思潮下，由于大学生思维求新求变、易受影响，所以其思想形成过程中经常出现偏离、反复、曲折发展的情况。辅导员在思想政治类问题的沟通中要重视与学生有关思想观念与政治观点的交流，深化针对重要思想政治类问题的沟通引导，加强对大学生的价值引领。在沟通中，辅导员可以抓住时事契机，与学生讨论当前社会政治热点，融入思想引导；通过价值辨析，帮助学生掌握正确的政治观点，以加强学生的政治信仰；澄清理论误区与盲点，提升学生的政治理论素养；围绕不同的主题，开展对谈沟通，强化学生的爱国、诚信、法治、友善等思想品质，以便在大学生中落实社会主义核心价值观。

（三）针对学生思想困惑和矛盾充分交流并循循善诱

学生的思想政治类问题一般都是学生存在思想困惑或其思想与主流价值观偏差违背的问题。在倾听和分析学生思想困惑和矛盾基础上，辅导员应针对矛盾点，与学生充分交流。思想政治类问题一般与思想理论、政治观点、道德观念相联系，与人的思维能力、思维方式、认识能力等理性因素相关。因此，在这类问题上，针对问题症结，循循善诱以寻求学生的理性认同是沟通解决问题的关键。其中，说理式沟通是激发学生理性认同感的有效方式之一。辅导员可采用的说理方式有以下几种：一为渐进式说理，即从浅到深、由表及里，一步一步地剖析问题；二为分头说理，即将问题分成几个模块，并分别把每一个模块的道理讲透；三为迂回式说理，即对难以直言、容易弄僵的问题，可以先谈论其他相关的事情，由此及彼，触类旁通，从而使学生顿然醒悟；四为就事说理，即在讲典型故事、叙事的过程中使学生辩明事理；五为情理结合，即动之以情，晓之以理①。在说理之前，辅导员应认真准备，切忌夸夸其谈。在沟通过程中，辅导员应在开放的氛围中与学生讨论，允许学生质疑与争辩，启发学生思考，从而使真理越辩越明、越想越透。

（四）重视发挥教师在沟通中的影响力

政治性是思想政治类沟通与其他沟通的根本区别。在针对思想政治类问题的沟通中，辅导员必须充分发挥自己在沟通中的影响力。一方面，在沟通方向的掌握上，辅导员应始终掌握沟通中思想的走向，坚守沟通中教育者的基本角色。辅导员与学生的沟通是一种双方平等的交流活动，但是这并不意味着辅导员教育地位的丧失，尤其是在思想政治类问题的沟通中。另一方面，在沟通内容上，辅导员应以社会政治制度和国家政策为基础，坚持一定的意识形态和主流价值观的政治方向引导，以把握沟通的性质和方向。在我国，辅导员针对学生思想进行引导沟通的政治方向在于始终坚持社会主义性质和方向，以马克思主义理论为核心，坚持社会主义核心价值观的指导。

（五）个体沟通与群体沟通相结合

由于思想的易传播性，不良的思想观念经常会在学生群体中产生一定范围的显性或隐性影响。因此，个体沟通并不能满足思想政治类问题的沟通

① 王娟.思想政治教育沟通研究[M].北京：中国社会科学出版社，2011：173-174.

需要，辅导员应将个体沟通与群体沟通结合起来，以使沟通效果影响更加全面。该思想问题属于一定范围内的群体共性问题或是潜在的问题。在日常预防教育中，辅导员可以采用群体沟通的方式，这样既能提高沟通的效率，又不容易引起学生的抵触心理。比如，在对学生进行爱国主义教育、诚信教育、法治观教育等日常思想政治教育活动中，辅导员可以采用群体沟通的方式，而开座谈会、讲座、主题班会等都是比较好的渠道。当该思想问题属于个别情况时，个别沟通能结合个体的思想特征和思维方式深入开展；在解决群体性问题中面对带头或关键人物时，采用个别沟通能针对性说服意见领袖，以“点”带“面”，从而将沟通效果辐射得更广。

（六）线上沟通与线下沟通联动

随着互联网的普及，网络嵌入大学生生活的程度日益加深。在平时生活中，许多大学生习惯在网络上浏览信息、发表言论、抒发心情，并通过网络与他人进行交流互动。网络既是大学生发声的渠道，又是社交的重要平台。许多大学生思想政治问题的爆发也会显现在网络平台。在思想政治类问题的沟通中，辅导员应充分利用网络平台，占据网络舆论阵地，灵活联动线上与线下沟通渠道，双管齐下，形成优势互补。首先，辅导员可以利用网络平台进行舆情监测和分析，以把握学生的思想动态，全面收集信息。在发现学生中出现不良思想倾向后，辅导员要在网上及时回复或跟帖，以及时化解矛盾。若在网上沟通不能彻底解决问题，其可进一步约学生深入交谈。其次，在日常的思想政治沟通中，辅导员可以经常组织在线交流讨论，也可以在网上发帖或设立思想讨论主题论坛，主动引导积极的舆论方向。针对网上说不明、辩不清的争鸣点，在线下可以再组织座谈会、班会、对谈等活动进一步讨论和说明。最后，线下沟通应关注学生行为，沟通中若发现学生有不当行为，辅导员应提出行为建议，对严重的过激行为应发出行为指令。

二、处理学业类问题的有效沟通

学习是大学生的主要任务。对大学生的学习进行指导不仅是专业课教师的职责，还是辅导员的工作内容之一。在关心学生学业情况，帮助学生解决学业问题时，辅导员应做到以下几点。

（一）多方沟通联动以发现解决问题

在高校招生规模不断扩大和人才培养质量要求不断提高的大背景下，大学生学业困难现象越来越普遍。辅导员作为学生工作一线人员，对学业困难的学生进行学习辅导是其重要职责之一。要想有效帮助学业困难的学生，辅导员在与学生进行沟通的同时应与其他相关方联动配合，进行全方位的沟通，以沟通整合各种校内外资源，全面保障学生的成长成才。首先，辅导员与学生的沟通需联动专业课教师。大学生的学习专业指向明显突出，专业课教师给学生的学业帮助无疑是最专业和有效的。因此，一方面，对于与专业课教师沟通获得的学习方法和技巧，辅导员可以在整理之后传授给学生；另一方面，在与学生的沟通中，辅导员可收集学生普遍存在的障碍和问题，然后传递给专业课教师。其次，辅导员与学生的沟通应和家长的交流相配合。家庭是学生在校学习的后备支持力量，积极与家长沟通协调能给学生很大的心理支持。很多家长并不知道如何正确地与孩子沟通，导致爱意的支持变成了学生的压力。所以，辅导员在与家长沟通中一方面应向家长传授一些正确的沟通方法和教育方法，另一方面要善于在与家长沟通的内容中提取“有益成分”，以合适的方式传递给学生，使家长的助力作用得到有效发挥。另外，在与家长沟通时，辅导员也可以尝试了解学生以往的学习状况，为与学生沟通做好准备。

（二）以树立正确学习动机和激发学习兴趣为主要沟通内容

影响学习的因素一般分为智力因素与非智力因素。对于大学生群体来说，智力因素几乎没有显著差异，所以大学生学习问题的成因更多体现在非智力因素上。非智力因素包括个人理想、动机、兴趣、意志力、情感等。因此，在学业类问题的沟通中，辅导员应重视学生的非智力因素，着重引导学生树立正确的学习动机，激发学生的学习兴趣。辅导员可以通过询问学生的学习状态、学习目的、对学习的看法等判断学生学习出现问题的原因。交谈中若是发现问题源于学习动机，辅导员可以一方面引导学生讲出自己的理想抱负，帮助其建立和巩固远景动机，激发学生努力学习的动力；另一方面向学生讲清学习的意义，以正确的知识价值观激发学生成才动力。

（三）帮助学生掌握学习方法以提高学习效率

沟通中除了要解决学生的学习动机和学习兴趣问题外，辅导员也应重视对学生学习方法的辅导。第一，辅导员可以引导学生分享自己过去的学习方法，分析其中不适应大学学习的地方并进行调整，从而形成适合自己的学习方式。第二，沟通中重点分析自主学习、合作学习在大学学习中的重要性，从思想上培养学生自主学习、合作学习的意识。第三，给出具体的学习方法建议，如时间管理方法、记忆方法、学习与活动的协调方法等。第四，组织学习经验交流会，给学生讲述前人经验，如学习成绩优异的学长和学姐的学习方法、班级里尖子生的学习经验，以身边榜样力量激励学生。

（四）调试学生的心理压力与消极情绪

学习困难往往不是一个简单的学习成绩的问题，许多学业问题会引发心理问题。由于缺乏学习成就感，对学习的体验感差，学业不佳的学生很容易产生学习倦怠感与消极情绪，甚至在生活中、与人交往中产生自卑、敏感、多疑、偏激、叛逆、焦虑、自闭等消极心理。对待有消极情绪的学生，对其消极情绪进行调试往往比对其进行学习技术指导更加重要。在与这些学生沟通时，辅导员应注意耐心开导学生，注意自己的语气，尽量温和真诚，坚持尊重与平等。在交谈中，辅导员应多使用鼓励性语言，挖掘学生的优点，鼓励学生自由表达情感，以帮助其建立自信，缓解其心理压力。辅导员应注意分析学生消极情感产生的原因，循循善诱，针对其症结，给予耐心开导与细致关心，使学生感受到认同感和归属感，从而重拾学业和人生的自信。

（五）长期追踪学生的学业规划及学习情况

学习是一个需要意志力的长期过程，制订良好的学习规划能够帮助学生更有效地进行学习。辅导员长期跟踪情况和适时沟通引导有利于学生学业规划的制订和执行，强化行为导向效果。一方面，辅导员可以通过主题班会的形式引导学生，为自己的学业制订规划，设定短期目标和长期目标。难度适中的目标能使学生获得成功的满足感，进而向更高目标奋进。辅导员可以与学生探讨其目标的合理性和可行性，若有不妥，协商调整其规划。另一方面，辅导员要定期关注学生的学习成果，抓住时机与学生进行沟通。学习成绩公布之时一般是观察学生学习成果的重要时机，而且在这一时间点找学生沟通学业问题最为直观和有效。

三、处理人际关系类问题的有效沟通

根据交往对象的不同，大学生的人际关系体系可分为三块：学校、家庭、社会。其中，最主要的是寝室关系、学生关系、亲子关系、师生关系等[①]。大

① 吴智茹，王景文，李东．解决大学生人际交往问题的探索与实践 [J]. 校园心理，2012，10（1）：49-50.

学生常见的人际关系问题有恋爱困惑、社会交往频繁影响学业、社交恐惧症、寝室冲突等。由于同寝室的学生相处时间最长、见面频率最高，所以寝室关系是学生中最容易产生冲突的人际关系之一。辅导员作为学生的“生活导师”，应学会有效利用沟通桥梁，帮助与指导大学生妥善处理人际关系问题。

（一）深入沟通以把握人际关系矛盾的症结所在

要化解学生之间的冲突，辅导员要先探究事件背后的具体原因，从而进一步针对原因采取调解对策。辅导员看到的学生人际关系问题往往是表面问题，只有与学生进行深入的沟通才能发现根本问题和深层次原因。简单的劝导和调解作用往往不是很明显，所以辅导员只有与学生深入沟通，了解问题的症结、学生潜意识的需要、认知误区、情绪情感等，才能真正帮助学生。辅导员在沟通中需细心观察，耐心倾听学生内心的想法，少发表意见，多听学生诉说。在倾听过程中，辅导员可以采用探究式的语句阐述或提问，有意识地引导学生进行深层次交流。

（二）以友善观等品德教育为主要沟通内容

树立正确的交往观是学生建立和谐人际关系的前提。在与学生沟通的过程中，辅导员应重视品德教育，以正确的观念引领学生建立和谐的人际关系。社会主义核心价值观在个人层面提出了“友善”的要求，“友善”成了新时期公民的基本道德规范。在处理学生人际关系问题中，辅导员应做到以下几点：其一，帮助学生认识与人为善在人际交往中的重要意义，在这个过程中，辅导员要注意表达的方式方法，尽量采用鲜活生动的方式，如通过讲述身边人的小故事、历史故事等方式启迪学生，激发学生共鸣；其二，给学生讲解“友善”的内涵与标准，告诉学生与人为善需要尊重他人、平等待人、以礼待人、宽容体谅、互帮互助，并告诉学生什么是友善的行为，什么是不友善的行为，使其有明确、清晰的认知；其三，在沟通中与学生达成人际交往规则，一定的准则是规范与引导学生交往行为的有效方式，而在双方民主协商的前提下，辅导员应尝试与学生拟定人际交往准则，并引导学生在日常交往中切实遵守和维护。

（三）以情动人拉近心理距离

人际关系问题大多数比较敏感、隐私，如果辅导员在学生的心理防线之外，学生则很难与辅导员敞开心扉地进行深入交流。所以，在与学生沟通人际关系问题时，辅导员应关注学生的情绪变化，注意情感的互动，以赢得学生信任。第一，询问学生的情绪和感受，给予学生充分宣泄情绪的机会，当学生的“垃圾桶”，以疏导学生的不良情绪。倾听学生因人际关系问题积压在心中的不快与郁结，不仅有利于缓解学生的情绪，还能使学生感受到辅导员的真诚和耐心，从而使辅导员的调解工作顺利开展。第二，以理解和接纳的态度对待学生面临的人际关系问题，从对话者的角度去审视问题，站在学生的立场去尝试理解学生的情绪情感，从而拉近双方的心理距离。第三，关注学生心理，善于发现与调解学生人际交往中的错误心理，从心理层面解决人际关系问题。大学生人际关系问题的产生大多是由于大学生在人际交往中错误心理的存在。以自我为中心、自卑、偏执、嫉妒、恐惧、猜疑、孤僻等心理倾向是大学生在人际交往中常见的错误心理。所以，辅导员应注意从学生倾诉的想法和流露的情绪中辨识学生存在的交往心理障碍，针对性地进行开导与调解。

（四）多方沟通相互配合

人际关系问题一般都是多主体之间的矛盾冲突，辅导员需要以沟通协调问题相关方，通过多方沟通配合达到最优效果。在与问题相关方沟通时，辅导员要注意沟通的人数，确定是个别沟通还是团体沟通；根据难易程度、情绪急缓程度等因素，考虑与不同对象沟通的先后次序；根据不同主体的特点，找准与特定对象进行合适沟通的时机。比如，在面对学生寝室矛盾时，辅导员应安排好与寝室各成员的沟通，具体可以先安排个别沟通，初步了解每个人的想法和意见，再组织团体沟通，鼓励冲突方直面问题，坦诚商谈。

四、处理安全事故类问题的有效沟通

虽然较之于社会来说，大学校园比较安全，但是由于意外的不可控性，校园安全事故类问题仍时有发生。大学校园意外事故主要包括疫病疫情、灾害事故、非法侵犯、群发事件。在处理此类事件时，辅导员与学生的沟通应做到及时回应学生诉求，安抚学生情绪和疏导学生心理，控制错误信息传播干扰，事后沟通重视信心重建与危机应对教育。

（一）及时回应学生诉求

安全事故的发生对大学生的身心都会造成一定程度的创伤和影响。在这种情况下，辅导员应第一时间赶到现场，主动与事件当事人接触与交流，了解学生的需求。在询问当事学生时，辅导员应采取非指示性的、热情的、有帮助的方式，如关注的目光、热情的问候、关切的语气，这些都能使学生感到踏实和温暖。在收集到学生的需要后，辅导员要尽可能多地与学生讨论他们遇到的困境，并提出切实可行的建议，承诺会满足其合理需要，以缓解其生理不适或心理压力。由于安全事件发生的不确定性和不可控性，辅导员在日常工作中应保证与学生沟通渠道的畅通和便捷，以在事件发生时第一时间得到相关消息，及时回应学生需要。

（二）安抚学生情绪和疏导学生心理

在学生发生安全事故后，当事学生和周围学生都可能会产生情绪波动和心理压力。辅导员应与当事学生和周围学生分别沟通，安抚他们可能存在的不安情绪和心理压力。在灾害事故、非法侵害等安全事件中，当事学生分为两种：一是受害学生；二是施害学生。受害学生可能会出现委屈、不满、恐惧、抑郁、自闭等情绪心理，一般表现为激烈的情绪反应或压抑抵抗情绪；施害学生可能会因罪恶感而产生自我厌恶、自我放弃等心理。所以，辅导员应主动与心理震荡比较大的学生谈心，以帮助他们度过创伤后的应激反应期。在与当事学生沟通时，辅导员应着重观察其心理状态，引导其发泄情绪。辅导员需要以同理心去感知学生的情绪，以耐心的态度给予其温暖的关怀，即使学生讲话没有重点，也要耐心倾听，并为其保密。辅导员可以鼓励和引导学生用说、谈、骂、喊、哭、笑等表达方式来发泄消极情绪。周围学生在安全事故发生后可能会出现不同程度的恐慌、不安，如果他们的情绪没有得到正确的疏导，很容易导致群体性事件。辅导员可以组织团体沟通，公开公布相关信息，使学生对事件形成理性认知；用转移注意力的方式引导学生回归正常的学习生活轨道，缓解其心理压力，减少事件的不良影响。对于承受能力较差的个别学生，辅导员可以安排单独沟通并对其进行疏导。

（三）控制错误信息传播干扰

在事故发生伊始，大多数人一时未了解事实情况，容易传播错误信息，引起群众心理恐慌。及时、准确地发布事件信息不仅能澄清事实，还有利于安抚公众情绪，为大众采取理智的行为提供参考。所以，辅导员应及时与公众沟通，公开、透明地向学生公布信息，并密切跟踪舆论，把握舆论导向，一旦出现谣言，及时出来澄清，以控制错误信息传播对群众的干扰。在公开信息或辟谣时，影响范围广、传播速度快、官方性都是辅导员选择沟通方式应考虑的因素。所以，辅导员可以综合使用正式渠道与非正式渠道，如全体大会、校报、网络等，这样既能使信息具有权威性和说服力，又能及时地将信息广泛传播出去。需要特别指出的是，网络是如今学生传播信息、获取信息的主要平台，因此辅导员应特别留意微博、微信、贴吧等学生常用自媒体平台中的信息，对于不实言论公开回复，把各种不同的思想和言论引向正确、健康的轨道。若包含不实信息的帖子影响过大，辅导员可以线下联系发帖学生，循循善诱，晓之以理，对其进行解释说明后，建议其删掉帖子并发布公开声明，避免传播的扩大化。

（四）事后沟通重视信心重建与危机应对教育

在校园安全事件消退之后，学生一般会出现两种极端的情形：一种是过于自信，对危机和风险的存在估计不足，甚至是漠视风险的存在，危险到来时往往会出现慌乱和不知所措，进而发展成焦虑；另一种是对校园危机过于担心，对校园环境产生不信任感、不安全感，影响正常的学习和生活。这两种状况对大学生的正常成长都是不利的，辅导员应重视与学生的事后沟通，注重信心重建与危机应对教育，使学生在事件后摆正心态，以健康的心态继续生活。首先，辅导员可通过团体沟通的方式，如讲座、主题班会、座谈会等形式，讲解校园中可能发生的安全事故，讲述以往校园中发生过的真实案例，并用照片、录像、电影等影像资料生动再现校园中以往真实的安全事件，使学生有意识地提前接触校园安全事件的信息，提高安全意识。其次，在沟通中，辅导员应提供各类危机应对方法指导，为学生应对安全事件提供智力支持。最后，辅导员可组织学生开展安全教育模拟演练、技能大赛等，在活动中为学生提供行为实践指导，提高学生应对危机的能力。在活动结束后，辅导员可进行必要的总结和讲评，巩固效果。

五、处理校园管理类问题的有效沟通

校园管理问题分为硬件管理问题与软件管理问题。硬件管理问题包括学校硬件设施问题、校园环境问题、后勤工作问题、学校饮食问题等；软件管理问题包括学校管理制度问题、教学质量问题、评奖评优准则问题、困难生认定问题等。高校管理与学生的利益息息相关，若出现问题，易引发学生的不满情绪，甚至可能会引起群体性事件。同时，随着高校民主建设的推进，学生参与校园管理的愿望日益强烈，越来越多的学生敢于且乐于对校园管理提出意见。辅导员作为学生与学校的中间联系者，与学生的有效沟通对化解此类问题起着关键的作用。在处理校园管理问题时，辅导员在与学生的沟通中应注意以下几点。

（一）重视学生的反馈意见

学生是学校关心和服务的首要对象，以学生为主体应作为辅导员处理校园管理类事件时的首要原则。所以，辅导员应重视学生的主体地位，尊重学生的需求，发挥学生进行自我管理的积极性和主动性。因此，在沟通中，辅导员应积极询问并收集学生的反馈意见，不能忽视学生的意见和建议。为了广泛收集学生意见，辅导员可以选择公开的方式，如座谈会、意见征集信箱、网络征集等。在学生不愿意透露个人信息的情况下，辅导员可以选择单独沟通的方式，并注意保密沟通内容。除了事件初始需要收集学生意见外，在事件处理过程中与事件结束之后，辅导员也需要与学生积极地沟通，了解学生对事件处理方式和结果的满意度及改进意见，防止问题反复发生。在了解学生意见后，辅导员应认真、审慎地分析学生意见的合理性。若学生对事件存在一定误会，辅导员应向其耐心解释，解除误会；若意见合情合理，辅导员应给予学生帮助和承诺。

（二）以增进校生双方相互理解为主要沟通目标

在校园管理类事件中，学校管理层是最终决策者，辅导员对问题实际解决发挥的作用一般都不大，其发挥更多的是协调作用。许多校园管理问题不是短时间可以解决的，如硬件设施需要时间修复，相关制度需要时间调整完善。因此，在此类事件中，辅导员与学生沟通协调的主要目的应是增进学校与学生双方的相互理解。在沟通中，辅导员应注意以下几点：第一，以说理为主，循循善诱。作为成年人，有基本的分辨和判断能力。在沟通前，辅导员应做好充分的准备，对事件进行全方位的调查和了解，全面掌握真实情况。在有充足准备的基础上，辅导员可通过摆事实、讲道理的理性沟通方式向学生分析事情的利弊得失，使其对情况有理性的认识，从而赢得学生的理解和支持。第二，沟通态度要耐心谦和。在此类问题的沟通中，辅导员代表的是学校的形象。任何急躁、粗暴、不屑的态度都可能会引起学生的不满，导致情况的恶化。第三，不轻易做出承诺。有些辅导员为了息事宁人，在与学生沟通的过程中随意承诺没有把握的事情，对学生做出无原则的妥协。这样的做法可能暂时会稳定住学生的情绪，但在长期看来，可能会导致学生对辅导员和校方产生不信任感和失望情绪。

（三）沟通对接学生与校方管理层

校园管理是一项双边活动，一方面是学校对学生施加管理措施，另一方面是学生对学校施加的措施做出反应。所以，要想解决校园管理问题，辅导员与学生的沟通不能是单边沟通，应对接学校管理方。首先，在与学生沟通过程中，辅导员作为协调者，应搭建传递信息的桥梁。一方面，应注重收集学生的意见和建议，在判断其合理性后，做好向相关部门的上报工作；另一方面，应及时向学生告知学校的回应或处理办法。其次，在与学生沟通时，辅导员要热情、真诚，以学生为中心。辅导员不仅要站在学校的立场考虑问题，还要秉持为学生服务的态度，在不违反学校规章制度的前提下，想学生之所想，为学生争取最大利益。最后，在与学生沟通时，遇到暂时无法回答、需要向上级请示的情况，辅导员需做好学生情绪的安抚工作，在与学校相关部门确认事情之后与学生再次沟通。

（四）在日常沟通中为学生日常事务提供咨询与生活指导

为了使校园管理更好地服务学生，让学生在校园里更加有序地生活、学习，辅导员在与学生的日常沟通中应着力为学生日常事务提供咨询，关心学生的生活困难。一方面，辅导员可以定期举办答疑会、班级听证会，设置意见箱、网络留言区等，倾听学生的困难与问题，耐心解答学生对学校管理方式及相关制度的疑惑。在新生入学教育中，开展主题班会，介绍学校部门构成及职能、教学安排、评奖评优制度、资助制度等，使学生对学校基本情况有准确的认知；组织参观校园活动，边参观边讲解校园的主要设施和周围环境，帮助学生发现学校设施的功用，增强学生对学校的认同感和归属感。另一方面，辅导员可公开告知学生有效反映意见的途径，如学校相关部门的电话、校长信箱、维权热线等，同时通过对比分析、后果假设、案例再现等说理方式引导学生理性地表达自己的诉求。

第三节　高校辅导员媒介素养的提升

随着信息化社会的到来，人们已经可以做到“足不出户，知晓天下事”，尤其是当代大学生对媒介的广泛应用无疑为高校辅导员进行大学生思想政治教育提出了新的机遇和挑战。高校辅导员如何做到“因事而化，因时而进，因势而新”，紧跟时代的需求，运用媒介开展工作，增强媒介运用能力，提升自身的媒介素养，从而正确引导大学生的思想与行为，促使其树立正确的世界观、人生观与价值观，是当前社会背景下高校辅导员亟待思考和破解的现实问题。

一、高校辅导员媒介素养提升的目标

（一）保持坚定的理想信念

我们党曾经强调理想信念乃党员精神之“钙”，这表明坚定的理想信念是我们党必不可少的重要精神支撑。高校辅导员作为思想政治教育工作的主要力量，保持坚定的理想信念不动摇是其首要目标，也是职业要求之一。高校辅导员肩负着促进大学生健康成长的责任。在媒介不断发展的新时代，提升高校辅导员的媒介素养，创新工作方式方法，线上线下联合推动社会主义核心价值观的传播与弘扬，最重要的目标就是要高校辅导员旗帜鲜明地坚持正确的政治方向，保持坚定的理想信念，将自己的所学所思所想转化为正能量的信息，在大学生的舆论阵地发挥自身的导向作用，引领大学生树立正确的价值观。

（二）掌握系统的理论知识

高校辅导员系统地掌握媒介素养相关的知识是提升其媒介素养的基本目标。高校辅导员的职责之一就是帮助大学生思想上逐步成熟，而且其自身要不断学习发展着的科学理论，增强学习新兴事物的兴趣，逐步深入地学习媒介、媒介素养、媒介素养教育的内涵、特征、运用的方式方法等知识，加强自身对它们的认知，以在一直学习的过程中达到对理论知识的系统掌握。同时，辅导员可将思想政治教育理论知识与其相结合，在遇到形形色色的问题时通过扎实的理论知识来寻找解决办法，并在实践活动中得到检验反馈。高校辅导员的工作相对来说比较繁杂，所以其需要具有一定的基础理论知识。要想提升媒介素养，辅导员必须与时俱进，并随着媒介的发展系统深入地学习，积累知识储备，而且只有基于此，辅导员才能在对大学生进行思想政治教育和媒介素养教育的过程中及时地发现问题，对症下药，保障稳定、有序地开展工作。

（三）提高整体媒介运用技能

高校辅导员媒介运用能力的整体性提高是提升其媒介素养的重要目标。

高校辅导员是引导大学生树立成熟世界观、人生观和价值观过程中的重要一环。当代青年大学生生活在信息无处不在、信息无人不用的大环境下，媒介信息深刻影响着大学生的思想观念。其中，虚假信息、诈骗信息的涌现对大学生的世界观、人生观和价值观产生了负面的影响。高校辅导员作为大学生成长的参与者和见证者，作为大学生的知心朋友，需要提升自己的媒介素养，提高自身运用媒介的能力，使传统工作方式与新兴媒介相融合，通过学生使用频繁、感兴趣的媒介去贴近生活、贴近学生，了解学生真实的想法，掌握学生的思想动态，进而在思想政治教育工作过程中的各个环节把关，把问题逐一击破，增强思想政治教育的实效性。

（四）培养大学生的媒介素养

高校辅导员媒介素养提升最根本的目标是培养大学生良好的媒介素养。大学生处于传统媒介和新兴媒介的包围中，因此培养大学生的媒介素养显得尤为重要。对大学生的媒介素养进行培养，除了通过社会的熏陶、家庭的引导、自身的自觉外，最重要的还是依靠学校的教育。高校辅导员是与大学生接触最密切、交流最直接的教育者、引导者和知心好友，他们的媒介素养和媒介素养教育能力直接影响着大学生的媒介素养。因此，提升高校辅导员的媒介素养有利于大学生媒介素养的提升。

二、新时代高校辅导员媒介素养提升的原则

在如今的社会，媒介在人们的日常生活交流中愈发重要。特别是当代大学生，他们通过电脑、智能手机等工具完成信息的获取、人际的沟通交流以及休闲娱乐等，而媒介中的拟态环境对大学生学习工作和思想观念的影响也愈发深刻。针对现实情况，如果高校辅导员自身的媒介素养不够高，达不到一定的水平，其对在运用媒介过程中遇到的问题就难以做出准确的判断，也就很难解答大学生在这个环境中遇到的困惑。因此，辅导员媒介素养的提升显得至关重要，而遵循一定的原则要求可使辅导员媒介素养的提升达到事半功倍的效果。

（一）理论性与实践性相结合的原则

实践决定理论，而科学的理论对实践有指导作用。目前，国内外相关研究都为辅导员媒介素养的提升提供了理论基础。辅导员只有在现有的理论指导下，才能找到一条有利于媒介素养提升的道路。如果没有理论知识对实践道路

进行正确指引，提升辅导员媒介素养只会变成无谓的尝试，也就无法达到最终想要完成的目标。与此同时，实践是检验真理的唯一标准，如果辅导员只是片面地看到理论对实践的指导作用，并不付诸真正的行动去检验它的科学性，结果就是导致教条主义，那么提升媒介素养也就变成了海市蜃楼，仅仅表面上看得到，实际上媒介素养并没有得到任何的提升，而且高校辅导员素养的全面发展无法得到满足，无法促进队伍的专业化、职业化、专家化发展。

（二）目的性与过程性相结合的原则

专业化、职业化、专家化发展的辅导员离不开自身素养的提升，而高校辅导员媒介素养作为重要的素养之一，也愈发受到重视。高校在提升辅导员媒介素养的过程中既要奔着最终目的，又不能忽视完成目标的过程，具体问题具体分析，根据实际情况做出一定的调整。提升辅导员媒介素养的目标是增强辅导员的媒介意识、获取及运用媒介信息的能力，促进其自身素养的提升。接着，其可以对大学生进行媒介素养教育，提高大学生的媒介素养，帮助大学生树立正确的价值取向，更好地实现自己在辅导员岗位上的价值。实现目标不是一蹴而就的，而是一步一步循序渐进，需不断进行摸索、调整、优化，以达到最优效果。提升高校辅导员的媒介素养要重视目的性和过程性的统一，保证过程中的步骤都是为了最终目标而设计，只有这样才能真正提升辅导员的媒介素养。

（三）普遍性与特殊性相结合的原则

提升辅导员的媒介素养有一套普遍适用的方式方法和内容，但要促使辅导员媒介素养的提升，不能只按照普遍要求进行泛化安排和调控，还需要关注特殊细节问题。提升辅导员媒介素养的主体虽然是辅导员，但实际上各个部门之间相互配合，按部就班地各司其职，对辅导员媒介素养的提升也能产生一定的助力效果，但仅能促使辅导员媒介素养一时提升。辅导员个体之间存在差异，鉴于这种差异性，提升辅导员媒介素养就要具体问题具体分析，给予辅导员个性化帮助。实际上，内外因素的影响会导致媒介素养各个方面提升程度不同，这就要求在提升过程中注意差异性，有针对性地安排培训或提升内容、方法等。将普遍性与特殊性结合起来，可推动辅导员媒介素养迅速提升，从而达到最优的效果，促进辅导员队伍的优化建设。

（四）教育与自我教育相结合的原则

在开展思想政治教育工作的过程中，要提高学生的主观能动性，将教育和自我教育有机地融合在一起。提升高校辅导员的媒介素养亦要遵循这个原则，促使辅导员重视自我教育，主动增强媒介意识，丰富媒介知识，提高媒介能力，树立媒介道德形象，有意识地促进自身媒介素养的提升。同时，辅导员要运用自身的媒介素养对大学生进行媒介素养教育，使思想政治教育贴近学生的生活实际，并将教育内容融入其中，进而改善大学生的媒介素养，起到正面引导作用。

三、高校辅导员媒介素养提升的路径

面对日益丰富的传播信息和不断提高的公民素质，高校辅导员必须不断地加强媒介素养的培养，提升自身的媒介素养，进而提高自身的管理能力和开展思想政治工作的能力，塑造良好的高校辅导员形象。高校辅导员的媒介素养不是与生俱来的，需要后天与时俱进地学习才能有所提升，从而满足不断发展的信息化社会需要。

（一）宏观层面：国家牢牢掌握主流意识形态的话语权

1. 全方位共同参与

国家在政策上予以支持是开展辅导员媒介素养教育、提升辅导员媒介素养的一项基本保障。国家要将辅导员媒介素养纳入全国辅导员考核体系中，并出台相应的规章制度。媒体组织亦要积极参与其中，响应国家的号召，提高对信息的把控能力，净化环境，同时可以开设节目专栏，客观地推广媒介信息，传播正能量，为提升高校辅导员媒介素养提供一个可靠的平台。

一方面，国家制定相关制度保证高校辅导员媒介素养的提升。制度既是规范辅导员行为的准则，又是大学生权利的保障。在信息化快速发展的大背景下，媒介也快速被我们所处的社会接受使用，而制度建设的速度远远追赶不上信息化的速度，因此在媒介方面出现了认识和使用上的盲点，使大学生在使用和获取信息时容易出现误区。在这种情况下，高校辅导员要做好引导大学生的工作，不断提高自身处理信息的能力。国家需要制定信息传播方面的制度，用法律法规的形式，指导辅导员按照规范去处理信息，引导学生树立正确的信息获取、使用观念。

另一方面，媒体要积极主动地参与其中。媒体是媒介信息进行传递传播的第一道防线，媒体参与到高校辅导员媒介素养提升过程中可以让他们进一步掌握媒介信息是如何生成和传播的。可以通过开设媒介素养知识栏目，传授媒介机构工作人员个人经验和实践历程，也可以举办开放日活动，为辅导员到媒介机构体验提供机会，让他们深入内部观察、感受媒介信息的传播过程等。以上种种方式都有助于加深辅导员对媒体和媒介的认识，提高他们的媒介素养。

2. 塑造正确的价值引领

国家需把握新时代主流意识形态发展方向，巩固主流意识话语权。发展和把握新时代主流意识形态要矢志不渝地坚持党的领导，跟党走，也要强化“四个自信”，大力宣传和践行社会主义核心价值观，让高校辅导员在意识形态和社会思潮的交错过程中毫不动摇地坚持正确的方向，把握主流意识，牢牢地掌握高校舆情的话语权。

（二）中观层面：高校有力促进媒介环境建设

1. 整合优秀资源，完善提升辅导员媒介素养的长效系统机制

首先，将媒介素养纳入高校辅导员准入制度。随着信息化社会的不断发展，在当代大学生的生活模式中，媒介已经必不可少，辅导员要想真正做好大学生的思想政治教育工作，就要真正融入大学生的生活。高校在选聘辅导员时，要遵循国家要求和学校自身要求，除了在专业、学历、思想、能力方面设定要求外，也应随着时代的发展将媒介素养纳入准入制度，在准入阶段把好关。

其次，合理利用资源加强培训，建立考核机制。为了赢得学生的支持，获取学生的信任，高校辅导员需要加强媒介素养培训，了解信息传播等方面的知识，知晓必要的媒介信息传播技巧。高校辅导员职业目前事务性较强，他们将大部分的工作时间都放在了处理日常事务上。高校应依据本学校的特点，依托相关的平台，在政策、时间、经费上予以支持，提高辅导员参加培训的积极性。例如，可以通过专题研讨、短期集训、专家讲座等形式对学校的辅导员进行培训，有针对性地提高辅导员的相关理论水平和掌握运用媒介的能力，从而促进思想政治教育工作顺利开展。高校辅导员在参加相关培训时不能抱着侥幸的心态临时走个过场，同时每次培训过后高校都应按照培训的方式设置适合的考核机制，最终使辅导员真正通过培训提升媒介素养。

最后，保障提升的积极性，建立科学的激励机制。辅导员媒介素养的提升具有系统性，因此高校除了在准入和培训上把好关外，也需要建立科学合

理的激励机制。例如，在定期举行的辅导员职能大赛和培训讲座中，可以加入媒介素养的部分，对在比赛或培训中表现或考核优异者给予合理的奖励，重视对表现优异者的宣传，塑造榜样的力量，发挥榜样的“领头羊”作用。

2. 创建资源共享平台，促进有效交流.

一方面，高校要充分利用媒介资源。毋庸置疑，在信息化发展迅速的新时代，媒介资源已经在我们生活的各个角落生根发芽，并潜移默化地影响着我们的生活。人们在日常学习工作中或多或少地都会从媒介上浏览信息、获取资源，尤其是当代大学生对媒介有着强烈的依赖性。高校可以依据学校自身的特色搭建师生之间的交流平台，通过建立 QQ 群、微信群、学校官方微博、学校微信公众号等创新教师与学生之间的沟通方式，增强师生的媒介使用意识，调动教师利用媒介资源管理学生、掌握学生思想动态的积极性，加强教师与学生之间的交流，提升思想政治教育工作的实效性。

另一方面，高校内部和高校之间可以召开主题座谈会、开展评比活动等，互相参观学习，互相研讨，以促进高校辅导员之间的信息交流。我国对高校辅导员媒介素养的研究时间较短，研究的速度也相对较慢，因此高校在进行辅导员媒介素养提升培训活动时，也可整合学校资源，提供平台，学习其他国家先进的培训经验。

（三）微观层面：辅导员自身增强主动融入的自觉性

1. 强化意识，自觉进行媒介素养自我教育

新时代信息技术不断发展使大学生思想政治教育工作的开展面临一定的挑战。在此背景下，高校辅导员要与时俱进，主动加强媒介素养自我教育，重视提升媒介素养，迎接挑战，把握机遇。首先，树立媒介使用意识，增强网络话语权。新时代的大学生在媒介使用中占据主要位置，但其应对媒介产生的负面影响的能力有限，容易被媒介的负面信息误导。辅导员集教育、管理、服务于一身，在媒介使用较为广泛的背景下，应该自觉地树立媒介使用意识，主动学习运用媒介的技术，知晓媒介信息传播的特点，通过媒介及时获取信息，了解国家时政、社会热点等话题。最重要的是，其要获取学生的最新动态，增强自身在媒介上发声的话语权，积极向学生传递媒介的正确使用方法。其次，加强媒介学习意识，丰富媒介信息知识。高校辅导员不仅要使用媒介，还要主动学习媒介方面的理论知识和技能知识，为正确、熟练地

使用媒介奠定基础，也可以带动大学生共同学习，提高大学生使用媒介的能力，引导大学生在繁杂的媒介信息中辨别、选择自身需要的正确的信息。再次，主动加强实践锻炼，提高应用能力。高校辅导员媒介素养的提升是一个循序渐进的过程，它需要辅导员在日常生活工作中不断地进行实践摸索，不放弃任何一次锻炼自己的机会，主动去接受实践锻炼，提升自己的能力。最后，自觉遵守媒介道德规范。在现实社会中，我们会时刻谨记法律法规和社会道德给予我们的约束，在媒介平台也要如此。媒介信息传播速度快、门槛低等特点使媒介信息存在着两面性。高校辅导员在使用媒介平台时要加强道德修养，自觉地遵守道德规范，注重良好媒介道德形象的塑造，带动学生营造积极向上的媒介使用氛围。

2. 转变思想，创新方式，线上线下联动开展活动

在信息化社会背景下，自上而下的传统信息传播方法已经难以满足当前高校思想政治教育工作的需求，同时多声音格局的出现增加了高校辅导员的工作难度。在媒介使用广泛化的新时代，每个人都可以表达自己的观点，展现个性化特色，大学生亦是如此，都想成为“意见领袖”，影响身边的朋友。同时，他们渴望与辅导员之间的沟通是基于平等立场、点对点的互相沟通，而非点对面的单项输出。因此，传统的思想政治教育方式方法已经无法满足现在学生的需求，高校辅导员应该转变思想，创新工作方式，充分利用各种媒介加深对学生的了解，有效地把握学生的思想动态。高校辅导员在信息快速传播的环境下，要做到与时俱进，创新工作方式，提升自身运用媒介的能力，线上线下联动，及时掌握学生的情况，并具体问题具体分析，从而选择最优的解决方式，提高思想政治教育工作的时效性。

高校辅导员可以充分利用媒介这个平台发布大学生感兴趣的话题，开展线上知识竞赛、线上投票、征求活动方案、专题问题探讨、网络建团、答疑释惑、心理咨询等思想政治教育活动，主动进行工作方式的创新，并付诸实践，提高学生参与活动的积极性，引导学生正确参与线上活动。同时，辅导员可以定期提供正规性的学习网站以及专业性较强的博客、微博，引导学生主动进行线上学习讨论并分享学习心得，增强线上思想政治教育的魅力。辅导员在工作过程中要注重普遍性与特殊性相统一，对于普遍性的问题可以通过 QQ 群、微信群等方式广而告之，对于涉及学生隐私的问题可以通过面对面或私人对话框的方式进行沟通交流，给予学生尊重，更好地解决学生的敏感问题。

3. 掌握媒介技术，走进学生生活，了解学生的所想所思

提升高校辅导员媒介素养必须走“群众路线”，时刻以学生为本。辅导员要紧跟新时代大学生的学习生活节奏，了解新时代大学生的学习生活模式，深入探索大学生对媒介信息的运用和把握，主动进行媒介实践。高校辅导员可以走进学生生活，了解学生喜欢什么媒介，了解学生获取信息、进行人际交往等喜欢运用什么媒介，通过贴近学生、聆听学生来掌握学生的所需、所求、所用，促使自身加强对媒介的使用和对媒介信息的把握，进一步拉近与学生之间的距离，方便及时掌握大学生的思想动态，并主动引导大学生正确地使用媒介，为做好思想政治工作打下基础。高校辅导员可以主动注册微博、微信、QQ、博客等媒介，分享或掌握学生的动态，通过建立微信、QQ 的班级群、学生干部群等方式，加强与学生的沟通交流。辅导员要自觉学习媒介使用技术，了解各个媒介的特色，因为只有灵活掌握媒介的使用方法，才可以在开展学生工作时有效互动，在提升媒介素养的同时提高自身管理、服务学生的能力。

第四节　高校辅导员综合素养提升的其他途径

为了更好地开展大学生思想政治教育工作，为了将大学生培养成为社会需要的人才，为了推动高等教育的全面发展，就要建设一支专业能力强、工作效率高的高校辅导员队伍。由于我国高校辅导员制度发展的时间相对较短，因此高校要善于总结以往的教学经验，并借鉴国外先进的教学经验，针对我国高校辅导员在综合素质提升中遇到的问题，提出相应的解决策略，从而促进我国高校辅导员队伍的综合素质迅速提升。

一、搭建多方面的交流学习平台

随着经济全球化和文化多元化的发展，我国高校辅导员不能故步自封，应当多与外界交流和沟通，开阔自身的视野，同时借鉴国外学生事务管理者的优秀经验，结合我国的实际国情，为管理学生提供新的思路和方法。

（一）构建多样化的学生管理模式

如今，我国与西方发达国家的文化交流越来越密切，西方国家在学生

事务管理方面较为成熟，尽管国情不同，但是仍旧有许多值得我国借鉴的地方。因此，辅导员应当开放自身的思想，接纳新鲜的思想和观念，将其融入自身的实际工作中，这样不但可以为自身发展提供新的思路，而且可以为提升自身综合素质提供合理的模式，进而有利于促进大学生成长成才。

我国高校辅导员的发展和对学生的管理都要立足我国的国情。西方发达国家的高校辅导员的专业化发展和对学生的管理模式都要比我国成熟许多，职业化和专业化的程度也较高。国外的学生事务管理有着日益完善的教学管理等硬件支撑，但欠缺外围的软环境，如心理辅导、就业咨询等。虽然国外学生事务管理者的政治属性弱化，但是随着时代的发展，我国的高等教育不断完善，高校辅导员工作内容不断增加，这时国外的发展经验就有了一定的借鉴价值。我国高校辅导员在管理学生的工作中要坚持政治属性不动摇，同时紧跟时代发展的脚步，针对现代学生的特点，改进自身的管理方式，使针对学生的管理工作具有更高的效率，成果更明显。由于大学生价值观受到了西方思想和文化的冲击，也受到了经济发展的影响，高校辅导员对学生的管理方式不能只停留在表面约束学生的行为习惯和生活方式上，而应构建新型的师生关系。这就要求辅导员确立“以学生为本”的工作理念。由于大学生受西方个体文化的影响较深，同时追求自我鲜明特征，因此在开展大学生工作时，辅导员要尊重学生的行为，了解学生的思想，而不能采取以往填鸭式的教学理念。在与学生相处时，辅导员要做到维护学生的自身利益，以学生的发展为目标，为学生提供展示自我的平台，激发学生的兴趣。对于大学生思想政治教育工作，辅导员要做到灌输式和渗透式相结合。高校辅导员过去仅注重对大学生进行灌输式教育，使大学生思想政治教育不能与其实际生活相结合，因此影响到了大学生思想政治教育的有效性。所以，辅导员要在大学生平时的学习生活中进行渗透，帮助大学生在实际生活中运用相关的思想政治理论知识。同时，辅导员要根据大学生的心理特点，应用师生双向互动模式，同时采取适当的方式激发学生的能动性、自主性、选择性和创造性，通过理论引导、情感交流、平等对话等方式及时了解学生的思维方式、情绪变化，将其反馈到平时的工作中，与学生建立亦师亦友的关系。辅导员要经常换位思考，把握学生的思想和需求，进而站在学生的角度引导和帮助他们成长。辅导员还要强化网络在辅导员工作中发挥的优势作用，保持对网络的敏感性。由于大学生如今的生活离不开网络，因此辅导员要构建网络平台，优化网络环境，占领网络先机，从而结合信息化时代发展的特点进行学生管理和服务工作。

（二）促进高校辅导员与教师队伍的沟通

因为高校辅导员是教师队伍的重要组成部分，所以加强高校辅导员与教师之间的交流显得十分必要。由于辅导员队伍的年轻化，很多辅导员队伍的知识积累和经验储备都不够，同时队伍的不稳定导致辅导员很难得到经验丰富的辅导员的指导。因此，加强辅导员与教师队伍的交流有利于辅导员自身综合素质的提升，也能促进高校辅导员理论知识的积累，使辅导员向研究型人才转变，拓宽辅导员发展的方向。

从辅导员和教师自身的角度讲，要调动他们相互交流的积极性。辅导员属于教师队伍中的一部分，但是在实际工作中，辅导员很难实现向教师队伍的转变。加强双方的交流有利于辅导员提升自身素质，增强辅导员的科研能力，调动辅导员学习的激情。从国家和高校的层面上讲，要为辅导员和教师搭建交流的平台。国家和高校要重视辅导员与教师队伍的交流，组建交流和学习的平台。例如，设立学习小组并建立专门的领导机构，经常性地组织双方学习和交流，并将日常的交流学习活动纳入教育培训、职称评定等过程中，将学习活动制度化、常态化。

二、增强我国高校辅导员综合素质提升的内在动力

（一）完善我国高校辅导员培训体制

国家对高校辅导员的综合素质提升越来越重视，在 2014 年颁布的《普通高等学校辅导员职业能力标准条例（暂行）》中对高校辅导员进行了级别分类，并且明确指出针对不同级别的高校辅导员，综合素质要求应有所差异。由此可以看出，国家和高校对辅导员综合素质提升的决心和信心。高校应当通过完善辅导员培训体制，增强辅导员的综合素质。

1. 做好高校辅导员培训工作

我国高校应当结合各自实际情况对辅导员进行培训。首先，对辅导员进行培训应当分层分级。辅导员队伍的人数虽然不能完全达到国家建议辅导员数量和学生数量的比例，但是其仍然是一个数量较为庞大的队伍。因此，国家很难进行统一的培训和培养，这时就需要对辅导员进行分级培训。国家先着重培养学校推举出的骨干辅导员，让其能够在日常工作中起到表率的作用，为其余高校辅导员树立学习榜样，从而带动辅导员队伍整体素质提升。

同时，对高校辅导员进行分层培养时既要让辅导员加强理论知识的学习，又要让辅导员结合实际工作锻炼自身运用所学知识和技能的能力。只有理论与实际相结合，才能提升辅导员的工作能力。其次，要针对辅导员建立可持续性培养计划和方案。随着时代的不断进步，高校辅导员也不能停止汲取新知识的步伐。高校要为辅导员建立一个长期的培训组织，为辅导员终身学习提供良好的氛围。最后，高校要转变辅导员的观念，引导其将学习和工作结合起来，使其在工作中学习、在学习中工作。只有提升辅导员的学习意识，才能提高培训的效率。

2. 加强我国高校辅导员综合素质的培养

第一，加强高校辅导员的政治素质。辅导员综合素质的提升离不开结合我国国情进行的相应培养活动。在我国，辅导员的根本属性是其政治属性，所以高校辅导员需要培养坚定的理想信念。自国家提出辅导员概念开始，辅导员这一岗位的从业要求一直以来没有改变的就是要政治思想优秀，能够与党和国家的方针政策保持高度的一致性。同时，高校辅导员是大学生思想政治教育工作的骨干力量，因此辅导员坚定理想信念是很有必要的。随着文化的多元化发展，人们的思想开始变得开放，也更容易受到外来思想的冲击，进而导致部分大学生的理想信念出现动摇，共产主义理想信念淡化，对社会主义缺乏信心。因此，辅导员更要坚定自己的理想信念，从而引导和教育学生。辅导员要深入学习党的路线、政策、方针，还要夯实马克思主义理论功底，同时与时俱进。辅导员要能够及时地把握党的最新政策和路线，并进行深入的学习，以理解党的思想，而且要将本职工作和个人追求融入社会主义建设事业中。只有积极引导辅导员树立共产主义信念，确立社会主义核心价值体系的主导地位，才能保证辅导员具备优秀的政治素养和坚定的理想信念，进而在学生工作中发挥主导性的作用，确保学生思想政治工作的有效性。

第二，提升高校辅导员的人文素养。高校辅导员的工作对象是一群文化水平高和求知欲强的大学生。随着社会的多元化发展，大学生获取知识的途径也比原来更加便利，因此当代大学生拥有了较为广泛的知识面，同时在看待问题和分析问题上往往会出其不意，拥有自己独特的视角和思维方式。高校辅导员要想做好大学生思想政治工作和管理工作，就需要自身拥有较强的人格魅力，能够在知识方面让学生信服，也只有这样才能更好地帮助学生解决问题。这对高校和辅导员也提出了新的需求，高校不但要增强辅导员的思想政治素质，而且要促使辅导员继续学习除了马克思主义理论之外的其他相关基础学科。由于辅导员的专业背景不尽相同，因此在实际工作中，辅导员也需要对自己所管理的学生学习的专业有所了解，这样才能更加贴近学生的心理活动，并结合实际情况解决学生遇到的问题。高校应该在分配辅导员时考虑到相应的问题，尽量根据辅导员自身的专业背景分配学生。如果实际情况不允许，高校也应该为辅导员提供相应的培训，帮助辅导员增强自身的文化素质，也可根据辅导员自身的发展需求和个人意愿，为辅导员提供继续攻读博士等学位的机会。

第三，重视心理学、法律知识和媒体素养的学习与应用。辅导员工作具有广泛性，因此辅导员还应该重视其他相关学科专业理论知识的学习，如心理学、教育学、法学等。辅导员涉猎的事务较为庞杂，运用到的知识也较为广泛，然而我国还没有辅导员专业，尽管有相关的专业学科，如思想政治教育专业，但其已经不能满足辅导员知识储备的需要了。在实际工作中，辅导员需要扎实的、科学的理论知识来支撑日常的工作。但是，辅导员不可能做到面面俱到，对于知识的学习通常都有所侧重。因此，高校要注重辅导员的全面培养和相关部门的支持。例如，在对学生进行心理辅导时，如果心理辅导科室的专业教师能与辅导员建立一个良好的互动，其就可以帮助辅导员及时发现学生的心理异常，从而进行相应的疏导和干预，减少学生因心理问题而发生的悲剧。在对学生进行就业相关的咨询时，辅导员应从就业办公室工作人员那里实时掌握当前的就业情况和最新的招聘信息，再结合相应的就业知识为学生提供有效的就业咨询服务。同时，辅导员应该掌握一些法律知识，并且加强日常生活中的法律意识，能够在开展工作时以法律为基础，以解决和处理大学生的相关事务。结合时代的发展，高校辅导员应当重视新媒体在大学生日常工作中的作用。高校辅导员通过学习和掌握新媒体的运用，如微信、微博等，可拉近与学生之间的距离，从而提升工作的有效性和自身在大学生群体中的影响力。因此，加强辅导员对工作中相应学科的学习有利于引导学生全面的发展。另外，如果辅导员具备相关的理论知识，其也能够自主调节情绪，更加积极地开展学生工作。

（二）健全我国高校辅导员工作绩效考核体系

由于辅导员的工作内容较为复杂，因此高校要明确辅导员的工作考核标准，采取科学的考评方法。只有科学合理地对辅导员的绩效进行考评，才能够更好地激发辅导员的工作积极性，提升辅导员的综合素质。通常来说，绩效考评是衡量辅导员工作的一把尺子，它直接反映了辅导员工作的完成情况。但是，衡量辅导员的工作不能简单地仅从结果角度出发，因为辅导员的工作是开展大学生思想政治教育、德育教育以及心理和就业等方面的咨询，这些工作内容都很难量化，因此需要将过程与结果结合起来对辅导员工作进行考核和评价。高校也应该让辅导员积极地参与到考核和评价中，根据心理授权理论，让员工参与到决策和考评中能够激发员工工作的积极性。高校要允许辅导员感受自己在组织中的影响力，允许辅导员参与组织的决策，从而提升辅导员的工作效率和热情。为了使结果公平和客观，高校还应允许辅导员对绩效考核的成绩提出质疑，建立申诉制度。高校要能够及时有效地处理考核中遇到的问题与矛盾，增加结果的公平性和说服力，同时增加高校辅导员工作的成就感。

（三）完善我国高校辅导员激励机制

在研究组织激励制度时，本书借鉴了马斯洛的需求层次理论和赫茨伯格的双因理论，在双因理论中，保健因素是激励因素的前提，而保健因素只有满足马斯洛需求中的处在金字塔底端的最基本的生存需求，才能使激励因素得以发挥作用。所以，对辅导员激励机制的完善应当从以下几方面入手：首先，要注重激励机制的科学性。马斯洛认为，人的生理需求即人生存最基本的需求，是人工作和发展的最大动力，因此只有在满足了辅导员的基本生理需求后，其他的需求才能成为激励的因素。辅导员的激励机制最常用的方式是物质奖励，即通过提升工资、分发奖金等手段对辅导员进行物质上的刺激，激励辅导员提升工作的积极性。除了对辅导员进行物质上的奖励之外，高校还要对辅导员进行精神上的激励。由于辅导员的日常工作很难被理解和尊重，因此就需要加强辅导员与其团队的沟通和交流，使其他部门对辅导员的工作有所了解，从而提升学生工作的有效性。其次，注重激励机制的系统性。针对辅导员的激励机制要科学合理，要能够满足辅导员自身的可持续发展；要从辅导员长远发展的角度出发，为优秀的辅导员提供多方面的职业发展方向；要能鼓励辅导员队伍进行合理性流动，刺激辅导员自我价值的实现，从而使辅导员达到提升自我综合素质的目标。最后，要为辅导员工作建立一个良好的外部环境。正如双因理论所提到的保障因素，这能保障员工不会对工作不满。因此，高校要努力提升辅导员的工作环境，为辅导员的发展提供良好的外部支持。只有辅导员专心工作，才能使激励机制的效果最大化，才能激发辅导员内在提升的动力。

三、创造我国高校辅导员良好的发展环境

高校辅导员要想提升自身的综合素质，前提是要有一支稳定的队伍，而队伍的稳定也有利于保障学生工作持续性、有效性。因此，高校只有加强辅导员岗位的吸引力，提升高校辅导员的综合素质，为辅导员能够长期稳定地发展提供合理的规划，才能保证辅导员队伍的稳定性。

（一）明确我国高校辅导员的职责

现代高校辅导员工作内容越来越泛化，这就导致了高校管理者和辅导员自身对辅导员的职责不明确，不利于辅导员针对日常工作的需求来培养和提升自身的综合素质。因此，高校只有明确辅导员的职责，对辅导员的角色能够准确定位，才能对提升辅导员素质提出行之有效的方法。

首先，开展大学生思想政治教育工作始终是高校辅导员工作的首要任务。由于高校辅导员制度是中国特色社会主义社会特有的制度，其从诞生开始就是为了加强我党在大学生群体中的领导地位，并确保大学生的思想政治方向与党的指导思想保持一致，所以即使时代发生变迁，高等教育不断发展，大学生思想政治教育工作始终贯穿着高校辅导员制度。高校辅导员要在大学生中积极开展党建工作，指导大学生党支部和班委会的建设，以班级为单位经常性地开展和组织思想政治教育活动，充分发挥学生党组织、班级干部和学生社团在大学生思想政治教育中的作用。辅导员要帮助大学生健全人格、树立正确的人生观和价值观、养成良好的道德观念，也要教导学生自立自强、自尊自爱，增强学生在遇到挫折和困难时的心理承受能力和解决问题的能力。另外，辅导员要培养大学生的社会责任感，重视大学生爱国主义教育，帮助其确立马克思主义坚定信念，同时管理好学生的日常事务。在学生的学习上，辅导员要做好奖学金的评定和评优工作。在学生的生活上，辅导员要落实好对困难生政策上的补助，在帮助其勤工俭学顺利度过大学生活的同时，帮助大学生养成良好的生活习惯。

其次，明确高校辅导员服务者的角色。在高等教育不断发展的过程中，高校辅导员的角色也逐渐由学生的领导者、管理者转变成了服务于大学生的工作者。辅导员要根据大学生的需求为大学生提供相应的理论支持和专业辅导。高校辅导员对大学生的服务主要集中于两个方面：一是针对大学生的心理健康辅导，即高校辅导员要帮助大学生培养积极、乐观的心态，对大学生的心理问题进行及时的疏导；二是为对大学生就业提供指导，为学生提供及

时、有效的招聘信息，帮助学生完善自身的职业生涯规划，树立正确的择业观念。同时，辅导员要保障大学生在就业过程中的利益，当他们与企业等方面发生纠纷时，为他们提供专业的法律知识，从而保护大学生应有的权益。明确了高校辅导员的职责范围，就能明确高校辅导员应当提升的综合素质，同时高校的管理者能够对辅导员的工作进行更合理的规划，让高校辅导员的工作更有效率，进而更好地服务于大学生。

（二）合理规划我国高校辅导员职业的发展方向

要想维持高校辅导员队伍的稳定，就要科学合理地规划高校辅导员的发展方向。由于高校辅导员在我国学生工作中占据重要的位置，因此高校辅导员的职业发展方向决定着大学生工作的有效性和持续性。国家也曾给出政策表明，专职辅导员可以根据自身的发展倾向在工作一段时间后考虑转到教师岗位或者成为党政干部的后备力量。所以，高校应该对辅导员进行职业生涯上的规划和辅导。辅导员的职业发展规划应当根据个人的需求和兴趣确定不同的方向，同时考虑到个人与队伍的结合，具体既要考虑个人的意愿，又要结合队伍整体的发展需求。这有利于辅导员自我价值的实现，也有利于辅导员队伍群体目标的实现。

高校要结合辅导员自身的工作情况和高等教育的实际环境为辅导员制定切实可行的职业发展方向。高校要明确每个阶段对辅导员的不同要求，为辅导员调整和规划相应的职业发展方向，同时不能违背辅导员个人的主观意愿，要使辅导员对自身的岗位进行准确并合理的判断与规划。岗位目标和职称级别目标的发展轨迹要结合学校的发展情况，明确不同阶段的个人定位和相应的任务。高校辅导员应当成为一个长远的、可持续发展的职业，高校要为辅导员的稳定打造一个良好的外部环境，改变高校辅导员群体的观念和社会对辅导员的认知，使他们认识到辅导员的职业不再是过渡的职业，而是能够长久、终身从事的职业，以避免辅导员队伍不稳定，为提升高校辅导员的综合素质打好基础。

（三）创造良好的舆论氛围

随着信息化时代的到来，互联网与人们的生活联系越来越紧密，因此舆论与以往相比也更加有影响力。高校应当为辅导员营造一个良好的舆论氛围，提升辅导员在社会上的地位，并赢得社会各界的尊重。这有利于高校辅导员队伍的健康发展。因此，在高校辅导员的建设中不能忽略社会舆论对辅导员发展的影响，同时应当与时代的发展紧密结合。高校辅导员处于新媒体时代，所以高校要善于运用新媒体对辅导员工作进行影响，同时充分发挥正面舆论导向在辅导员队伍中的积极作用，努力创造积极的工作氛围，优化辅导员的成长环境。高校应当充分发挥辅导员身处的社会环境的舆论导向作用，通过表彰优秀的辅导员典型代表引导媒体和群众对辅导员工作产生正确的认知，并对其工作做出积极的评价和认可，从而使社会将辅导员视为教师队伍的重要组成部分，形成尊重和重视辅导员的良好社会氛围。这也能够加强辅导员岗位的吸引力，有利于辅导员将其视为一种长期稳定的工作，以为建设一支稳定的辅导员队伍创造一个良好的社会环境。

第七章　高校辅导员在思想政治教育中的作用发挥

第一节　高校辅导员在思想政治教育工作中的角色定位

高校辅导员是开展大学生思想政治教育的骨干力量，是高校学生思想政治教育和管理工作的组织者、实施者和倡导者。与高校其他岗位的教职员工相比，辅导员是集教育、管理、服务于一身的特殊存在，其所有工作都是围绕大学生思想政治教育这一核心职能进行设计和实施的。

一、学生思想政治教育的引导者

高校辅导员作为大学生思政教育的引导者，要紧密结合我国经济社会发展和学生思想需求实际，始终以马克思列宁主义、毛泽东思想、邓小平理论、“三个代表”重要思想、科学发展观、习近平新时代中国特色社会主义思想为指导，全面落实党的教育方针，切实践行党的群众路线，解放思想、实事求是、与时俱进，以大学生全面发展为目标，坚持以学生为本，加强理想信念和爱国主义教育，加强学生思想道德建设，创新思政教育载体，优化思政教育手段，丰富思政教育内容，不断提高思想政治教育的针对性、吸引力、感染力，努力实现大学生个体价值与社会价值、理想与现实、责任与贡献、目标与行动的统一，力求针对学生的思政教育工作取得实效。在工作中，辅导员可以通过新生军训和入学教育培养学生的纪律观念；通过开展各种文体活动、社会实践、科技竞赛培养学生的团队协作意识；通过毕业生文明离校教育加强对学生的感恩教育；通过加强学生党团建设，培养学生坚定的政治立场和正确的政治观点，引导学生进行正确的政治选择，增强学生的政治鉴别力。

二、学生教育管理的执行者

辅导员有监督大学生遵守校规校纪和对学生进行日常管理的工作职责。在这一过程中，辅导员要坚持公平、公正、公开的原则，既要严肃认真，又要耐心细致，努力做到一视同仁、按章办事，从而促进学生管理工作制度化、程序化、规范化。同时，作为学校与学生的桥梁和纽带，辅导员既要使学生及时、充分、准确地了解学校各项工作的现状，理解学校工作的全局性与复杂性，又要向学校各级领导和相关管理部门及时反馈掌握到的学生发展需要与实际需求。另外，辅导员要主动适应形势和思政教育环境的变化，改变管理手段，运用服务的、咨询的方式开展学生管理工作，努力改善与学生的关系，从而在学生中树立亲和形象。

三、学生学习生活的服务者

辅导员对学生政治上要关心，思想上要关注，生活上也要爱护。辅导员要坚持原则性和政策性，不断增强服务意识，端正服务态度，提高服务能力与水平，做到热情、细致、周到，为学生创造良好的学习、生活环境。在学习上，辅导员要鼓励学生勤奋好学，端正学习态度，探索学习规律，主动帮助他们总结学习经验、改进学习方法、提升学习效果。在就业择业教育上，辅导员要及时为学生提供职业教育与就业指导，引导他们树立正确的学习目标和就业观念，培养其刻苦钻研的精神。在生活上，辅导员要尽力为学生办实事、办好事，指导学生进行自我管理，引导学生合理消费，使他们养成良好的生活习惯。对于贫困学生，辅导员要加大感情投入，给予他们更多的人文关怀，积极帮助他们申请生源地助学贷款，努力拓展社会助学渠道，开辟勤工助学岗位，培养他们自立自强的精神。

四、学生心理健康的保护者

面对激烈的社会竞争，大学生的心理问题越来越突出。辅导员要协助有关部门做好大学生心理健康测评工作，积极参与大学生心理问题筛查、干预、跟踪、控制工作。辅导员要努力学习、掌握心理健康教育理论知识并在实践中加以运用，积极探索服务学生的方式方法，如通过 QQ、微信、微博、邮件、电话、约谈等形式开展个别或团体心理健康咨询活动，切实做好对学生的心理咨询服务，帮助心理有问题的学生克服障碍与困扰，使其形成良好的认知、意识、情感和意志，增强其社会适应能力，培养其乐观上进的精神。另外，辅导员要充分发挥学生社团的作用，以影片欣赏、演讲、游戏、团体讨论、角色扮演等形式，有计划性、有针对性地开展学生心理与能力素质拓展训练活动，促使学生在校园中健康快乐地学习与生活。

五、学校教学科研的承担者

辅导员要善于将学校教学、管理的实际情况与学生的思想实际、需求紧密联系起来，将传授文化知识与开展思政教育紧密结合起来，将理论武装学生头脑与实践育人结合起来，积极利用网络等现代化教育方式，不断改进思想政治教育方法，丰富思想政治教育内容。同时，辅导员作为大学生日常管理和思想政治教育的骨干力量，有将思想政治教育理论与学生思想政治教育实践结合起来的有利条件，可以围绕大学生思想政治教育方法及途径、大学生日常管理和服务、高校辅导员队伍建设、提升辅导员工作能力等问题开展科研活动，积极申报与工作有关的人文社科类课题，争取经费支持。辅导员要主动参加学术会议，为形成浓厚的学习和学术氛围助力。

第二节　完善辅导员思政教育运行机制

一、建立辅导员思想政治教育预警机制

预警机制就是迅速探测、发现、分析、判断问题和做出快速反应的机制。思想政治教育预警机制的功能就是帮助人们掌握思政教育工作的自觉性、主动性和能动性，在危害产生前及时发现问题，把矛盾止于萌芽状态。建立辅导员思想政治教育预警机制的根本目的是及时了解和掌握学生的行为模式与心理状况，并对其进行科学分析，预测学生行为与心理变化趋势，以便积极进行防范，及时发现一些潜在的心理问题并进行干预，从而确保正常教学秩序并维护校园安全。辅导员思想政治教育预警机制由一些联系密切、相互作用的子机制构成。

一是信息收集子机制。把握学生思想动态是辅导员思想政治教育工作的关键。思想政治教育需要找准问题，发现根源，讲究针对性和实效性。因此，辅导员必须及时了解、掌握与学生思想动态有关的各种信息。信息收集方式有以下几种：第一，细心观察学生言行，并对其潜在行为进行分析，同时和学生深入进行交流谈心，从而了解他们的真实想法。第二，开展各种咨

询服务，在服务中收集学生的思想变化情况。第三，对校园热点问题进行跟踪调查研究，分析其产生的背景和原因、积极影响与消极影响，从而判断学生的思想变化趋势。第四，充分利用现代化信息技术，开展网上思想调查，通过 QQ 群、微信群、微博、工作邮箱等网络工具，加强与学生的直接沟通和交流，从而掌握学生最真实的想法和需求，了解学生的思想动态，增强工作的主动性和预见性。第五，充分发挥学生组织和社团的作用。学生组织和社团是学校与学生之间重要的桥梁与纽带，起着促进信息交流与沟通的重要作用，是辅导员收集学生思想动态的重要途径之一。同时，由于其成员由较为优秀的学生组成，在学生中间有较高的威信，对国家政策及校内规章制度有较好的理解，所以其可以在学生当中起到良好的示范作用。

二是信息分析子机制。思想信息分析是思想信息收集的深化。辅导员只有对零散的、分散的思想信息资料集中深入地进行分析和总结，才能揭示其内在联系，发现学生思想行为本质之所在，从而有助于客观、准确地预警。辅导员要通过收集、掌握的第一手信息资料建立学生思想信息动态数据库，并利用科学的统计方法和分类方法对数据库进行分类管理，从而掌握不同层次学生的思想动态。在此基础上，辅导员要建立学生思想动态定期分析机制，利用数学工具，筛选、分类、排序、比较、计算和提炼原始信息，把可靠性强、典型性高、受普遍关注的信息提取出来，然后根据信息的用途和性质分类分层，使之系统化、条理化，变成辅导员思想政治教育工作的可用资料。

三是信息沟通反馈子机制。沟通反馈信息是辅导员思想政治教育预警系统的重要一环，直接影响着思想政治教育预警机制的效果。信息的收集、整理、分析与运用的最终目的就是使辅导员与学生之间、辅导员与学校管理部门之间、学校管理部门与学生之间能够产生良好的互动。辅导员要把信息分析的结果逐级向上汇报，根据实际情况针对相关学生采取必要的预防引导措施，确保及时、有效地解决问题。

二、构建辅导员思想政治教育合力机制

一是学校内部教学、管理、后勤等部门要相互协调，形成思想政治教育合力。当前，高校辅导员思想政治教育存在与管理、教学工作相脱节，不能协调的现象。例如，有些管理或教学人员认为，思想政治教育工作是辅导员的事，与本部门、本人无关；一些专业教师只教书不育人；学校的后勤管理部门工作人员只负责学生的饮食起居，不太关心学生的思想情况。思想政治教育工作是做人的工作，与专业教学、行政管理工作不同，它渗透在学生学

习和生活的各个方面。因此，学生思想政治教育并不只是辅导员的工作或任务，还需要学校各部门及其工作人员的互相协调。教学部门、行政机构、后勤服务部门要建立协调机制，通力合作，形成合力，使学生思想政治教育工作流程畅通，形成体系，从而达到满意的效果。辅导员思想政治教育工作是一项系统工程，全校教职工都应做到教书育人、管理育人、服务育人，努力营造“校园无闲人，人人都育人；校园无闲事，事事都育人；校园无闲处，处处都育人；校园无闲时，时时都育人”的氛围，从而形成全方位、全过程、全员育人的思想政治教育工作格局。

二是学校、家庭、社会要相互配合，形成思想政治教育整体合力。我国思想政治教育长期以来主要采取以学校教育为唯一途径的封闭形式，学校、家庭、社会之间协调不够。一方面，学校教育与社会教育之间联系不够；另一方面，随着社会经济的发展，人员流动性大，一些家庭放松了对子女的教育，还有的家长在教育子女的观念和方法上存在一些误区，导致他们进入高校以后，以自我为中心的倾向突出，不能很好地适应集体生活，不能听取其他人的意见和建议，增加了辅导员思想政治教育工作的难度。由于学生思想形成的复杂性以及受多种条件的制约，要取得良好的思政教育效果，学校、家庭、社会必须努力做到相互配合与补充，并将目标一体化，形成环环紧扣的“教育链”，从而形成思想政治教育的最大合力。

三、优化辅导员思想政治教育渗透机制

辅导员要遵循学生思想变化发展的规律，把思想政治教育渗透在学生日常生活与学习、教学管理、社会实践等环节中，渗透在各种教育因素及中介中，在潜移默化中渐次开展。

一是环境渗透子机制。辅导员思想政治教育环境是指辅导员根据其教育目标设定的围绕学生并对其产生影响的外部条件总和。环境对学生的影响好像是一个场，对学生施以各种环绕力，促使他们习染上一种符合环绕的“场”的特性，影响他们人格的形成。环境具有直观、具体、形象的特点，能让人看得见、摸得着、感觉得到。比如，社会风气和校园风气的好坏、人际关系的亲疏都可以通过具体事件表现出来，教师、家长、领导、同事、朋友的言行、处事方式等也都是非常直观、形象的。环境对学生的影响不是强制的、显著的，而是通过熏陶、感染，对学生的思想品德进行影响与塑造，进行情感渗透，也不是短期的功利性行为，而是在较长时间内发生作用，使学生在不知不觉中受到教育。环境对大学生思想道德和心理发展的影响具有

与其他教育方式不同的特点和作用，这要求辅导员在思想政治机制创新中探索建立环境渗透机制，发挥环境的隐性育人作用。

二是管理渗透子机制。帮助学生树立正确的世界观、人生观、价值观，培养其良好的思想品德，使其养成良好的行为习惯，并结合实际建立健全规章制度和奖惩标准，约束学生的行为，促使学生逐步养成良好的思想作风，自觉地指导自己的行为习惯，既需要思想政治教育与引导，又需要加强管理。针对高校长期以来存在的因职责不清导致推诿扯皮，从而阻碍学生思想政治教育工作有效开展的现象，辅导员需要把思想政治教育与管理科学地结合起来，在管理中渗透思想政治教育，实现全时间、多层次、多角度、多空间、全方位育人，不断提高辅导员思想政治教育的质量以及行政管理工作的整体效率。

三是活动渗透子机制。活动融娱乐性、知识性为一体，具有教育目的隐蔽性特点。随着活动的开展，学生会逐渐明白教育目的，并在精心组织和设置的活动中得到正确的思想引领。因此，开展形式多样的思想政治教育活动是辅导员思想政治教育工作的有效方式。思想政治教育活动主要可划分为三类：第一类是辅导员直接为实施思想政治教育而有目的地开展的活动，如重大历史事件的纪念活动；第二类是结合学生生活、学习和工作实际情况开展的活动，如志愿服务、知识竞赛、社会实践等活动；第三类主要是文体艺术活动，如大学生体育节，文艺汇演、书法摄影、集体舞会等。

四、完善辅导员思想政治教育评估机制

辅导员思想政治教育评估机制就是根据辅导员思想政治教育工作的目标要求以及辅导员思想政治教育工作评估对象的实际，建立科学的指标体系，对辅导员思想政治教育工作的过程和效果进行实事求是的分析，做出定性定量评价的途径、方式和方法的总称。辅导员思想政治教育评估机制是评价辅导员思想政治教育效果的价值、是非、得失的关键环节，是调整辅导员思想政治教育工作实施过程各环节的前提。完善辅导员思想政治教育工作评估机制应从以下几个方面入手：

一是要制定科学的评估标准。要全面、科学地对学生进行多维的、互动的指导性评价，既要考察学生专业知识的掌握情况，又要考察其思想品德、能力技能、心理素质等综合素质。选择一系列测评标准，形成一个整体评估标准体系，可以包含是否具有坚定的社会主义信念和强烈的爱国精神、是否具备责任心和公德心、是否有正确的价值观和职业道德、是否具备创新意识

和创新能力等。

二是要建立互动的评估体系。要想把以前封闭式的评估体系转变为开放互动的评估体系，不仅要注重教师、家庭、社会对学生的评价，还要将学生对教师和学校的评价、学生自评以及学生之间的互评纳入评估体系，切实调动各方的评价积极性并做到客观合理。教学、管理、后勤、服务等工作对学生的直接影响较大，因此也要把它们纳入评估体系。同时，评估不能靠半天或者一天的时间走马观花地看看，否则其深度和力度是远远不够的。

三是要体现评估对象的差异性。辅导员思想政治教育评估是针对一定的对象展开的，不同的对象之间存在着很大的差别，因此评估要切合实际，根据不同的对象设计评估要求和指标，使评估具有科学性、针对性和可行性。评估应根据评估客体的具体情况，按照同一标准和方法分层次、分类别地进行评估。例如，重点本科院校与一般院校、高职、高专学校层次不同，同一层次学校办学类型不同、重点不同，特色也不同，同一所学校里的学生的成长背景、受教育背景和性格类型又不同，因此评估要体现出层次性、特色性、针对性。

四是要高度重视评估过程。评估从某种意义上说只是一种手段，目的是为辅导员的思想政治教育实践活动提供参考，并不是为了说明孰优孰劣的问题，因此评估必须了解辅导员开展思想政治教育工作的全过程，而不能只看其工作的结果。要重视辅导员思想政治教育的过程研究，注重对辅导员日常思想政治教育情况的了解、掌握和考核，对辅导员思想政治教育活动的环节进行分析和评价，要充分考虑社会大环境对辅导员思想政治教育效果所产生的积极或消极影响，努力将务实性评估和务虚性评估有效结合起来。

五是要不断改进评估手段。随着网络时代的到来，综合性评估的难度大大地降低了，实时评估成了网络时代的优势。因此，网络条件下辅导员思想政治教育工作评估机制要将各种评估手段结合起来，努力实现实时评估。具体来说，既要进行网上评估，又要有网下评估；既要事前事后评估，又要有日常评估；既要发挥外在评估的优势，又要发挥自我评估的优势；既要发挥自上而下的评估优势，又要发挥自下而上的评估优势。

五、健全辅导员思想政治教育保障体制

一要加强组织领导。辅导员思想政治教育工作的有效性需要增强，而且其管理模式需朝着科学化、制度化的方向发展。高校应结合实际，建立辅导员思想政治教育工作领导机制，而且要在学校党委领导下，充分调动各管理

部门的积极性，形成职责明确的工作运行机制，为辅导员思想政治教育提供有力保障；要把辅导员思想政治教育工作纳入行政管理、教学工作和干部绩效考核中，保证干部管理职责履行到哪里，思想政治教育就覆盖到哪里，努力解决思想政治教育内容空洞、形式单一、覆盖面窄的问题；要把思想政治教育工作纳入干部考评系统，使党政各级组织、各级干部都负起相应的职责，发挥各自优势，建立目标同向、协调一致的工作运行机制。

二要加强队伍建设。要想提高辅导员思想政治教育工作的有效性，必须建立一支有创新精神、懂管理知识、能熟练运用现代网络技术的高素质辅导员队伍。要认真研究辅导员队伍编制与岗位设置的关系。岗位的设置既要体现实际需要，又要有利于充分发挥其职能；要抓好选拔培养工作，制定任职资格标准，切实将德才兼备的干部和教师引进辅导员队伍中；要结合社会热点问题，定期举行专题培训，不断提高辅导员的理论水平和素质修养；要努力解决好辅导员待遇、职称问题。对于从事辅导员工作的同志，在行政职级、职称评定、学习进修、岗位津贴等方面应给予一定的倾斜政策，使他们工作有动力，办事有平台，发展有前途。

三要加强制度建设。辅导员思想政治教育工作要规范化、制度化，必须依靠政治、法律、经济、文化等多种手段，建立健全有关法律、法规和规章制度，运用它们来调节各种复杂关系，争取做到辅导员思想政治教育工作有章可循、有法可依，使自律与他律、内在约束与外在约束有机地结合起来，形成扶正祛邪、惩恶扬善、表彰先进、激励后进的良好风气。同时，辅导员思想政治教育工作的立法要完整、系统、全面、成体系、针对性强、可行性与准确性高，与原有的其他法律、法规相衔接、相补充。要顺应时代潮流，加强大学生网络行为规章制度建设，引导学生形成良好的网络道德规范，努力使网络成为辅导员思想政治教育工作的有效手段。

四要加强物质保障。提高辅导员思想政治教育效果，必须有一定的物质保障和依托，要加大经费投入，改善工作条件，为辅导员有效开展思想政治教育工作提供物质基础和保障。当前，高校用于辅导员思想政治教育的预算经费很少，甚至不设置这方面的预算。教育主管部门和高校要根据实际情况，确定辅导员思想政治教育工作方面的经费投入科目，如时事讲座学习、教材购买、人文素质基地建设等理论教学经费，文化宣传教育、社会实践、党员活动等实践活动经费，多媒体和室内外活动设施等设备购买经费。学校一方面要将所需经费开支纳入年度预算，保障辅导员思想政治教育工作的顺利开展；另一方面要改变“等、靠、要”的观念，创新资金筹集方式，拓展资金筹集渠道，如与企业联合开展活动、争取企业赞助冠名思想政治教育品牌活动、利用校友资源设立专项基金等。

六、建立大学生突发事件应急管理机制

高校聚集了科技和文化精英，通过创造和传播知识以及与社会的互动，对社会文化产生了巨大影响。大学具有自由、宽容的学术环境与学术氛围，具有引领社会文化的功能。学校作为社会的重要组成部分，要积极应对社会上发生的突发性公共卫生事件或其他意外事件。这些突发事件对辅导员采取措施、控制事态发展、维护校园稳定、保障学生安全提出了更高的要求。因此，高校要建立一种分工明确、权责分明、部门之间协调运作的应急控制机制来预防危机和处理危机，做到防患于未然，避免遇到危机事件时手忙脚乱。同时，在当前互联网自由与开放的环境下，高校要建立网上信息舆情监控机制，切实做好网上突发事件的防范和应急处置准备工作。

第三节　创新辅导员思政教育方式

一、灌输式教育与渗透式教育相结合的方式

灌输式教育是辅导员思想政治教育工作常用的方法，它的本质是思想政治理论的系统教育和宣传。灌输可以有意识、有目的地让先进思想理论起主要的影响作用，使先进思想在学生的日常生活中起支配作用，从而引导他们的思想朝着正确的方向发展。在新形势下，为确保马克思主义理论和共产主义思想体系的纯洁性和主导性地位，防止西方资产阶级的腐朽思想侵入学生的头脑，灌输法仍是辅导员思政教育应遵循的法则和标准。但灌输法也有弊端，如注重客体的努力，忽视主体的能力；灌输过程中常常出现“言者谆谆，听者藐藐”的现象，甚至引起学生的逆反情绪，效果欠佳；因过分注重灌输，培养出的是顺从听话的“乖孩子”，而不是具备挑战思维和创新精神的人才，他们一旦遇到问题，会屈从于权威，缺乏独立思考的能力和解决问题的能力，这样就扼杀了大学生的创新能力；信息由辅导员向学生单向流动，不关注学生的信息反馈；重视理论观点的灌输，忽视了学生政治需求意识的培养和开发；教育方式缺乏艺术性，难以收到良好的育人效果；等等。渗透式教育是指借助现代科学技术，采用大学生喜闻乐见的形式，把马克思

主义理论以及党的路线方针政策等融入一定载体，有组织、有计划地对学生进行正面教育。它是传统灌输理论在现代社会的嬗变，是传统灌输观念与现代教育手段相结合的结晶。渗透式教育方式把要灌输给学生的理论内容通过隐蔽性的方式内化到其心中，既符合现代社会教育尊重多样化的包容性特征，又考虑到了大学生在强制教育下可能产生的逆反心理，给予其一定的选择空间。渗透式教育方式寓思政教育于教学、管理、服务和校园环境中。这种把抽象的理论寓于具体问题的方式极大地减少了学生的逆反心理，使他们不自觉地将道德原则内化为自己的信念，从而转变为行为习惯。但如果单纯地采用渗透式教育方式，没有系统理论的学习，也会使思政教育处于一种松散状态，会极大地削弱思政教育的权威性和效果。因此，辅导员要想使思政教育工作取得实效，就必须将灌输和渗透结合起来，取长补短，增加学生参加课外、校外活动的机会，丰富他们的课余生活，拓展灌输教育方式的时空，达到使学生在活动中掌握理论的功效；要发挥教学、管理和服务过程中的“载道作用”和“渗透作用”，如利用高校学习理论型社团举办学术研讨论坛，鼓励大学生就社会中的现象提出自己的看法和理解；开展青年志愿者活动；积极组织学生由学校小课堂走向社会大课堂，到工厂、农村、社区、企业进行参观调查。

二、显性教育与隐性教育相结合的方式

当前我国处于社会转型期，是各种思想和思潮不断碰撞的时期，也是价值取向和价值判断标准日益多元化的时期。在这样的时期，大学生思想极易受非主流社会思潮影响，也容易出现价值选择困惑，而且大学生处在青年阶段，他们有活力且比较自我，喜欢独立思考，具有较强的怀疑与批判精神，自尊心强，不愿被灌输，不轻易接受思想政治教育给的现成观点。针对上述情况，为了保证思想政治教育工作的有效性，高校辅导员必须在了解和掌握当代大学生心理和行为特点的基础上，采取恰当的教育方法。高校辅导员进行思想政治教育工作采取的大都是显性教育法，内容明确，观点直接，学生认同度不高。因此，辅导员在使用好显性教育方法的同时，要深入研究和充分开展隐性教育，适时、恰当、科学地使用隐性教育法，潜移默化地把正确的观点和先进的意识内化到学生的认知中去。为此，辅导员要做到以下几点：一是要寓教育于多种手段之中，在开展课堂教育、时政教育的同时，通过小品、相声等文艺活动把思想政治教育的内容和要求隐藏起来，从而达到教育目的；二是要积极组织开展社会实践活动，如组织学生进行社会调查、

社区志愿服务等公益性活动，增强他们的公民意识；三是要有敏锐的政治嗅觉，及时关注社会热点，用正确的观点分析身边发生的事情，善于抓住教育时机，使学生接受教育并自觉约束自己的行为；四是要开发和利用校园人文环境以及重要纪念节日等隐性思政教育资源，努力营造奋发向上、富有朝气的校园文化氛围。

三、师生双向互动的柔性教育方式

传统的辅导员思想政治教育主要采取灌输式，辅导员是唯一的教育主体，大学生只是消极被动地接受教育的客体。这种单向的教育方式的主客体之间关系简单明了，在一定的历史时期发挥了重要作用。但随着信息时代的到来，信息渠道的广泛化带来了人们认知判断的多元化和情感体验的多样化，单向的思政教育方式已经不能适应社会发展的需要，也不符合新时期大学生的心理特点，这时就必须采取双向主体互动柔性教育方式。双向主体互动教育方式是指辅导员要根据社会需要和大学生的身心发展规律，有目的、有组织、有计划地实施思想政治教育活动，采用适当的方式激发学生的能动性、自主性、选择性和创造性，通过理论引导，情感交流、平等对话等方式，及时了解受学生的思维方式、情绪变化并及时反馈在思想政治教育的过程中。辅导员要努力培养和发挥自身情感思维的积极作用，和学生建立既是师生又是朋友的关系，培养学生的自我教育能力、自我完善能力、自我发展能力。双向主体性教育的实施过程体现为辅导员和学生之间不存在纯粹的客体，他们在彼此关系中都是主体，具体体现为他们是相互关系的创造者，双方的主动性和自主性是关系建立的前提，而他们在此前提下遵循一定的规范进行对话和沟通等活动。双向主体性柔性教育方式主要有理论灌输、交流沟通、情感互动、信息反馈、相互包容、共享成果等六个阶段。换言之，辅导员与学生遵循尊重、信任和平等的原则，通过言谈和倾听等手段进行知识、思想、经验和情感等多维度的交流和互动，把国家的主流意识系统地灌输给学生，使学生脑海中形成知识脉络并产生一定的情感体验。通过师生情感互动，双方可加强沟通和思考，相互比照价值观念和行为。根据学生接受程度，辅导员应及时对教育内容、手段和方式进行调整，对教育载体进行优化。相互包容指的是在交流沟通后师生相互理解和接纳、认同和接受。尤其是辅导员这个主体要经常换位思考，把握学生的思想和需要，进而站在学生角度引导和帮助他们。

四、强化信息优势运用的教育方式

辅导员应当积极将各种与大学生思想政治教育相关学科的知识引入思政教育领域，掌握丰富的信息，保证有足够的知识传递给学生。首先，辅导员应当有敏锐的信息意识和及时获取信息的能力，要善于通过新媒体密切关注形势变化，及时、迅速、有效地了解时政要闻等各类信息。此外，辅导员还要具备高度的敏锐性，对容易引起学生思想行为变化的信息保持敏感，并及时掌控，这样才能增强思想政治教育工作的针对性、新鲜感和吸引力。其次，辅导员应当正面、科学地传授知识，以求培养出合格人才。在信息传递的过程中，辅导员要遵循科学性与艺术性、质与量相统一的原则。信息传递既要坚持科学性，又要掌握方法，以情感人，以理服人，既要严把质量关，对掌握的信息精挑细选，又要注意信息传递的适度性。再次，辅导员要能够有效地提取、吸收、存贮、评价、使用信息。辅导员要在提取、吸收、存贮信息的基础上，科学地批判、评价信息，针对学生接收信息后因人生阅历不同而产生的各种困惑或不解及时给予正确、有效的引导。同时，辅导员要在信息交流和处理中有效地把思想政治教育内容融入进去，提高信息的使用效能。最后，辅导员要加强网络思想政治教育，占领网络阵地，搭建网络平台，充实内容，优化方法，牢牢掌握住网络思想政治教育的主动权。

第四节　丰富辅导员思政教育载体

一、丰富社会实践活动

大学生社会实践是辅导员思想政治教育工作的重要载体。社会实践使学生能更直接、有效地了解社会和国情，培养他们的问题意识，锻炼并提高他们分析和解决问题的能力。辅导员思想政治教育的过程是学生对受教信息自觉主动地内化与外显思想品德素质统一的过程，并体现为连续的循环状态，而这个过程只有在社会实践中才能得到充分体现并得以完成。大学生只有走入社会，在实践中亲自感受社会对知识、人才的需求，才能意识到自己的价值和社会责任。通过社会实践，大学生可以把学校与社会、理论与实践、书本与实际、学习与创造有机地结合起来，增强开拓创新能力、社会适应能力、组织管理能力、实际操作和解决问题的能力，并在社会实践中形成吃苦耐劳的精神，培养高尚的人格和情操。辅导员要根据不同类型学生的需求，结合其专业特点，围绕社会热点组织开展差异化的社会实践活动，并加强对学生社会实践活动过程的指导和管理，提高活动的针对性和有效性。例如，针对大一、大二的学生，组织开展社会调查、志愿者服务、企业实习、法律援助、环境保护等形式多样、内容丰富的社会实践活动，帮助他们了解社会；针对即将毕业的大四学生，开展择业、就业观教育，积极帮助学生调整就业心态，鼓励学生自主创业，培养学生的创业能力和精神，为其提供创业指导与服务。同时，要建立大学生社会实践和服务长效机制，在社区、企业建立实践基地，使大学生参加社会实践常态化、制度化。

二、发挥党团组织作用

党支部、团支部以及学生社团等党团组织在辅导员思想政治教育工作中发挥着重要作用。一要积极发挥党团组织的政治优势与组织优势，组织开展各类党团教育活动，如参观纪念馆和展览馆、开展烈士陵园扫墓、组织党团知识竞赛、开展红歌比赛等活动，在丰富学生校园文化生活的同时，让学生深受教育，提高思想政治觉悟，培养他们的爱国主义精神、民族精神和时代精神。二要充分发挥大学生社团的思政育人功能。近年来，在大学生思想政治教育实施过程中，各类型的大学生社团组织逐渐起到了越来越重要的作用。按照内容、宗旨和功能，学生社团的活动可分为政治理论学习、社会科学、学术科技、文学艺术、志愿服务、体育健身等类型。每一类学生社团又都包括许多形态各异的具体组织，充分体现了高校学生广泛的兴趣专长和对素质发展的追求。辅导员要积极培养有开拓创新能力的学生社团骨干，加强对学生社团的指导和管理，促进学校和专业特色与学生社团有机结合起来，为学生社团活动提供平台，有计划地建设一批特色鲜明的学生精品社团，加深学生社团文化积淀，促进学生社团健康有序发展。

三、加强校园文化建设

校园文化对大学生的世界观、人生观和价值观，对大学生的思想政治素质、道德品质和行为规范都会产生深刻的影响，因此辅导员要针对学生的思想、学习、生活实际，组织开展能够体现社会主义特点和时代特征、具有校园特色的文化活动，用优秀的文化产品引导、鼓舞、激励他们，从而营造积极向上的校园文化氛围，充分发挥校园文化的育人功能。辅导员要组织开展符合思想政治教育要求和规律、内容丰富、吸引力强的校园文化活动，如举办文化艺术节、科技作品展、爱国读书月，新生合唱赛、宿舍美化评比等活动，打造具有校园特色的品牌文化活动，影响他们的思想观念，潜移默化地对他们进行爱国主义和集体主义教育，使其通过活动感情得到熏陶，精神得到充实，境界得到升华，自我行为约束能力得到提升。同时，学校要对校园布局精心规划，对校园景观科学设计，合理摆放名人雕像，为师生创造一个优雅、宁静、整洁的校园文化环境。

四、深度运用互联网创新教育手段

网络是当代大学生获知各种信息的重要渠道，它开阔了学生的视野，丰富了他们的生活，成了他们学习生活的有机组成部分，也为改善提升高校学生思想政治教育工作提供了技术支撑。辅导员要充分利用网络等现代化信息传播手段，对大学生进行思想教育和行为引导，为其学习和生活提供各种服务，积极拓展思想政治教育的途径和空间。

首先，辅导员要充分利用网络开放性、交互性、隐蔽性、便捷性特点，充分发挥网络资源对大学生思想政治教育的助力作用，并不断创新载体，引导和规范学生网络行为，定期开展网络专题教育活动，努力形成网上、网下思想政治教育的合力。辅导员要建立贴近实际、高质量的思政教育网站，设立理论学习、通知公告、工作动态、典型引路、媒体关注等版块，为学生提供思想引导、在线阅读、下载学习的平台。辅导员要对学生身边的好人好事进行宣传，对学生关注的时事热点进行分析，建立传媒素材库，丰富网站内容，体现出时代性、先进性、青春性的特点。另外，其还要建立 QQ 群、微信群、官方微博、网络心理咨询室、辅导员工作邮箱等网络工作平台并进行有效维护与管理，加强与学生思想沟通的力度与深度，及时发现学生中存在的思想问题并给予及时、正确的引导。辅导员要利用好互联网的开放性功能，设计好活动方案，进行各种宣传、调研和主题实践教育，如通过在线问卷调查、开展主题征文等活动了解大学生所思所想并对其进行分析；开设“网上辅导员”“党校学员”等网上论坛，与学生开展充分的话题讨论、思想交流。

其次，辅导员要充分运用“大数据”开展思想政治教育。大数据技术不仅可以宏观把握群体思想规律，还能通过“用户画像”等方式精细定位个体，进而依据数据处理结果准确揭示每个学生的思想动态[①]。这样的技术对

① 钱云光，骆睿，张凤寒．大数据时代大学生思想政治教育探析 [J]. 学校党建与思想教育，2019（22）：66-67，80.

于辅导员来说，就是“导航仪”，就是“瞄准镜”，辅导员可以据此了解学生的思想动态，掌握隐藏在大量数据背后的规律，以制订更有针对性、前瞻性的思想政治教育方案，提高教育实效性，也可以精准识别重点工作对象，有的放矢，防患于未然，提高工作效率。所以，高校要加强“大数据”系统的建设，并要求辅导员掌握好“大数据”技术的应用，让“大数据”技术在大学生思想政治教育中发挥应有的积极作用。

最后，辅导员要综合运用网络工具提高工作效率。不受空间和时间的限制是网络诸多特点之一，而对于“全天候作息”的辅导员来说，用好网络工具就意味着一定程度上手脚的解放。QQ、微信为师生提供了及时双向互动的沟通工具，其甚至可以开线上会议、做主题直播；各种线上协作办公软件，各自录入信息就能直接形成汇总表格提交给辅导员；“钉钉”等签到打卡工具不仅能规定签到的时间，还能定位签到时的具体地点，用得恰当未尝不是查寝查课的“神器”……这些工具只需要学校少量经费投入，不仅能提高辅导员工作效率，还能让他们腾出时间精力用于自我提升，在一定程度缓解辅导员事务性工作的压力。

五、引入心理健康教育

目前，大学生处于学业和就业双重压力下，采取有效措施缓解他们的学习、就业和心理压力，促进他们健康、快乐成长，已成为辅导员思想政治教育工作的重要内容之一。一方面，辅导员要构建思想政治教育中心理健康教育的内容，包括做好心理健康教育知识普及工作，上好心理健康教育课，做好学生心理咨询、辅导工作等；要组织引导学生积极参与校园文娱活动和社会实践活动，使其保持健康向上的心理状态；要建立从“基层到高层、从学生到教师到学校”的学生心理健康预警机制，尤其是要畅通心理健康中心—校医院—精神卫生机构的心理危机快速干预通道。另一方面，辅导员要积极主动帮助学生解决学习、生活中的实际问题和困难，遵循解决思想问题和解决实际问题相结合的原则，指导学生处理学习、生活、恋爱等方面的具体问题，重点帮扶经济、学业困难的学生，做好资助工作和学业指导工作，帮助他们克服经济、学业困难，给予他们充分的人格尊重、人文关怀和人情温暖，为其健康成长提供良好环境；辅导员在与学生进行体贴入微的谈心过程中，可以通过沟通交流帮助学生解难释疑、缓解情绪、柔化矛盾，减轻其来自各方面的各种压力，帮助他们形成良好的心理素质和健康的心理状态。

第八章　高校辅导员在心理健康教育中的作用发挥

第一节　高校辅导员在心理健康教育中的角色定位

自20世纪80年代以来，心理健康教育在我国迅速发展。随着工作的普及和推进，对从事心理健康教育队伍的专业化要求日益严格了起来。在我国高校，心理健康教育提倡的是全员育人，全方位育人。无论基于国家、教育部的文件中，还是我国的具体国情要求，抑或是高校的心理健康教育实践，辅导员都必须是大学生心理健康教育队伍的骨干力量。那么，在大学生心理健康教育诸多教育主体中，辅导员是什么样的工作角色，他们的具体分工能否得以明确？本节将探讨辅导员在大学生心理健康教育工作中的角色定位与专业分工。

一、辅导员半专业心理助人者的角色定位

人们通常把开展心理健康教育的专业助人者称为“心理咨询教师”“心理教师”“心理辅导教师”等，而他们与辅导员队伍、思政课教师队伍、朋辈心理健康教育队伍共同开展的，旨在提升学生心理健康素质的相关工作称为“心理健康教育”。“学校心理健康服务”是一种综合性的专业活动，它可以为学生、家长、教育者以及学校教育提供心理学知识和实践指导，为学生在学校、家庭和其他系统中的发展提供心理评价、干预、预防以及增进健康的设计和评估服务，创造积极的学习环境，促进学生身心健康发展。

在我国，大学生心理健康教育中有大量半专业心理助人者，他们协同专业心理助人者共同开展心理健康教育和服务工作。例如，心理咨询这样心理学专业性质很强的活动主要由专业心理助人者开展。心理健康教育和心理健康服务是一项综合性的活动，它包含专业性质很强的活动。另外，它还有许多其他事项需要半专业、非专业人士协同开展。

仅靠专业心理助人者是无法满足大学生日益增长的心理健康教育需求的。在这种情况下，一批具备一定知识和经验的心理工作者开始发挥自身的优势，开展力所能及的工作，辅导员就是其中具有代表性的人物。他们在从事辅导员工作之前或者之后都要接受一定的教育学、心理学、思想政治教育学培训，同时他们在工作中会应用这些理论、方法，并积累相关经验与心得；他们与学生同吃同住同学习，联系最为紧密；他们对学生的背景资料和现状最为了解；他们能动员人数众多的朋辈进行协助；他们能与其他教育主体进行广泛的联系……因此，他们作为半专业心理助人者，可对专业心理助人者的工作进行补充和联结。心理健康教育成了辅导员工作内容的重要部分，辅导员则成了大学生心理健康教育工作队伍的重要一员。

总之，对于大学生心理健康教育而言，辅导员主要发挥着半专业心理助人者的作用。这个半专业心理助人者的角色定位是辅导员开展大学生心理健康教育的逻辑起点，是辅导员处理好自身多角色关系的落脚点。在开展思想政治教育工作和学生事务管理工作时，辅导员有许许多多的教育内容都可以与心理健康教育对应，如人格辅导、生活辅导、课程辅导、网络辅导、危机辅导、亲子辅导等，双方面的工作可以相辅相成，互相促进。

二、辅导员开展大学生心理健康教育的具体角色定位

（一）辅导员是大学生心理健康教育核心价值的引领者

大学生处在人生的青年早期，大学阶段是其价值观逐步稳定并最终形成的关键阶段。心理健康教育对开展社会主义核心价值观教育有极大的助益。社会主义核心价值观教育在内容上稍显片面，心理健康教育可以弥补之；社会主义核心价值观教育在方法上略显简单，心理健康教育可以丰富之；社会主义核心价值观教育在途径上不免单一，心理健康教育可以拓展之；社会主义核心价值观教育在主客体关系上二元对立，心理健康教育可以融洽之。总之，心理健康教育可以增强社会主义核心价值观教育的吸引力、凝聚力和影响力，提升其针对性和实效性，最终达到促使国家意识形态融入个人价值观，个人价值观呼应社会核心价值观的目的。

社会主义核心价值观教育对大学生心理健康教育亦有重大的意义。当大学生的心理坐标系出现偏差时，核心价值观教育能够调整它；当大学生出现思想症结时，核心价值观教育能够化解它；当大学生社会心理变得浮躁时，核心价值观教育能够调适它。在大学生通过对多元文化的比较、鉴别、反思

和批判而形成自己的价值观的过程中，他们也会感受到自身心理的发展与成熟。在心理健康教育这个教育主客体相互交往、对话、理解的平台上，社会主义核心价值观教育和心理健康教育共享了良好的沟通方法，构建了科学的思维方式，把握了主流的社会核心价值观，互相助益，协同共赢。

（二）辅导员是大学生心理健康教育的培育者

一方面，对于普及性、发展性的心理健康教育内容，辅导员应当成为一个称职的培养者。所谓培养，涵盖心理健康知识的传播、心理健康情感和态度的培育，以及良好心理素质的养成。传播，即针对大学生开展关于心理健康的知识教育。在我国，心理健康教育开展的时间相对较短，因此基本知识的普及和基本理念的宣传是开展好心理健康教育的入门基础。辅导员可以通过开设心理健康教育课程，组织心理健康社团活动等形式，在大学生中宣传和普及心理健康相关知识。培育，可以结合思想教育、政治教育和道德教育，通过直接参与心理健康咨询中心的心理咨询工作，组织和带领学生开展心理健康教育社团工作等进行；养成，可以通过营造有利于心理健康教育的氛围，调动大学生对心理健康教育的兴趣，创设心理健康教育实践活动或者平台来实现。

另一方面，对于普及性、发展性的心理健康教育内容，辅导员应当有所侧重。辅导员应当结合思想政治教育，主要在心理素质养成、行为习惯养成和网络心理健康教育这几个方面开展工作。第一，塑造大学生健康的人格，如情商的培养、意志力的培养、情绪管理、幸福感提升等；第二，培养良好的学习与生活习惯，如消费习惯、运动与作息习惯和时间管理等；第三，现实与虚拟密切结合，辅导员既要在网络世界中开展大学生心理健康教育，又要在现实世界中致力于寻找开展大学生网络心理健康教育的途径。

（三）辅导员是大学生心理危机预防和干预的协同者

对于一般心理问题，含心理危机预防，辅导员的角色分为两种情况：一是少数取得国家心理咨询师资质认证，并通过其他入职考核的辅导员。他们可以直接开展心理咨询工作，因此他们对一般心理问题而言，就是“咨询师”的角色。二是大多数未取得国家心理咨询师资质认证的辅导员。面对大学生一般心理问题，以及开展心理危机预防工作的时候，他们的角色就是专业心理助人者的“协同者”，帮助专业心理助人者开展工作，帮助学生解决引发心理困惑的现实问题。

对于大学生心理危机干预与处置，辅导员发挥着“协同者”的作用。心理危机干预与处置工作有很强的专业性，其中关于心理问题的研判、咨询等工作都需要由专业心理助人者开展。辅导员可以侧重开展以下几个方面的工作：第一，大学生心理危机干预工作。针对与危机主体或危机事件有密切关系的人，如危机主体的家长、舍友、危机现场的目击者等，开展心理疏导工作和相关事宜处置工作。第二，大学生心理危机处置过程中的协调工作。比如，在专业心理助人者需要危机主体背景资料的时候，辅导员可帮助提供；在危机处置过程中，需要协同其他部门、队伍，或联系学生家长的时候，辅导员可发挥其优势，成为解决问题的纽带。第三，大学生心理危机处置的善后工作。例如，帮助危机主体或者其家长办理休学、复学等手续，为危机主体创设有利于心理健康状态恢复的班级氛围、宿舍氛围等。

第二节 高校辅导员开展心理健康教育的价值向度

价值观是一个人心理世界最高层次的体现，是一个人的心理和行为的坐标轴和度量衡。人的认知、态度、情感、行为都取决于这个心理基础。大学阶段是一个人的价值观形成巩固和心理成熟的关键时期。在培育和践行社会主义核心价值观的过程中，如何以核心价值观引领大学生心理健康教育，培育大学生良好的心理健康状态，是辅导员面临的一个重要课题。

一、以核心价值观引领大学生开展心理健康教育的基本原则

（一）坚持一元价值主导和多元价值取向的统一

首先，在教育内容上，在不同的心理健康教育活动中，价值观引领的方式与比重是不同的。日常开设的心理健康教育课、心理社团活动及校园文化应有鲜明的价值导向。例如，辅导员在讲自尊心的时候，就可以讲到荣与辱，就可以与荣辱观密切结合；在讲人际心理的时候，就可以联系到“诚信、友善”等。在心理疏导中，辅导员应坚持价值干预。心理疏导不是灌输，不是“我说你听，我打你通”，而应坚持平等、尊重、因势利导。当心理疏导涉及价值观问题时，辅导员应该采取不回避、不干涉的态度，在充分尊重受教育者主体性的前提下，进行善与恶、真与假、黑与白的思辨。在心理咨询中，辅导员要善于使用价值观引领。这里的“善于”是立场，是经

验，是技巧，具体包括以下几步：第一步，要坚持价值中立，分清自己与来访者的价值观界限；第二步，在尊重学生价值取向的基础上，帮助其进行价值澄清。价值澄清的关键点在于与学生心理地位平等，通过有技巧、有策略的对话启发学生对问题进行深层次思考，进而探寻心理问题的根源，帮助其明白其中的善恶是非。社会主流价值观便是这些“根源”“善恶”和“是非”的背景和参照系。

其次，在教育目的上，价值观引领并非追求一元价值观。高校的心理健康教育应以社会主义核心价值观为主导，同时尊重学生的多元价值取向。心理健康教育育人者要以宽容的态度、博大的情怀、深入的思考，引导大学生认识不同价值观的理论源头和现实背景，结合当代大学生实际，分析明辨不同价值观与学生的联系，进而对各种价值观进行辩证的批判，予以客观的评价，引领学生对多元价值观进行辨识，明确不同的价值观对社会的不同意义；引领学生了解什么是目前社会所倡导的主导价值观，主导价值观居于什么样的地位；引领大学生在遇到社会问题时做出客观的、正确的社会评价和价值选择，在充分尊重大学生主体性的基础上，让社会主义核心价值观成为学生自己的主体价值选择。

最后，在教育原则上，价值观引领应坚持尊重包容与明辨是非相统一的原则。一方面，在当下的社会，价值观日趋多元。社会主义核心价值观要在与不同的价值追求和谐共存的基础上，获得认同、成为主导，就要在尊重与包容之中，增强大学生对价值观的辨别和选择能力。另一方面，辅导员应当教导青年大学生，使他们面对纷繁复杂的社会思潮时，稳住阵脚，冷静思考，用辩证的思维和放眼世界、纵观历史的全局性、发展性眼光去分析、去评判。辅导员要鼓励和支持进步的，积极向上的，有利于国家、民族和人民的思想和精神，反对和批判那些倒退的、落后的、消极的、反动的思想观点。辅导员在进行价值观引领的时候，不能否认或回避价值观的多样性和差异性，否则会激起大学生的好奇心理或者逆反心理，亦不能不辨是非地让大学生随波逐流不予引导，那样有违党和国家的教育宗旨与自身的工作职责。

（二）坚持主流价值教化和主流价值转化的统一

一方面，主流价值的教化主要通过课堂教学、社团活动、青年志愿者活动和校园文化等途径进行。课堂教学是大学生认知社会主义核心价值观的主渠道，通过课堂上教育者有目的、有计划的教学活动，大学生可以正确理解和准确把握社会主义核心价值观的时代意义、思想内涵等。认识并理解是认同的前奏，是改造的前提。思想政治理论课和心理健康教育课正是对大学生进行社会主义核心价值观教育的主阵地。社团活动和青年志愿者活动是大学生将课堂所学运用于实践，用实践成果验证与巩固课堂所学的关键途径。校园文化为大学生学习和认同社会主义核心价值观创造了优良的环境，而通过营造氛围、开展主题活动、教风学风熏陶等，社会主义核心价值观的学习与践行会渗透到大学生学习、生活的方方面面，且其作为潜在的规则和不被觉察的力量，能潜移默化地对大学生产生影响。人对任何事物的认识都不是一次完成的，而要经历一个多次反复、无限深化的过程。这些渠道的协同作用对大学生认同与践行社会主义核心价值观起到了重要的作用。

另一方面，主流价值的转化主要依靠“以人为本”的学生事务管理和服务实现。当代大学生成长在国家飞速发展的时期，这是其成长成才的良机，也是其个人发展面临的挑战。价值的多元、道德的重构、竞争的压力给大学生的思想、心理、生活带来了许多困扰。这些困扰大部分都来自现实生活中的实际问题。因此，心理健康教育贯彻“以人为本”的原则不能仅仅停留在理论灌输上，还应当尽可能地切实帮助大学生解决引发心理困扰的问题。无视大学生的成长需求和利益诉求，就价值观谈价值观，就心理谈心理，会让学生觉得“假大空”，认为高校心理健康教育不接地气，没有用，因而可能对它产生偏见或排斥。因此，在日常大学生事务管理和服务工作中，辅导员要贯彻以人为本的理念，主动关心学生，为学生排忧解难；以为学生着想的情怀和行动，打动学生，让学生接受心理健康教育和帮助；用工作中的人文关怀，彰显社会主义核心价值的吸引力和凝聚力。最终，辅导员要让“以人为本”的服务成为社会主义核心价值观从理论到生活的转化联结点。

（三）坚持学习内化和实践外化的统一

一方面，“心理活动基本形式说”为价值观引领厘清了内化的心理机制。社会核心价值观要内化为个体的价值观需经过“学习—整合—转化”这样的过程。在这个过程中，知、情、意作为人类心理活动的三种基本形式，时刻贯穿其中。“知”指的是认知、观念；“情”指的是情绪、情感；“意”指的是意志；知、情、意是行为的先导。大学生核心价值观内化的心理机制就是通过认知活动，大学生对核心价值观产生理性认知、感性共鸣，再结合自身的意志品质，认可、捍卫核心价值观的一个过程。这个过程是循环的、螺旋上升的。这就要求教育者在对大学生进行社会主义核心价值观的教育时，要使学生对核心价值观的认知尽量正确、客观。认知越客观、全面，越能使大学生对核心价值观产生正面的、真挚的感情。这份感情越真挚、越炽热，就越能焕发大学生坚毅的、自觉的意志品质，使大学生从内心深处接受认同社会主义核心价值观，从而把这些新的思想和观念纳入自身的世界观、人生观和价值观体系之中，最终催生出符合核心价值观的行动。

另一方面，马克思主义实践论为价值观引领指明了外化的实践路径。马克思主义实践论告诉我们，实践是认识的目的，是检验真理的唯一标准。大学生对社会主义核心价值观的学习与接受只是价值观引领的第一步和其中的一方面，价值观引领的根本目的是通过内在的改变影响外在的表现，即在大学生认同社会主义核心价值的基础上，发挥他们的主观能动性，促使他们在实践中体现出自身的价值选择，并通过实践进一步巩固自己的价值选择。这就要求教育者在对大学生进行社会主义核心价值观教育时，不但要重视核心价值观的进内心，而且要重视价值观的外化实践。辅导员要引导大学生通过日常学习生活、党团活动、社团活动、社会调研、青年志愿者活动等社会实践，每时每刻、全面体会、领悟、践行社会主义核心价值观，让其认识和实践相互验证，相互促进，从而收获对社会主义核心价值观的理性认同、情感认同和行为认同。

二、大学生心理危机的预防和干预

辅导员在大学生心理危机干预工作中具有独特的优势，他们在此项工作中应充分发挥自己的优势，明确自身的定位，在积极与专业心理助人者协同的基础上，将工作重点放在对大学生价值观的教育引导上，帮助其解决心理危机的思想根源。因此，对辅导员而言，价值引领是最合适也是最必须采取的心理危机干预手段，是开展大学生心理危机干预的着眼点。

（一）大学生心理危机预防与干预的原则

1. 日常化

辅导员与大学生同吃同住同学习，师生关系最亲密，交流最多，相互了解最全面，有利于将价值引领渗透到心理危机干预的方方面面，渗透到大学生学习、生活的日常细微之处。价值引领尤其是社会主义核心价值观的引领具有一定的高度、抽象度，可以对国家、社会、个人进行高屋建瓴的宏观性、根本性指导。例如，如何把宏大的核心价值观化“小”、入“心”是辅导员发挥自身优势和创造性面临的机遇和挑战。

2. 个性化

辅导员要比较全面地掌握大学生的基本情况，如学生高考的情况、家庭情况和当前学习生活情况等，这样可以使心理危机干预工作更有针对性，使价值引领渗透到心理危机干预的工作策略更加个性化。大学生的价值观是以他们先天的生理和心理素质为基础，以后天的成长经历和教育环境为背景，在个体需要的驱动下逐步形成的。辅导员要根据遭遇心理危机的大学生平常的表现、当下的心理素质等不同因素，采取不同的心理危机干预方案。在坚持社会主流价值观引导的前提下，辅导员应该根据个体具体特质和面对的问题的不同，以人为本，在引导方式上实现个性化。

3. 实践化

辅导员运用价值引领开展心理危机干预工作，不但要从理论层面为大学生传道授业，而且要在实践层面创设平台，为大学生提供践行核心价值观、培养心理素质的场合和机会。当下的大学生价值观教育主要依托思想政治理论课进行，教育形式比较单一，只有理论灌输，缺少践行内化。要使社会主流意识形态在学生头脑中落地生根，辅导员就要让价值观教育从思政课堂中走出来，通过“社会实践”联结“知识殿堂”与“生活课堂”。辅导员要深入学生的生活，教诲大学生把握成长关键点，引导大学生关注社会热点，帮助大学生渡过人生难关；充分利用学生组织塑造人，利用社团活动培养人，利用竞赛活动锻炼人，利用表彰活动激励人；让价值观教育充分融入大学生的学习生活实践，让大学生在实践中感知心路历程，反思内心困惑，提升心理素质。

4. 协同化

在心理危机干预中，辅导员要主动作为，高效协同各层次、各类型价值观教育资源与手段，一方面要积极整合各类型的人力资源，另一方面要灵活运用不同的教育手段，协同创新。辅导员这一职业赋予广大辅导员对大学生进行价值观教育的使命与责任，同时给予了他们有利的心理危机预防工作条件——辅导员掌握着众多与大学生成长成才相关的资源，如覆盖面广泛的工作网络、众多的学生助手、独有的政策资源、双重的教育身份。在人力资源上，辅导员要协助学生干部队伍、专业心理助人者、高校行政人员、思政课教师乃至学生家长；在教育手段上，辅导员要协同价值观教育、心理危机干预以及政策帮扶等，共同致力于大学生心理危机干预工作。

5. 常态化

辅导员运用价值引领开展心理危机干预工作不可能一蹴而就，需要构建长效机制，并使之常态化。很多人误认为心理危机干预仅包含心理危机爆发阶段的紧急介入，实则不然。它还涵盖心理危机干预的前奏——心理危机预防工作、心理危机干预的善后——危机后教育工作。这两个阶段的工作若能做好，可以大大减少心理危机爆发的可能性、危害性，且这两个阶段的工作更多地要由辅导员来承担。这是一个长期的、连续的过程，因此辅导员应用生动活泼的形式反复教育和引导，促使个体反思生命的意义，正确面对生命价值的存在，自觉地珍惜生命价值，尊重生命意义，也只有这样才能达到理想的教育效果。

（二）预防与干预大学生心理危机的方法

1. 帮助大学生建立“心理—价值”系统

（1）培养合理正确的需要

需要是内在的自我意识的表现形式，需要的合理性决定着价值的最终取向。当前大学生具备较强的自我需要意识，但在面对需要时的是非选择还显得不够成熟。对于追求正确价值意识的含糊，必然会造成需要的不明确；反过来，需要的正确与否将直接影响价值的正误取向。在当下的新媒体时代，每一个问题都是多维的、变化的，试图直接给出一个问题的具体答案或者仅用一种价值观念去评判是非几乎不可能。因此，辅导员要以合理激发大学生正确需要作为价值引领的起点，在社会的普遍需要和学生的个人需要之间寻找契合点，使两者尽量相近与贴合；在社会价值和个人价值之间寻找平衡点，让价值观教育能被大学生自愿地认同、积极地实践。

（2）注重真实的情感体验

情感体验是人在亲身经历中的心理过程，是内心深处的一种真实感受。教育不仅要关心人是否学到知识，还应关心人体验到了什么，追求什么样的体验，以及如何感觉自己的体验[①]。价值教育不能停留在传统的灌输教授上，

---

① 李琳 . 思想政治教育视野下的体验教育研究 [J]. 佳木斯职业学院学报，2016（7）：116-117.

只有通过激发大学生内心对价值的情感认同，才能达到最终目的。这可以通过心理健康课课堂教学，也可以通过心理咨询和治疗，还可以通过日常校园文化浸染、开展社会实践活动、师生互动交流等方式实现。开展各种以培养学生正确价值取向为目标的实践体验活动，引导学生正确处理自我、他人、社会三者关系，可使学生获取真实的情感体验，切实让价值观教育在心理危机干预中发挥更大的引领作用。

（3）确立主流的价值标准

价值标准是人脑对客观世界的反映，是人辨别正确与否的主要评价依据。人的每一具体行为的取向或定向都是各种具体价值取向综合作用的结果。从宏观来看，确定价值标准不能简单地要求学生敢于放弃个人利益，以对社会的贡献标准来衡量价值，而应该在鼓励其追求个人利益的同时，将社会主义核心价值观的实质内涵从理论知识、理想信念和精神道德等方面逐步灌输给大学生，使隐性的人本理念在其人生经历中落实和深化，帮助大学生逐步确定主流的价值标准。从微观来看，辅导员可以引发心理危机的事件为切入点，透过实际生活了解价值选择状况，通过价值澄清来感受正确的价值标准，促使学生明是非、辨荣辱、知善恶，不断自觉地来审视和调整自身的价值标准，从而意识到价值标准的真正意义。

2. 对心理危机进行价值干预

（1）坚持价值干预

大学生心理危机干预不可避免地会涉及价值取向的根源问题。价值干预不等同于价值干涉，辅导员要在承认大学生群体中价值取向多元化现实问题的前提下，进行核心价值引导。在干预过程中，辅导员不仅要尊重学生的现有价值观，还要在学生的价值观中寻找相对的价值标准，在不强求学生赞同和选择的前提下，自然而然地呈现社会核心价值体系的评判标准，帮助学生进行价值辨析，激起价值沉思，端正价值标准。

（2）引导价值认同

辅导员对心理疏导不能仅从心理咨询和心理治疗的层面来理解，而应把心理疏导看成一种思想政治教育方法的发展，把心理疏导看成一种通过疏导心理层面问题来发挥思想沟通引导作用的教育方法[①]。学生在发生心理危机

① 潘柳燕.论思想政治教育视域下心理疏导的价值干预[J].思想政治教育，2013（1）：194-196.

时也是价值观出现冲突的时候，而如何把握时机做好价值引领工作是辅导员在干预时需要考虑的问题。在学生面对危机时，辅导员可以鼓励学生正视价值观，重塑价值取向，以榜样的力量和对人生未来观的感悟，从情感上激发自身对价值观的思考，进而引导其对当前主流社会主义核心价值观产生积极理解和深刻认同。辅导员还应通过个体跟踪干预来强化大学生的认同需要，有序引导其树立正确价值观。

（3）增强价值内化

疏导人员应积极支持和及时鼓励疏导对象对新价值观进行认同，目的是促进其价值观的内化，使其价值观发生实质性的转变。在危机处理过程中，通过在情感上不断支持和引导学生认同主流价值观，辅导员可促使学生在价值认同上由感性认知转换为理性认知，使其价值观发生实质性变化。在引导和激励双重外力的干预下，辅导员可将外在推力不断地凝聚成内在的意志力，使学生在新的价值观中获得信任和认同，并逐步将其固化为自己的内心思想，转化为基本的认知思维构造，也只有这样价值内化才可以达成。

第三节 高校辅导员视角下心理健康教育队伍建设

建设一支复合型、素质高、善协作、高效能的大学生心理健康教育工作队伍是大学生心理健康教育工作的重要保障，是促进高校心理健康教育工作专业化和规范化的重要举措。如何整合专业心理助人者、思想政治课教师、辅导员、学生家长等大学生心理教育队伍力量，使之产生正向的效应，发挥最大的作用有赖科学分析各因素的特点，探寻因素间联结的可能性；以辅导员为切入点和联结点，合理构建各个类型、层次的人才组合，打造多元心理健康教育协同队伍。高校需建设“辅导员——专业心理助人者”“辅导员——思政课教师”“辅导员——学生家长”以及“辅导员——大学生朋辈力量”队伍，探讨其建构策略、角色异同、工作抓手，进一步发展和完善大学生心理健康教育队伍，使他们在共同教育目标的引领下加强交流，增进合作，进一步完善大学生的心理健康教育体系。

一、辅导员——专业心理助人者队伍建设

高校辅导员是大学生思想政治教育的主要力量，是日常学习生活中的指导者和管理者，也是大学生心理健康教育中的心理辅导者，但能完全胜任大

学生心理辅导工作的辅导员为数不多。与此同时，高校内部及周边存在着一些可以协助开展大学生心理健康教育的群体，如高校心理咨询机构的心理咨询师、具有执业资格的心理医生、广泛为群众服务的社会工作者等，由于他们都受过系统的心理学专业培训，具有丰富的实际辅导操作经验，所以他们都属于专业的心理助人者。他们的出现不仅可以弥补高校在大学生心理健康教育中心理辅导队伍的不足，还可以提高大学生心理健康教育的科学性。高校辅导员和专业心理助人者的工作目的不尽相同，辅导员具有广泛联系学生，深入学生学习、生活实际，了解学生个体情况的优势，专业心理助人者具有专业的心理学知识和实践经验。双方科学有效的协作是大学生全面发展的必要条件，也是大学生心理健康教育工作科学有效的保障。

（一）建立有效对接关系

目前，高校专业心理助人者主要为心理咨询中心的心理咨询师和心理医生等，虽然他们与辅导员都从属于高校统一管理，但实际上，两者分别归属于不同的管理体系，高校要加强双方多领域的协同合作，就要帮助双方建立有效的对接关系，具体可尝试将心理咨询机构的专业心理咨询师分配到不同的院系，直接与辅导员对接，让双方在工作中的协同配合更具针对性。一方面，在大学新生入学后，高校可通过心理咨询机构对全体新生进行心理普查，为每位新生建立心理档案，确定评测结果异常的学生，而被分配到各院系的专业助人者就可以和辅导员对接，加强对该这些学生的关注，做好观测工作。专业心理助人者和辅导员可就咨询意见和观测情况相互交流，有效提前预防学生心理问题的发生，另外，学生档案的建立和双方的有效对接更有利于大学生心理健康教育的持续展开。另一方面，针对主动来访咨询的学生，高校心理咨询机构可以根据必要性考虑是否将其转介给该生院系的其他专业心理助人者或者辅导员。基于测评结果的反馈和协调，各院系的专业心理助人者可与辅导员进行对接，探讨问题学生的专业特点和学习生活环境，并展开个体分析，有针对性地了解问题学生产生不良心理状况的主要根源，继而有效做好咨询服务和跟踪干预工作。

（二）建立常态培训机制

辅导员承担着大学生思想政治教育的主要工作，也承担着大学生心理健康教育的重要任务，心理健康教育的成效直接决定着思想政治教育工作的最终效果，而辅导员对心理学的学习、掌握及运用情况直接影响到大学生心理健康教育工作的效果。要增强辅导员心理健康教育有效性，高校就要做好针对辅导员的心理学方面的培训，建立常态培训机制。高校可以从辅导员队伍中挑选一批具有心理学教育背景或者对心理学感兴趣的人选，组建一支心理辅导员队伍，由专业心理咨询机构和专业心理助人者定期引导辅导员进行专业培训及个案探讨，提高他们的专业理论水平和咨询实务应对能力，这样不仅可以充实高校心理健康教育的专业队伍，满足高校咨询服务工作的需要，还能以一带多，带动并培养身边的辅导员，从而提高整个辅导员队伍的心理健康教育水平。

（三）加强科研合作交流

由于专业心理助人者和辅导员的角色岗位不同，他们的着眼点和研究方向也不一样，而为了更好地贴近当前学生的思维方式，提高其心理适应度，双方就要加强合作交流，拓展学科领域，开展科学探讨。一方面，建立非正式组织关系，专业心理助人者和辅导员可以经常开展团体活动，增加双方的团队合作意识，提高彼此的配合度；另一方面，举办心理讲座，不仅可以选择与学生相关的选题，还可以选择与辅导员工作相关的选题，增加彼此学科研究领域的契合度，进而吸引更多的辅导员参与到心理咨询服务工作中来，同时根据现实中的管理实际，促进思想政治教育和心理健康教育的有效融合。

二、辅导员——思政课教师队伍建设

辅导员与思政课教师的协同是指将大学生心理健康教育当作一个系统，将立德树人当作总体目标，学生工作系统、教学系统等子系统之间相互配合，子系统人员，如辅导员和思政课教师，在系统内部和系统之间相互协作、相互支持，进而产生教育合力甚至增力，使系统实现良好发展。推进高校辅导员与思政课教师的科学协同将极大地优化其在大学生心理健康教育中的育人职能和教育效果。

（一）统一认识

认识是行动的先导。无论是辅导员与思政课教师两支队伍，还是学校的管理层，都要统一认识到整个高校的“大思政”是一个高层级的系统，它包含狭义的思想政治教育和心理健康教育等下一层级的系统，而思政课教师和辅导员恰恰是这一层级系统中的重要人力因素。如果系统被割裂，各自为政，人力因素无法得到充分利用，各方孤军奋战，那么会大大影响系统功能的发挥。只有自上而下统一认识，使资源共享，形成合力，相互助益，让第一课堂与第二课堂之间充分衔接，让显性教育和隐性教育相互呼应，才能充分发挥系统之间的互补效应、耦合效应，从而产生教育合力，甚至是增力。

（二）制度建设

制度建设是做好工作的根本保障和长远之计。高校领导应注重顶层设计和工作协调，总结成功经验和成熟做法，结合学校实际，制定一套规范化、常态化、切实可行的制度。这些制度应涉及两支队伍参与心理健康教育的工作内容、考核规范、监督机制、待遇问题等。高校建立相应的制度就可以在一定程度上克服人为性和随意性，为充分发挥两支队伍的育人优势、增强其资源整合力度、促进其深度融合和科学协同提供制度支撑。

（三）提升素质

为促进一支队伍在心理健康教育中的科学协同，无论辅导员还是思政课教师，都要付出相当的努力，而为了培养全面的大学生，他们首要做的就是充实自己的各个方面。就日常工作而言，辅导员更多地侧重大学生事务管理与服务，思政课教师更加倾心本学科的教学与科研。对于心理健康教育而言，两者都有很大的提升空间，有许多心理健康知识需要丰富，许多心理辅导技能需要磨炼，许多心理实践活动方法需要掌握。此外，思政课教师要更多地走近大学生，走向辅导员，了解学生，与大学生相处，与辅导员交流；辅导员要积极向思政课教师请教，特别是一些非思政专业出身的辅导员，应更加主动地弥补自身思想政治教育理论方面的不足，在心理健康教育实践中融入世界观、人生观和价值观教育，让大学生的道德水平、政治素养、思想境界、法律意识及心理素质能得到全面且均衡的提升。

三、辅导员——学生家长队伍建设

大学生心理健康教育是高校思想政治教育的重要内容，是提升大学生心理素质的重要手段。学校和家庭是大学生生活的主要场所，更是他们接受教育的主要场合。辅导员是学校教育的重要力量，家长则是大学生家庭教育的主要力量。对于大学生心理健康教育，家庭教育和学校教育两者皆不可缺位，它需要辅导员与学生家长密切协同，方能全方位焕发生命力，增强实效性。

（一）调动家长参与心理健康教育的积极性

1. 心理健康教育常识的普及

辅导员应善于利用新生入学的机会、家长会的机会，以及家长 QQ 群、微信群、年级网站、个人微博、电子邮箱等新媒体，积极向大学生家长普及心理健康教育常识，以提高其对心理健康及心理健康教育的认识，转变其对心理健康教育的观念，提升其共同参与大学生心理健康教育的意识。例如，在认知上，辅导员要教授学生家长一些心理健康教育方面的知识，对于心理上有困扰的孩子，改变原先的“去看心理医生的都是神经病”等偏见；对于心理正常的孩子，多关注挖掘其积极的心理品质，包括注意力、自信心、意志力的培养，情绪的控制，压力的应对，等等。

2. 调动大学生家长教育儿女的积极性

辅导员应向学生家长阐明为什么还要对上大学的子女继续进行家庭教育，让他们意识到子女上大学的时候虽然是成年人了，但是依然处于青年初期，人格尚未定型，价值观也不稳定，心理素质欠佳。在上大学之前，他们一直在学校念书，生活阅历简单，社交圈子简单，社会经验缺乏；在物质、思想、心理等方面，都比较依赖父母；几乎没有经受过较大的困难和挫折；大学的学习、生活方式与中小学时候差距很大，注重自学，注重自律；大学还是与社会接轨的地方，学生完成大学学业之后，便要进入职场拼杀。因此，家长对上大学的子女继续教育是必需的。此外，辅导员应向学生家长强调家庭教育的重要性，家庭依然是大学生接受教育的一大场合，家长依然是他们最重要的亲人；孩子上大学后并不能认为教育任务已经完成，把孩子全部托付给学校；要通过定期看望、电话、短信等形式，既与孩子保持距离，给孩子独立的空间、锻炼的机会，又不做“甩手掌柜”，对孩子不闻不问。家长应该自主参与学校的教育，这既是他们的权利，又是他们的义务。只有认真地践行这样的权利和义务，家长才能真正参与到学校的教育中。

3. 动员家长积极参与大学生心理健康教育

学生家长应该积极配合学校的教育活动，能主动学习心理健康教育相关的知识并掌握相应的能力，对子女开展心理健康教育；在孩子遇到问题时，家长要能换位思考，配合学校工作，体谅学校的用意和难处；面对孩子的心理健康问题，家长应该积极配合专业心理医生对其进行专业治疗，不要讳疾忌医，并对孩子进行正面引导，激发孩子勇敢面对心理健康问题的信心和决心。高校要让家长认识到在孩子成长过程中，其参与到学校教育过程中的重要性，认识到自身在孩子教育中所能体现的价值，让家长更愿意、更主动地参与学校的教育活动。学校和家长应加强互动，促进理解。学校或者辅导员要主动向家长了解其子女的性格特点、爱好特长等，了解家庭教育的方法和环境，了解家长对子女的教育目标和对学校教育的意见或建议。家长也应主动向学校或辅导员了解子女在学校里的学习情况、生活习惯和思想状况，调整自身的教育方式方法，以与学校教育更好、更深入地配合。

（二）帮助大学生培育新孝“心”，让孝心养成并外化

1. 转孝为爱，引领对新孝“心”的认知

通常所说的“孝”是子女对父母在奉养、诚敬、立身等方面应尽的义务，“孝心”是对双亲、长辈孝敬的心意。本书所谓的新孝“心”，是指大学生对其与家长之间新型的亲子关系的心理感受，以及对新时代新孝道的心理反应。关于孝的心理，和其他心理现象一样，也可以从知、情、意三个维度进行阐释。对孝道的认知以及对相关知识的和理解可称为孝知；对孝道以及相关事物或相关人的情绪、情感及是非判断、好恶感受可称为孝感；中国传统中的孝行即子女对父母长辈的良好社会行为，子女体现出的对孝道的行为意向可称为孝意。辅导员应该把新孝道的内容整合到心理健康课中，引领大学生对新孝“心”形成明确的认知。自古提及“孝”，便说“孝顺”，但新时代的孝心应建于亲子双方个体人格的独立和平等之上，转孝为爱。对大学生而言，孝心可表现为对父母、亲人的关爱；对长辈的生养之恩、教导之恩心存感激；换位思考，体会父母在人生中老年阶段的情感需求，重视与他们之间的联系；珍惜父母对自己在情感上、物质上的付出，尊重父母的意见，但注意双向的沟通，有商有量，保留自己的个性与见地；努力学习，锻炼自己，积累实力，将孝心提升为责任感。此外，更重要的是，辅导员要让孝心的立意更加广泛且高尚，要让学生明白孝不仅存在于家庭中，还可以且应该延伸至整个社会和国家。除了父母亲朋外，还要感恩身边的人，如教师，以及社会上的每一个劳动者，并真诚回报这个社会，如参加志愿者和义工活动，将对孝的认知和情感转化为行动。

2. 与其他教育活动科学协同，深入开展践行新孝“心”活动

一方面，结合社会主义核心价值观教育活动，推进孝心理教育。孝道是中华民族文化传统中的重要内容，也是传统社会的基本道德规范。对孝道的尊崇贯穿中华民族上下五千年的历史，是中华民族繁衍生息、百代相传的优良传统与核心价值观。高校是知识精英聚集的地方，应当发挥理论研究方面的长处，加强“孝”心理的研究，继承传统文化，结合时代特征，在时代变迁、传统与现代文化剧烈碰撞中，加强理论创新，对传统孝道进行合理的扬弃，取其精华，弃其糟粕，融合“自由、平等、民主、法治”的社会主义核心价值观，为传统文化的精华赋予新的内涵，指导新时代大学生价值观的树立，确立新时代创建和谐社会的基本道德规范。

在大学生中加强“孝”的心理教育是大学生思政教育的重要内容。在当前高校教育改革发展与人才培养中，对“孝”心理的深入认知和努力践行具有重要的现实意义，也是价值观教育的重要方法。高等学校应充分发挥其文化传承方面的功能，走在社会的前头，发挥宣传阵地和教育基地的作用。在课程设计、校园文化、师德建设等方面，以孝文化建设为推手，促进社会主义核心价值观在大学生群体中的宣传和推广，增强“孝”心理教育在学生群体中的认同感，进而实现社会主义核心价值观的大众化。

另一方面，结合感恩教育活动，开展孝心理教育。学校方面应积极开展感恩教育活动，促进大学生的人格塑造趋于完善，引导大学生树立积极正确的世界观、价值观、人生观。辅导员应该从激发大学生对父母的生育之恩、养育之恩的感激之情入手，密切大学生与父母双亲的情感联结，并以此为基础培育他们的孝心理。辅导员要善于创造时机，抓住培育孝心的关键心理节点。

四、辅导员——大学生朋辈力量队伍建设

在进入大学之后，大学生面对着新的学习生活环境和新的社交平台，需要尽快地适应眼前的各种问题，还要面对来自学习、情感、就业等诸多方面的压力和挑战。在当前复杂的社会环境中，涉世未深的大学生容易受到虚拟网络世界的诱惑，受到社会不文明行为的影响，受到负面传播媒介的干扰等，传统的教育模式已无法及时对大学生诸多问题进行解惑。于是，在问题积攒的同时，大学生的压力逐步增大，进而逐步产生了不良的心理问题。高校辅导员作为大学生的教育管理者，虽然可以发现大学生在适应社会中出现

的一些问题，但由于面对的群体数目较大，无法全面地注意及把控，容易忽略掉比较隐蔽的个别学生，而当这些学生心理问题突发时，辅导员通常无法第一时间发现，容易错过最佳的干预时机。这时候，学生、老乡等同龄人是学生身边最直接的联系者和交流者，无论生活、学习还是情感方面，都能给予他们感同身受的建议和忠告，而且比起辅导员的教育，他们也更容易接受，尤其是身边品学兼优的学生更具有较好的示范和标杆作用。因此，虽然辅导员是大学生心理健康教育的间接干预者，但是大学生朋辈力量更是大学生心理健康教育不可或缺的组成部分，辅导员与朋辈力量的协同合力对当前大学生心理健康教育体系具有重大的科学意义。

（一）辅导阶段的协力干预

大学生心理健康教育在大多高校主要由辅导员承担，其在对学生进行思想政治教育的同时开展心理辅导，但由于面对的群体数量较大，虽能发现问题并进行干预，却无暇顾及学生心理辅导后的跟踪过程，不能保证心理辅导过程的延续性，导致心理干预后期出现了严重的脱节，学生的不良心理得不到彻底的化解。朋辈力量可以起到心理辅导延续性作用，将心理辅导从台前转变为台后，通过与辅导员在个案上的交流诊断，有针对性地对受助者进行关注，及时反馈学生中存在的心理需求及反常行为表现，承担心理问题预警和部分善后工作。一旦有不良情绪及恶性事件发生，朋辈力量就可以起到及时干预、及时缓解的有效作用。辅导员也可以通过朋辈力量的跟踪干预，评价个案心理辅导过程的最终效果。

（二）日常中的协力预防

在对学生进行思想政治教育的同时，辅导员应加强对大学生心理的关注及辅导教育。在现实教育管理中，辅导员由于繁杂的事务不能全面关注学生的心理状况，同时很多大学生在心理上出现不良情况时，不会主动地寻求辅导员的帮助，或者碍于个人的面子不会暴露在辅导员面前。虽然大多数学生可以自我缓解，但也有一小部分学生因不能及时地调整自己的情绪，最终出现了严重的心理问题，延误了治疗的最佳时机。这时朋辈力量在教育后方和辅导员就可以产生互补，通过平常的沟通交流，在日常的学习生活中，及时发现身边存在的种种不良心理现象，做到早发现、多发现，协力预防各种心理问题引起的意外事件的发生。

（三）突发事件中的协力配合

突发事件的发生具有时间上的不确定性和事态发展的严重性。突发事件的发展过程不具备规律性，往往受外界因素的强力干扰和影响，加上大学生自身不良心理因素的瞬间膨胀，其无论对自身还是他人，都具有危害性。在日常的思想政治教育工作中，辅导员很难控制及把握个别学生的心理问题，往往是事件发生之后才赶赴现场，对受助者开展心理辅导，但事件的发展程度已不可估量。此时此刻，朋辈力量就是学生群体当中最合适、最直接的心理干预者，他们在遇到突发事件时，不仅可以在第一时间对受助者实施紧急干预，及时报告辅导员，避免恶性事件的发生，还可以在辅导员及专业助人者赶到现场之前，提前安抚受助者的心理情绪，进行情感交流，避免事态往更严重的方面发展，协力配合辅导员共同应对突发事件。

第四节　高校辅导员视角下心理健康教育路径

心理健康教育是特别追求理论与实践联结的教育活动，因此对教育路径的探索在心理健康教育学科体系中占有重要的地位，是心理健康教育面向时代、着眼现实问题的必然要求，也是应然转为实然的有效途径。辅导员要通过开展心理健康教育课程教学以及网络心理健康教育，将其开展大学生心理健康教育的法律伦理、价值追求等融入日常工作的方方面面。

一、辅导员开展心理健康教育课程教学

（一）创造“体验式课堂”

课堂讲授无疑是大学生心理健康教育教学的主渠道。传统意义上的课堂讲授是以知识性教育为主，以教师“一言堂”“满堂灌”的形式进行。随着高校教学改革的深入，对于心理健康教育课这一特殊教学科目，辅导员应尤其重视课程的体验性，必须对传统的课堂讲授活动进行较大的改进。在课堂讲授知识点的过程中，辅导员应善于启发学生去理解、去体验、去领悟；要更注重师生互动，在互动过程中把握学生对知识点的理解体会程度；在以讲授为主的教学形式之外，适当地加入心理游戏、心理剧、心理测试等形式，让大学生感受到自身的心理与课堂讲授内容的密切关系；要让课本中的知识

紧密联系大学生生活中的热点。例如，在讲“复旦投毒案”的时候，辅导员可以分析其中重要人物在事件进展各个阶段的心理发展和特点，推测个中人物的心理困惑，提出解决方式，并分析不同方式导致的不同结果；在分析某文艺作品人物的时候，辅导员可以对典型人物的典型心理和其中反映的突出社会现象进行心理分析，让大学生更加直观地感受心理理论、心理过程和心理现象。总之，辅导员要多讲身边事，多联系实际问题。

“案例教学法”是一种非常适用于辅导员开展大学生心理健康教育课的教学方法。“案例教学法”分为教师展示案例、讲解案例，小组讨论案例，师生共同解读案例等步骤。辅导员用书本上的理论来分析身边的事、实际生活中面对的问题，可以让大学生以特殊事件为焦点，亲自经历“认知—情感—意志”这样逐步深化的主观意识过程；在认知阶段厘清什么是事实，在评价阶段了解事物对自身的价值，在意志阶段决定怎么办。只有当大学生亲身完整地深入这个过程，他们对事物或者事件的认知才是有内容的认知，而非空洞的人云亦云；他们对事物或者事件的评价才是自己的评价，而非别人的评价；他们对事物或者事件的意志才是自己的意志，而非盲目跟从他人的意志。

“案例教学法”可以通过辅导员给出案例，大学生进行个体思考进行，也可以通过小组讨论进行。相较个体思考，小组讨论在促进大学生之间交流的同时，能够通过讨论、思辨让学生相互启发，产生灵感，激发思维的火花，或者通过表达个体所思所想，传递心理能量，或者通过抒发心中郁结，调整心理。无论是个体的思考，还是小组的讨论，一方面，需要大学生积极思考，大胆表达；另一方面，要求辅导员善于把握课堂节奏，对案例进行细致分析，对学生的讨论进行到位点评，对当天的教学内容进行深入总结。

（二）打造“吸引力课堂”

辅导员大多与大学生年纪相仿，日常生活接触多，相互之间的容易产生吸引力，这是辅导员开展心理健康课的一大优势。只有让心理健康课有吸引力，让大学生在辅导员的启发下自主获得对事物的认知、产生相应的态度、形成某种观念，才是感知体验和调适提高的前提。

首先，通过丰富的交流“固定”吸引力。这里的交流包含两个层面：一是表面上的交流，如辅导员在课堂上走下讲台，走进学生中间，进行丰富的眼神交流和适当的提问，做到“先发制人”，让学生把注意力集中于讲授内容。二是深层次的、心理上的交流。辅导员要通过讲授触动学生心弦，让大学生有所感悟。只有让大学生感受到课程对他们的身心健康有意义，课堂才对他们有吸引力。另外，辅导员还要注意交流的话题是否是学生感兴趣的话题，话题的导入是否自然，对交流内容的解读是否既真实客观又深入浅出等。只有这样的交流，才能最大限度地吸引更多的学生。

其次，通过宽松民主的课堂氛围“维护”吸引力。心理健康教育课是否具有实效性，关键在于能否让学生主动进行自我探索并发自内心地进行自我体验。教师的身份自带着一份权威和一点疏离感，且让学生担心自己认识太浅薄而在教师面前不敢表达。辅导员要将在日常生活中建立的与学生的亲密感带入课堂，创设既轻松和谐又温暖安全的课堂气氛，消除学生对自由沟通的防御心理；鼓励学生大胆展现自己，无论是不足还是优势；给学生机会说“心里话”，无论是在课堂上面对大家，还是在课后单独面对辅导员，或者求助于专业心理助人者；倡导学生间互相尊重，尊重自己和其他人的每一种遭遇和每一个想法。当然，没有规矩不成方圆，畅所欲言不等于什么话都可以说，辅导员要把握这个度，要让大学生明白心理健康课堂上应该提倡什么、不允许出现什么等。

最后，通过辅导员的人格魅力“增加”吸引力。正所谓“亲其师，信其道”，大学生如果佩服教师的专业能力，或者折服于教师的人格魅力，他们就会乐意上课，愿意与教师交流。毋庸讳言，若要与专业心理助人者比专业技能，或许大多数辅导员都要稍逊一筹。在这种情况下，辅导员一是要在专业能力上下更大的功夫，二是要打造自身的人格魅力，双管齐下，增加课堂的吸引力。辅导员在课堂上要尊重学生，平等对待学生，真诚对待学生。与学生探讨问题时，辅导员的分析要入情入理，不要虚假，不能高高在上，更不能空洞地喊口号。在课堂上，辅导员要善于讲授，也要善于倾听；要善于发散，也要善于归纳；要善于复述案例，也要善于澄清问题；既要做到与学生共情，又不能被一同卷入情绪的漩涡。辅导员要拥有独特的人格魅力，除了真切地关爱学生和拥有传道授业解惑的能力外，为了优质讲授大学生心理健康课，其还要积极提升自身的心理素质。“学高为师，行正为范”，辅导员要以自己积极奋发的状态、乐观向上的心态影响学生。情绪是很容易传染的，辅导员要用快乐的心情工作，以欣赏的眼光看待学生，善于捕捉生活中各种小幸福。只有自己有一桶水，才能给学生一杯水。辅导员要快乐、坚强、洒脱，让学生感受到自身的快乐，让学生感受到自己愿意与他们分享快乐，并教授学生传播快乐的方法，从而让学生也能感受到自己带给他们的快乐。辅导员要培养健康而丰富的心理世界，这不仅有益于自身心理素养的提高，表现出人格美和心灵美，还可以影响学生的领悟，让他们更好、更用心地感受真、善、美。当辅导员把身心融入事业之中，生命和使命同行的时候，他们的人格魅力将从心底散发出来。

（三）增设“心理活动式课堂”

“心理活动式课堂”顾名思义就是在课堂讲授中结合开展心理教育活动，以活动载体，并在活动中让学生在辅导员的引导下，对心理健康知识、自我调适技巧等教育内容更好地进行感知、体验，从而有所领悟，达到提升心理素质的目的。“心理活动式课堂”借鉴了团体心理辅导的形式，辅导员要以讲授的形式传输有关大学生心理健康的基础知识，创设教学环境；引入时事热点话题进行分析讨论；运用心理剧、心理游戏等方法，让大学生充分参与，自行产生并体会其中的情绪情感，培养学生的良好心理素质，使其掌握学习生活、社会适应等方面的心理调适技能。有时候，辅导员可以邀请专业心理助人者一起参加；有时候，根据活动形式需要也可以走出教室，甚至走出校门。

一方面，辅导员要明确“心理活动式课堂”与“团体心理咨询”的不同点。从对象上看，“团体心理咨询”面向的是有相似心理问题的学生，而“心理活动式课堂”面向的是大多数心理健康的学生群体。从方式上看，团体心理咨询采用的多是心理干预、心理治疗方法，偏于治疗性，而“活动式心理课堂”多采用心理训练的方式，注重大学生心理发展、心理问题的预防。从人数上看，“团体心理咨询”的人数有严格的限制，通常是10～15人，否则影响疗效，而“心理活动式课堂”对参与的学生数量没有要求，可以由任课辅导员根据教学内容和实际需要自行定夺。

另一方面，辅导员要为“心理活动式课堂”优选“心理活动”。在高校里，辅导员是陪伴大学生成长成才最亲密的导师和伙伴，最了解每个时期大学生心里最需要什么、最可能产生什么问题。例如，在大学生刚入学的时候，面对新的人生阶段，学生对自我认知可能产生问题，在第一次接触的集体生活中可能产生人际交往问题等。以提升自我认知能力的课程为例，辅导员可以在活动式课堂上根据各章内容，设计相应的心理活动，在加深学生对基础知识理解的同时，使大学生的心理素质得到提升。

二、开展网络心理健康教育

在新媒体时代，大学生心理健康教育开始向网络世界延伸。网络是心理健康教育的崭新平台，也是新媒体时代心理健康教育环境的重要组成部分，是心理健康教育的崭新媒介，人在网络世界中的表现是其为人处世、待人接物的一部分。随着网瘾等心理疾病的出现，网络已成为心理问题的高发场域，因此亦成了心理健康教育重要对象和内容。网络心理健康教育是以网络为主体的新媒体与传统心理健康教育结合的产物。它不仅是运用大学生普遍使用并且具备教育平台功能的新媒体开展的心理健康教育，还是心理健康教育在平等、自主、交互性等社会性内涵上深化认识的新理念和利用新媒体改进、带动和创新传统心理健康教育的新风尚。网络心理健康教育是传统心理健康教育的良好补充，两者应该互相借鉴、互相促进，共同推进大学生心理健康教育不断向优质方向发展。

（一）积极配合大学生心理健康档案建设工作

设置覆盖全体学生的心理档案是全方位开展大学生网络心理健康教育的基础，辅导员要积极配合大学生心理健康档案的建设工作。在建设之初，辅导员要审核资料的真实性、完整性；在建成之后，辅导员要时常关注系统的稳定、信息的更新。在建档时，辅导员需注意以下几个问题：第一，心理健康教育网络系统可以参考教务系统，甚至可以并入教务系统，为每一个学生设置个人账户，让每个学生拥有自己的账号和密码；系统中既要有学生的基本心理档案资料供学生查询，要有不断更新的学校心理健康教育内容供学生学习。第二，心理健康教育队伍的部分工作人员，包括辅导员，可以拥有一定的权限，能够知晓一定的信息，以便对学生的状况有所掌握。第三，心理测试与分析系统中要有明确的衡量指标，要有心理危机预警系统。当某学生某项指标超过一定阈值，系统自动提示其本人和心理健康教育队伍的相关工作人员进行关注或干预。第四，除了积累学生个人信息和既往病史等基本信息外，还要注意搜集学生家庭情况、家庭病史、家庭联系方式等，包括家庭主要成员姓名、年龄、职业、政治面貌、健康状况（包含是否有心理病史等）、文化程度等，以了解学生心理发展的背景和心理问题的起源。要特别注意留下学生家长或监护人的联系方式，以方便日后发现问题时及时交流沟通。第五，把握建档时机，学生一入学便要建立心理档案，完整填写信息。这是可以为进一步心理普查做好准备。第六，可以像选课一样，让学生挑选自己的“心理健康导师”。网络心理健康教育系统对“心理健康导师”开放部分权限，以便导师了解其教育对象的部分心理指标，并增进师生之间的联系。

（二）推荐权威心理健康教育网站

建设内容科学全面，形式灵活多样的权威心理健康教育网站是全方位开展大学生网络心理健康教育的主要抓手，辅导员要根据学生的不同学习阶段和成长阶段，为其推荐优秀的心理健康教育网站。心理健康教育网站可以极大地拓展教育时空，让更多学生有更多机会接受更全面的心理健康教育；心理健康教育网站可以极大地增加心理健康教育的趣味性和主体性，吸引更多追求自由与个性的新一代大学生。心理健康教育网站应该做到内容全面、形式多样。例如，设置“心理书屋”“心理影院”和“心理讲坛”这样的栏目，共享海量有关大学生心理健康教育的书籍、文献、资料，使心理健康教育网站成为学生自我教育的美好园地；设置“心理测试站”这样的栏目，并实现自动化的常模分析，让学生较为简易且便利地了解自己心理健康的一些基本状况；设置“心理咨询室”这样的栏目，通过在线预约、在线释疑等方式，为学生进行心理咨询提供方便；设置“互动空间”或者“留言板”这样的栏目，随时倾听学生关于心理健康教育的意见和建议。

但从整体看，目前我国高校心理健康教育网站设计重复性比较高，结构、内容雷同；从单个网站看，其结构不够完善，网页栏目较少，形式比较单一，且极少有互动。除了高校心理健康教育网站外，其他所谓的心理网站更是鱼龙混杂，教育内容缺乏科学性、系统性，咨询手段简单且草率，心理测验完全是游戏性质。因此，为缓解这种局面，辅导员要做到以下两点：一是可以从大处着眼，为学生推荐权威心理健康教育网站；二是可以从小处着手，不断丰富自己的网络心理健康教育小园地，如心理博客、心理空间、心理微博等，为学生提供最接地气的、最贴近的心理健康教育和服务。

（三）善于培养和利用高校网络心理健康教育队伍

培养且利用好高校心理健康教育队伍是全方位开展大学生网络心理健康教育的关键，辅导员要加强自身心理健康教育素养的培养，并组建朋辈心理健康教育协同队伍。高校心理健康教育队伍包括专业心理医生、心理咨询师、政工队伍、朋辈心理健康教育队伍，其中辅导员是其间的骨干力量。因此，首先，辅导员应努力加强自身学习，提升网络心理健康教育能力，提高自身心理素质，成为大学生网络心理健康教育中最广泛、最中坚的倚靠力量。其次，辅导员应善于在网络上呈现良好的自身心理素养和个人魅力，如在个人微博、微信、朋友圈展示健康的心理状态、高尚的人生目标等，为学生树立可亲、可信的身边榜样，做全方位开展大学生网络心理健康教育的催化剂。再次，辅导员要勇于在现实世界谈网络，利用年级集中、形势政策课、社团活动等时机，将网上教育与网下教育有效结合起来，这是撬动网络心理健康教育虚拟性的有力杠杆——加强学生上网自律因素教育，如上网时间管理，制订上网计划，规划上网的任务和时间，引导学生在网络上投入适度时间和精力，合理安排学习和娱乐的比例，高效率地利用网络。最后，辅导员要组建扁平化的朋辈心理健康教育队伍，让学生骨干和对心理学有兴趣的大学生都成为朋辈心理健康教育中的一员，成为辅导员开展心理健康教育的眼线与帮手，并共同在线上线下协同开展丰富多彩、富有吸引力的校园文化活动和社会实践活动，强化现实世界的人际交往和动手实践，让学生身心都充分沐浴阳光，从而回归现实的、健康的学习和生活。

（四）勤于联络家长，全方位开展大学生网络心理健康教育

联络家长，协同教育，是全方位开展大学生网络心理健康教育的难点。辅导员要密切家校联系，一方面对家长普及网络心理健康教育相关知识，如网络心理健康教育标准；另一方面请家长配合进行学生的网络心理健康教育。例如，在网站上开设“家长课堂”或者“家长会”这样的栏目，向家长普及心理健康教育知识，引导家长转变观念，既要关注学生的网络心理健康问题，又不要谈网色变；通过“家校手机报”等形式专门向学生家长宣传心理健康教育的重要作用；利用学生报到的机会、邮寄成绩单和喜报的机会等，宣传学校开展心理健康教育活动的形式；利用电子邮件、家长 QQ 群、网络视频等新媒体，与学生家长交流学生在校学习、生活情况，包括心理健康状况；请家长于学生在家期间，注意关注那些能够用来衡量学生网络心理健康状况的因素，如每天上网的时间和次数、使用网络的动机、网络上的活动等，齐心协力，亲抓共管，共同做好大学生网络心理健康教育工作。

第九章　高校辅导员在创新创业教育中的作用发挥

第一节　创新创业教育的相关论述

一、创新创业教育的内涵

创新即开辟新天地，通过一些变化和更新创造出新的事物，具有独创性和首创性。创新不是涉及一个领域，而是涉及多个领域，包括政治、经济、文化、管理、社会等。创新是人类所独有的一种认识活动、实践活动以及思维方式，人们通过创新展现自己的主观能动性。创新可以从多个层面进行界定，从哲学层面看，创新就是将有限的存在进行无限的再创造，其核心是一种矛盾发展的过程，同时包含肯定和否定两个方面，是一种永无止境的、辩证的、否定观的批判；从经济学层面看，创新是利用现有的资源改变所有的旧事物，包括技术创新等；从社会学层面看，创新的核心是“新”，即打破常规，突破定式，找到并创造出有价值的新事物。

创新教育是一种与时俱进的教育。有些人认为，创新教育是培养人们发挥自身创造力能力的一种教育；有一部分人认为，创新教育是为了让人们更好地进行创新活动而开展的教育。所以，一切以培养人的创新素质、创新能力为价值取向的教育活动都是创新教育。创新教育和创造教育是非常不同的，创新教育包括思维、学习过程、个性等多方面的内容，在方法和内容上是多变的，考虑更多的是培养环境的适合程度，并不是简单的小发明创造，而是面向全体的、全方位的一种思维方式。同时，在相关课堂教学上和相关的教育过程、方法上，创新教育在尊重受教育者方面更加突出，并坚持以受教育者为重点开展相关活动，是对受教育者的积极性和实践性进行了调动的教育。

创新是根据人类脑中的蓝图，利用一定的知识和经验，依靠一些条件和方法，达到资源优化配置，并通过实践形式外化，把人的思想从传统思想中解放出来，创造新的事物、方法等，实现新的价值。当然，创新的内涵也在随着时代的发展而变化发展。创新教育的作用在于极大地提高受教育者的创新素质能力，发挥大学生的创新潜能。在进行相关教育时，培养大学生的创新精神和能力可以让大学生在新时代面临素质教育挑战时更加从容。无论从传统还是现代教育模式来看，创新教育都不再是社会本位教育生活本位、而是以创新为本位的教育①。

创业有两种不同的含义，从狭义的角度看，其指的是人们自己有意愿去发现一个可抓住的机会并能够准确地抓住这个机会，从而创建出一个有价值的企业，在这个过程中不可缺少人们的艰苦奋斗精神和不断开拓精神②。从广义的角度看，其指的是愿意创业的人进行的多种创业实践活动。因此，创业是一个有导向、有目的的行为，以一定的技能、知识、能力为基础，以开创事业为目标，而创业者通过细致的准备、缜密的手段和方式最终实现自己想要的结果，达到自己的目的。

如果把创新教育看作能够极大地提高受教育者创新素质与能力的一种教育方式，且实际在这个教育过程中，大学生学会了认识世界，那么创业教育就可以被看作大学生未来面临社会挑战时的应对能力的一种教育方式，在这个过程中，辅导员要注重实践精神的培养，并使大学生学会如何改造世界。将创业教育和就业教育做一个对比可知，就业教育侧重对大学生未来就业的规划和指导，大学生创业教育则侧重通过多种教学理念实现对人才的培养，因此以高校为主体通过设置相关的创业课程，激发出学生创业热情和才能的同时，为提高其自身素质，促使其实现自身可持续发展而进行的教学活动就是创业教育。

高校创新创业教育是一个集知识、能力和创新创业为一体的多学科交融和多种资源支持的教育新范式③。如果我们能明白什么是创新创业教育，必然对我们厘清当前人们对创新创业教育的多种误区有所帮助。创新和创业联系相当紧密，两者都有创造和开拓新鲜事物的含义，创新是创新创业教育的核心，创业是创新创业教育的外延和拓展，创新创业教育的要旨与大学生

① 陈新达，桂舟，崔晓会，等. 大学生创新创业 [M]. 北京：清华大学出版社，2018：213.

② 王官成，黄文胜. 大学生创新创业教育 [M]. 北京：高等教育出版社，2016：327.

③ 王红茹. 中国大学毕业生创业率升至 3% 但成功率不足 5% 大学生创业喜忧参半 [J]. 中国经济周刊，2017（39）：58-59.

综合素质教育相契合。就词语原意来看，创新创业教育是运用一定的技术方法对大学生的创新创业知识和意识、精神和能力等素质进行培养的一个综合性的全面的教育过程。相比国外对创新创业教育的定义，在我国的语言背景中，创新创业教育行为由经济延伸到政治、文化等领域，使传统教育的时代性不断增强，使高校教育观念、人才模式、教学方式不断更新。从教育哲学角度看，创新创业教育折射出的是我国传统文化中的统一思想，而且创新侧重人们的思想方面，创业是开创新事业，侧重人们的行动方面，创新和创业是互为表里的关系，它们充分体现了“知行合一”的理念；从教育的价值方面看，创新创业教育实现了个体价值与社会价值的相互统一，同时其是相互矛盾的统一体。

创新创业教育最初的定义源于联合国教科文组织在 1989 年提出的一个全新的概念，即事业心和开拓技能教育[①]，创新创业教育是适合时代发展的、符合国家形势的、与时俱进的一种全新的教育观念和教育形式，它的目标是培养能够适应社会发展的高素质新型人才。有人认为，创新创业教育作为素质教育的一部分，达成了创新教育和创业教育的高度统一；有人认为，国家和高校为了提升大学生的综合素质而进行创新创业教育，因此一切具有创造性的教育实践活动都可以称为创新创业教育。

创新创业教育充分体现了我国一致推崇的素质教育，认为大学生的成长和成才应该侧重大学生自身层面，是一种与时代共同发展的教学理念和教学模式。创新创业教育不是单纯地创办一个企业的教育或是进行第二课堂的教育，既不是单纯地进行创新教育这一种教育模式，也不是单纯地进行创业教育这一种教育模式，或是简单地把创新教育与创业教育结合起来进行的教育模式。相反，创新创业教育不仅包含创新创业知识和创新创业能力相关教育内容，还包括创新创业素质和创新创业精神相关教育内容，其核心在于让大学生更从容地面对和适应时代发展的机遇和挑战，面向全体大学生，培养大学生注重能力和注重实践的意识，引导学生将创办企业当作未来的职业选择之一，同时指引大学生转变思考方式，从而善于用企业家的思考方式去认识事物，最终使素质教育的内容和表现得以深化，使其范围扩大到涉及大学生的人生发展、全社会的经济发展、教育的顺利改革等各个方面。简而言之，不能简单地认为创新创业教育是把创新教育与创业教育两者简单融合在一起

① 孙惠敏，陈工孟. 全球创新创业教育研究报告 [M]. 北京：经济管理出版社，2016：97.

而产生的教育形式，要明确创新创业教育是一个非常系统的教学体系[①]，创新与创业并驾齐驱，共同交错进步，共同推动整体的发展。

综上所述，创新创业教育必须有多方参与、共同努力，通过课堂内教学以及课堂外教学激发大学生的潜力并坚持培养大学生的创造性，促使大学生学会认识世界的同时学会改造世界，为全体大学生提供一种能调动自身实践能力的并以此挖掘可持续发展能力的一种综合性的素质教育，其内容包括对大学生精神世界的唤醒、理论知识的传授以及实践能力的相得益彰。从国家的角度分析，创新创业教育培养出的人才对国家整体创新力的发展具有重要意义；就高校这个层面来说，其有助于推动高等教育的改革和发展；就大学生层面来说，创新创业教育可以通过对大学生个性化发展的培养，全面提高大学生的综合素质。

二、大学生创新创业教育的原则、目标和新要求

新时代大学生创新创业教育是，通过高校、政府、家庭及社会多方努力，为了尽快适应新发展形势下的经济、政治、社会发展和高等教育改革相关需要，面向所有高校的全体学生尤其是对创新创业有较强意愿的大学生开展相关的创新创业教育，并将专业教育与创新创业教育结合起来，从日常教学中每一个环节时刻激发大学生创新创业潜力，将大学生创新创业意识和能力激发出来的一种教育理念和教育形式，且其为新时代的社会发展注入了强劲的能量。

（一）新时代大学生创新创业教育的原则

第一，方向性原则。方向性原则是指新时代应该将社会的发展现状和国家中长期发展目标当作进行大学生创新创业教育的出发点，将立德树人和坚持办学方向当作进行创新创业教育的根本任务，将培养创新创业型人才作为其目的。在新时代的发展背景下，只有不断推动创新创业教育与国家的创新发展、“大众创业，万众创新”的时代潮流相适应，创新创业教育才能永续发展。

第二，广谱化原则。广谱化原则是指在新时代，与之相适应的教育要注重全面性和普及性，要以全体大学生为对象。因为创新创业精神和能力的培养对每一个新时代大学生未来发展都有着非常重大的意义，每一个大学生都

① 唐笑．高校创新创业教育的反思与模式构建 [J]. 智富时代，2019（4）：438.

应该得到机会接受创新创业教育。在新时代，创新创业教育的基础是所有高校的所有学生，针对愿意进行创新创业的学生进行有针对性的个性化培训，着重追求与素质教育的契合，以集聚多方力量的综合体系为发展基点。

第三，协同化原则。协同化原则指的是在新时代，大学生创新创业教育应该在以培养大学生创新创业素质为最终总目标的基础上，开设创新创业教育相关课程和实践活动，也可以在与基础教育和专业教育有机结合的基础上，促进大学生的全面发展，其关键点主要在于各个主体之间的配合和协同运作，从而推动新时代大学生创新创业教育的合作共赢。

第四，特色化原则。特色化原则指的是在新时代，大学生创新创业教育要以学校为本位进行定位，关注学校的特色，同时要以学生为本位进行定位，发现学生的特色，并根据其能力因材施教，凝练不同层次的特色，推动新时代大学生创新创业教育迅猛发展。

（二）新时代大学生创新创业教育的目标

新时代有了新的要求，新时代也有了新的目标。进入新时代，国家以发展的实际情况为依据，相继提出了一系列的举措和要求，范围涉及多重领域，其中就包括创新创业领域。无论是把创新作为带领我们前进的第一动力，在 2035 年迈入创新型国家，还是注重加强人才培养质量的持续性，对大学生创新创业综合素质提出新要求；无论是将就业放在我国最大的民生位置上，努力改善当下民生现状，把人民放在发展的中心位置，还是把大学生思想政治教育的相关内容贯穿于教学工作全过程，不断提高大学生创业就业的质量，最终成为人力资源强国和教育强国……这一切都是国家、政府、高校在进行新时代大学生创新创业教育时需要遵循的依据和最终的培养目标。新时代大学生创新创业教育具有全员性、实践性、全程性、灵活性的特点，它的相关内容包括思想上的转变、对精神的塑造、对能力的培养等，还有把高校的创新创业教育贯穿于新时代人才培养和高校教学的全过程，通过运用各种灵活的理论教学和实践教学等多样化、多层次的教学手段，促使国家、高校、学生自身等多层面实现可持续发展。

（三）新时代大学生创新创业教育的新要求

新时代大学生创新创业教育要想发挥出它对高校、国家、大学生个人的实际有效作用，就必须遵循新的要求、新的思路和新的措施。首先，要以中国特色社会主义思想为指导。在中国共产党第十九次全国代表大会上，我国宣布习近平新时代中国特色社会主义思想已经成为我党在新时代很长一段时间内必须坚持的指导思想。既然新时代国家有了这样的指导思想和指导方针，那么国家各项大事的行使就必须遵循这一指导思想，所以在高校中进行大学生创新创业教育时，辅导员也要坚持以习近平新时代中国特色社会主义思想为指导。创新和创业的主体是人，而高校是专门培养高等人才的地方，高校培养出的人才的质量在一定程度上能够决定社会和国家的整体发展水平。

其次，要以创新驱动发展战略为主题。从党的十八大开始，我国提出并且实施了用创新驱动国家发展的战略，这一战略的提出完全符合我国发展的现实情况和世界发展的现实潮流，创新的作用已经越来越成为国家间综合国力竞争的关键要素，各国已经将创新这一关键因素当作综合国力较量的重要手段。如果想要实现用创新驱动国家整体发展，就必须要全面提高国家的创新能力，而要提高国家的创新能力，就必须全面激发出作为社会生机和活力代表的广大大学生的创新潜力。为了使国家的创新发展趋势走到世界的前列，高校的力量不可或缺，因此高校必须明确自身的位置和职责，必须学会发现人才和培养人才，并且在发展的道路上凝聚人才的力量，始终坚持把国家的创新驱动发展战略当作新时代大学生创新创业教育的发展主题，从而尽可能发挥出大学生创新创业教育对国家和社会应有的作用。

再次，要以创新创业精神和意识的培养为核心内容。高校创新创业教育是一个系统的教育体系，它的目标是对大学生的创新创业精神和意识进行培养。拥有创新创业精神和意识就意味着大学生形成自信、坚持、积极主动、坚韧的品质和敢于承担风险、独立自主的意识，而只要能够形成这种品质和意识，无论大学生未来是否从事创新创业事业，都必然会对其未来的职业发展、人生轨道产生重要的影响力和积极的推动力①。在新的时代，创新创业教育要以立德树人为宗旨，坚持以大学生精神和意识的培养为教学的核心内容，并以此为中心建立一个新时代大学生创新创业教育长效体系和长效机制。

最后，要打造创新创业教育实践育人新生态。一直以来，我国高校大学生创新创业教育的弱项就是实践环节，这也是创新创业教育的短板。高校的创新创业教育大部分重形式而忽略内容，重理论而忽略实践，并不能从根本上提高大学生的创新创业意识，最终导致大学生创新创业能力较弱。因此，

① 周银平．大学生创新创业教育 [M]. 北京：高等教育出版社，2018：35.

在开展相关教学工作时，辅导员一定要以学生为立足本位，打破当前封闭化的教学模式，开拓出新想法、新视野、新天地，构建起创新创业教育理论与实践相结合的完整的人才培养体系，加强大学生与社会的衔接和过渡，多方参与、共同努力推进高校大学生创新创业教育的发展。新时代大学生创新创业教育与之前的大学生创新创业教育相比，要求辅导员做到学习理论为基础，有效实践为重点，始终坚持抓好高校为实践育人。其一，要做好实践人工作，必须整合社会资源，坚持协同育人的教育精神①。在实际教学中，应当打破高校和企业之间、院系与院系之间、学校与学校之间的隔阂，积极整合发展中的资源和优势力量，从而实现多方合力。加强大学生创新创业教育的前沿性，推动创新创业教育向着目标顺利实现改革。其二，要永远保持具体问题具体分析的思想，对创新创业教育的相关实践平台建设进行有效改善，不断拓展创新创业教育的孵化平台模式，同时把创新创业教育大赛当作推动创新创业教育实践环节的重要推动力，创建一个用实践育人新模式帮助大学生完成创新创业的全过程。其三，坚持实施个性化教学，坚持校内外和课内外相结合的新型模式，积极开展第二课堂教学，努力帮助大学生创新创业成果顺利落地。

在新时代，大学生创新创业教育一定要创建一个新的教育环境。一方面，在师资团队的建设方面，在新时代教授创新创业教育课程的教师除了要担负教师自古以来基本的职责“传道、授业、解惑”之外，还应该拥有创新精神，成为大学生创业活动的组织者、指导者。但实际上，当下高校创新创业教育的教师队伍存在臃肿但不高效、培训渠道多但质量低等问题，因此新时代大学生创新创业教育的师资队伍除了专职教师之外，一定要有知名专家学者、企业高管团队共同加盟和把关。另一方面，使用新技术激活创新创业教育。当代我国大数据、人工智能、“互联网 +”的迅速发展为新发展形势下高校创新创业教育的发展提供了宽阔的领域，新时代大学生创新创业教育应当充分利用这些新兴工具和手段，跟上新时代的发展潮流，促进新时代创新创业教育的迅猛发展。例如，高校可以建设相关的教学资源库，利用获取的新信息建立创新创业教育相关平台，从而提高创新创业教育的时效性。

① 孙玮．大学生创新创业教育模式研究 [J]. 农家参谋，2019（23）：204，227.

第二节　高校辅导员在创新创业教育中的角色定位

2019年9月，教育部党组书记、部长陈宝生在全国高校辅导员优秀骨干培训班开班仪式上强调，一是要从工作作用的角度全面认识辅导员的“辅”。从辅导员工作主辅二重性出发，辅导员要做思想政治工作的主攻手、学生管理的主导者、学生成长的主心骨；二是要从工作角度深刻认识辅导员的“导”。辅导员要加强政治领导、思想引导、情感疏导、学习辅导、行为教导、就业指导，守护学生的人生航向，坚守阵地，引导学生正确处理各种关系，解决学习中遇到的难题，旗帜鲜明，体察入微，引导学生科学做好人生规划，顺利走向社会；三是要从岗位身份角度清晰认识辅导员的“员”。辅导员要从岗位的特殊性出发，在开展思想政治教育工作中，要引导学生与时代同步伐、与人民共命运，引导学生将自己的小我融入祖国的大我、人民的大我，将个人的发展融入国家和民族发展的人才需求中，融入当前国家对创新创业人才的需求中。辅导员只有明确自身在创新创业人才培养中的角色定位，才能更好地引导学生参与创新创业活动，提升创新创业能力，真正成为学生的人生导师和知心朋友。

一、思想政治教育的实施者

辅导员是大学生思想政治教育的骨干力量，其主要职责之一就是对大学生进行思想政治教育与价值引领，是大学生思想政治教育和管理工作的组织者、实施者和指导者。辅导员要在做好思想政治教育和价值引领工作的前提下，有针对性地开展创新创业思想政治教育主题活动，加强学生的创新创业意识教育。

大学生是创新创业人才培养的主体，大学生对创新创业的认可度决定了创新创业教育事业的发展进程和成效。辅导员是自学生入校以来，从新生入学教育、环境适应、日常生活管理、职业规划教育到就业创业教育，整个大学生涯中与学生接触最久、最了解学生动态的群体，在长期的学习生活指导中，彼此间建立了较深的师生情感，具有较好的情感优势。弘扬传统文化中的创新创业思想，帮助学生摆脱传统思维定式，转变观念，挖掘学生的创新创业潜力，就要培养学生的创新创业意识，提升学生的创新创业能力。

辅导员应充分利用主题班会、党团活动、谈心谈话、走访寝室等机会向学生传达创新创业教育的目的，以“润物细无声”的方式将创新创业意识植入学生心中。辅导员要立足学生利益，将创新创业与学生学习、就业联系起来，强调创新创业思维和创新创业能力对学生本人的意义，引导学生关注创新创业的相关信息，激励学生自主学习创新创业知识，积累创新创业经验。在大学期间，辅导员要对学生开展理想信念教育，引导学生进行创新思维训练，提升学生的创新创业实践能力。

辅导员可以联合社团、团委学生会等学生组织，利用各项社团活动、社会实践机会，利用一些特殊节点和专业活动，在轻松愉悦的氛围中进行创新、创业知识传授活动，并以创新创业思维引领学生参与其中，帮助学生养成用创新思维来思考问题、解决问题的习惯。辅导员要收集优秀创业校友和学生创业成功典型案例，树立榜样，并引导学生学习身边的创新创业榜样，激发学生的创新创业热情。辅导员要在班级、年级、校园内不同级别梯度中营造良好的创新创业文化氛围，将创新创业教育融入日常学生事务管理中，大力培养学生的创新思维和创业能力。

大学生创新创业能力有高有低，水平参差不齐，不同层次学生适用的引导方式也不尽相同。在日常的学生管理工作中，辅导员要能精准把握学生的层次，建立学生成长档案，依据学生自身的特点进行针对性的创新创业思想教育。对于思维不活跃的学生，辅导员要进行创新思维训练，使其摆脱思维束缚，大胆创新，树立良好的创新创业意识；对于有意愿自主创业的学生，辅导员要引导其参与创业风险评估相关训练，使其具备创业风险评估能力、市场应对能力；对于有明确创业规划、敢自主创业的学生，辅导员要鼓励其将创业付诸实践，培养其动手能力。

二、创新创业政策的宣传者

当代大学生是建设创新型国家、创新型社会的智力支撑和人才保障。近年来，国家各级政府出台了一系列创新创业优惠政策，鼓励大学生进行创新创业。在日常的思想政治教育过程中，辅导员要根据创新型国家、创新型社会的战略发展人才需求，加强对学生创新创业政策的宣传，引导学生积极投身到创新创业中。

辅导员是大学生思想政治教育的主体，贴近学生的生活，最能了解学生对创新创业的真实想法和需求。辅导员可以利用自身工作优势、岗位特点，收集、整理各项创新创业政策文件，利用各种大会小会、QQ 群、微信、微博等多种宣传方式，向学生传达各项创新创业优惠政策，从而让学生明白国家、各级政府、学校对大学生创新创业人才培养工作的重视力度，减少学生的顾虑，激发学生的创新创业热情。

三、创新创业活动的组织者

辅导员是学生愿意讲真话、交真心、诉真情的知心朋友，是教育引导学生成长成才的骨干力量。辅导员要组织学生参与创新创业活动，努力为学生营造良好的校园文化氛围，让学生在创新创业实践活动中增长知识、锤炼品格、练就本领。

辅导员应充分利用自身组织能力，利用优势互补原则，让有创新创业意愿的学生组建自己的团队，充分发挥各自的特长，组织学生建立“大学生创新创业社团”，打造优秀创新创业团队。辅导员要让学生学会团队协作，打破专业壁垒，提升团队在创新创业活动中的竞争力。辅导员要加强学生彼此间的联系，促使他们建立亲密伙伴关系，带动学生在实践活动中充分沟通交流，锻炼学生的沟通协调能力，培养学生的团队协作意识、主体意识，增强学生的团队精神、奋斗精神，锻炼学生的意志力，全面提升学生的综合素质。辅导员可以协调学生工作处、学校团委、创新创业学院等部门，组织学生参加学校、省市各级创新创业大赛、“互联网 +”“创青春”“挑战杯”等比赛，以赛促学，让学生在比赛中获取实战经验，明白自身不足，不断完善、提高自身能力。辅导员也可以组织学生参加社会公益活动、社会调查和暑期“三下乡”社会实践，让学生正确认识社会、观察社会，在实践中培养学生的创新创业能力。辅导员还可以组织开展学术沙龙、校友分享会，带领学生到企业走访调研、协同任课教师让优秀的学生参与科研等，拓宽学生的视野，增长学生的见识。通过实践活动，学生可以将创新创业理论知识运用到实践中，并用实践来检验理论，做到学以致用。在发现问题、分析问题、解决问题的过程中，学生能养成主动学习和探索的习惯，贯彻“终身学习”教育理念，从而培养自身的创新思维、创新意识和科学精神。

四、创新创业活动的服务者

创新创业人才培养是一个漫长而艰辛的系统工程，学生在参加创新创业活动时受自身理论知识、经验等因素限制，会遇到各种各样的困难，甚至会开始自我否定、丧失信心。辅导员在工作中与学生零距离接触、面对面交流，是学生最信赖的人，所以在整个创新创业活动中，其应热情为学生服务，帮其树立信心、解决问题。辅导员要跟踪了解学生毕业后参与创新创业活动的状况，并尽可能地关心和帮助他们，为他们提供咨询服务，使其能够感受到母校对其的关注，也可为后期创新创业平台的搭建奠定基础。

学生在创新创业过程中可能会面临家庭的不理解、社会的不认同，会遭遇挫折，出现烦躁、焦虑、抑郁等心理问题，从而对创新创业丧失信心。辅导员应协调心理学教师、心理健康中心开展心理辅导服务，指导学生不要急于求成、急功近利，使其明白创新创业过程有其自身的规律，不能一蹴而就，要正确面对成败得失，引导其积极面对困难和挫折，鼓励学生积极向上，帮助学生走出低谷，重新树立自信。

大学生在参与创新创业的过程中要正确处理创新创业与学习的关系，辅导员则要帮助学生走出误区，让学生明白创新创业不能耽误学业。国家和高校鼓励学生创新创业，但学生不能为了创新创业而旷课，甚至多门课程不合格，导致无法正常毕业。辅导员要引导学生积极参加班级活动、校园活动，同时抓住机会多与人沟通，加强身体锻炼。辅导员要让学生认识到创新创业不是无源之水，而是一个全面发展的过程，不仅需要良好的沟通协调能力、开阔的视野、广博的知识，还要有健康的体魄，鼓励和督促学生加强综合素质和能力的提升。

第三节　高校辅导员发挥创新创业教育作用的策略

辅导员在创新创业人才培养中扮演着思想政治教育实施者、创新创业政策宣传者、创新创业活动组织者、创新创业活动服务者的角色，在创新创业人才培养中具有重要作用。为充分发挥辅导员在创新创业人才培养中的作用，辅导员应做好以下四个方面的工作。

一、提升自身职业素质，做好学生思想教育与价值引领工作

辅导员是学生接触最多的人，是学生整个大学生涯的见证者和引导者，是最能将“思想政治教育工作做在日常、做在个人”落实的人，也是将创新创业教育融入教书育人、管理育人、服务育人全过程的主要执行者。在创新创业人才培养过程中，辅导员要不断提升自身职业素质，做好学生的思想政治教育与价值引领工作，真正成为学生的人生导师和知心朋友。

辅导员应主动掌握思想政治教育的方法与技巧，全面加强学生理想信念教育、德育教育、法制教育、社会主义核心价值观教育和爱国主义教育；帮

助学生树牢“四个意识”，增强“四个自信”，做到“两个维护”；引导学生自觉把个人理想融入实现国家富强、民族振兴、人民幸福的伟大梦想中，落实立德树人的根本任务。在做好思想政治教育工作的同时，辅导员要加强学生创新创业教育。辅导员要不断学习马克思列宁主义、毛泽东思想、邓小平理论、“三个代表”重要思想、科学发展观和习近平新时代中国特色社会主义思想，不断丰富和完善自身政治理论知识系统；要不断加强党的政策、方针、路线的学习，加强政策文件精神学习，不断增强自身对政策、文件的解读能力；要顺应时代需求，与时俱进，掌握思想政治教育的新动态，优化思想政治教育的方法和技巧，坚定理想信念，提高政治素质，提升思想政治教育工作的针对性和实效性，把思想政治教育做在日常、做到个人，当好学生的引路人。

当今社会处于瞬息万变的互联网时代，各种信息铺天盖地，各类 App 应用层出不穷。目前的学生多为“00 后”，对网络信息接收能力较强，但对信息的辨别能力还不足。辅导员要顺应时代发展，紧跟时代潮流，不断加强自身信息技术运用能力，掌握多类信息处理软件的操作技能，增强自身职业技能，缩短时间成本，提升工作成效。辅导员要熟练掌握、运用当前学生普遍使用的各类应用软件，如抖音、微博、微信等，寻求与学生更多的共同话题，以便及时跟踪、了解学生的网络思想状态，掌握学生的网络行为特点，有效利用学生普遍使用的社交软件平台，开展相应的思想政治教育主题活动，将传统思想政治教育与网络信息技术相融合，做好针对学生的网络思想政治教育和价值引领工作。同时，辅导员要加强舆情监管，对学生在网络上的一些不恰当的言行及时予以干预、引导，增强辅导员的网络思政能力。

辅导员要主动积极地开阔视野，勇于创新，不断提高自身的科学研究能力。科学研究能力既是辅导员专业化、职业化发展的需要，又是辅导员创新能力的体现。在日常学生管理过程中，辅导员要对工作中出现的一些新情况、新问题保持高度的敏锐性，不断探寻学生管理工作的新特点，寻求人才培养工作的新思路，形成具有个人特色的、工作成效高的工作模式。辅导员要养成良好的学习习惯，不断培养科研意识，加深问题领悟的深度，不断地透过问题和现状挖掘其背后的根源，创造性地分析问题、解决问题，积极投入科学研究的队伍中；要在实践中训练和培养自己的科研能力，收集、归纳、总结自身工作的经典案例，并将其提炼、转化为科研成果；积极参加科研能力提升培训，与同行沟通交流科研信息，向身边科研能力较强的同事学习，并与他们讨论科研课题重难点，不断尝试参与或主持课题研究，撰写、发表优秀的科研论文，以此提升自己的科研能力，锻炼自己的创新能力，为做好针对学生的思想政治教育和价值引领工作提供动力。

辅导员要不断拓宽自己的知识面，学习相关法律法规，了解管理学、经济学、法学、会计学等诸多学科的基本原理和基础知识，要积极参加创新创业系统化、专业化培训，获取相应的资质，丰富、完善自身创新创业理论知识体系，完善自身知识结构。辅导员要通过走访企业、挂职锻炼等多种方式了解企业对人才的需求，切实提高自身人才培养实践能力。

二、及时宣讲创新创业政策，加强学生创新创业意识培育

在“大众创业、万众创新”的时代浪潮中，国家、各级政府、学校颁布了一系列创新创业优惠政策及措施，鼓励大学生参与创新创业活动。辅导员要在平时的学习和研究中紧跟时代步伐，积极响应国家号召，及时宣讲创新创业政策，加强学生创新创业意识教育，以更好地培养创新创业人才，为社会发展注入生机与活力。

首先，创新创业意识培育就是要让学生转变观念，摆脱思维束缚，明确创新创业对国家、社会和自身而言所具有的重要意义。加强学生创新创业意识培育，就要在平时的生活中尊重学生的个性，将学生的全面发展放在第一位，积极宣传创新创业相关政策、奖励机制和重要意义；要让学生从内心深处真正认可创新创业，在创新创业方面产生共鸣，增强学生的创新创业自主性，使其主动、积极投身创新创业活动中，参加各类创新创业活动实践，从而增强其创新创业能力。

其次，辅导员是专业教师、学生、学校之间的沟通桥梁，“上面千条线，下面一根针”，因此国家、政府下达的一系列创新创业政策，学校的一系列创新创业决策、专任教师开展的创新创业活动等都需要辅导员在中间做“柔顺剂”。辅导员要理解相关政策蕴含的精华，要不断学习沟通交流的技巧，掌握科学的交流沟通方法，利用思想政治教育主题班会、QQ 群、微信、微博等多种宣传方式，将上面的“千条线”消化、理解、捋顺后化为学生能够接受、理解、消化的语言，再通过自己这“一根针”及时向学生精准传达各项政策、文件精神。在各类网络平台上发布政策宣传信息时，辅导员可以采用更符合学生网络语言习惯、更容易让学生接受的语言文字，激发学生的阅读兴趣，让学生更易接受和理解创新创业相关政策，从而引领学生参与创新创业活动，让学生敢于创新、善于创新、勇于创新，促进学生全面发展，帮助其塑造创新创业人格。

最后，辅导员的一言一行、一举一动都会对学生产生较大的影响，其思想政治状况具有很强的示范性。辅导员如果拥有较强的人格魅力，则更易拉近师生间的情感距离，更容易使教育内容被学生所接受和内化，也更易取得较好的工作成效。辅导员对创新创业政策的认知、对创新创业人才培养的重视程度和创新创业活动参与度都会在无形中传达给学生，对学生产生潜移默化的影响。同样，辅导员的创新创业奋斗经历会在无形中感染、激励学生。辅导员要想在思想上引导学生摆脱传统固化思维的束缚，打破思维僵化的局面，转变思想，积极投入创新创业事业中，其自身就要转变观念，摆脱按部就班、知足常乐的思想，不断创新，加深对创新创业的认知，更好地引导学生参与创新创业活动。辅导员要不断增强自身创新创业意识，不断奋斗、拼搏向上、开拓创新，以高尚的品行影响学生，以宽广的胸怀包容学生，以渊博的知识征服学生，走在创新创业事业的前列，以身作则，为学生树立良好的模范带头作用，获得学生内心认可，提高辅导员在创新创业人才培养中的工作成效。辅导员要紧跟时代步伐，不断加强创新创业相关政策学习，深化对创新创业相关政策和措施的认识，及时为学生准确传达创新创业相关政策，加强学生创新创业意识培育。

三、组织策划创新创业活动，为学生提供创新创业实践平台

辅导员是大学生学习生活中的人生导师和知心朋友，所以其要充分利用工作优势、岗位特点，联合社团、团委学生会等学生组织，组织策划各种创新创业活动，通过“引进来”和“走出去”的方式，为学生搭建创新创业平台，引导学生面对实际，深入实践，不断提升学生的创新创业实践能力。

首先，辅导员是大学生创新创业活动的组织者、班级管理的领导者，具有较强的组织管理能力。辅导可以利用自身工作优势，搜寻校友中创新创业的成功者，为学生树立榜样，邀请其到校举办创新创业沙龙、创新创业成果交流会，分享其创新创业的成功经验，为学生搭建沟通平台，使学生不断开阔视野、增长见识，激发学生的创新创业热情。辅导员可以利用先进网络技术收集慕课、网络直播软件等网络平台一些创新创业课程优质资源信息，并分享给学生，引导学生自主学习，打破学生学习地域和领域界限，满足学生的多样化知识需求，培养学生的自主学习能力，不断提升学生的创新创业能力。

其次，辅导员应根据学生的性格特点和兴趣爱好，组建优秀的创新创业团队。辅导员可联合社团、团委学生会等学生组织，策划、举办创新创业活

动，为学生提供创新创业实践平台，营造良好的校园文化氛围。同时，辅导员可以结合自身的专业技能和资源优势，在创新创业活动中给予学生一定的创新创业指导和帮助，让学生将所学创新创业理论运用到实践中，鼓励学生从中找到自身的不足，并在之后的学习中加以巩固和完善，使学生的创新创业精神和创新创业能力得以协调发展。

最后，目前各个高校、省市就业创业部门都开展了许多创新创业活动，如各级创新创业大赛、“互联网+”“创青春”“挑战杯”等比赛，SIYB培训、“我能飞”等创业培训，辅导员可以收集这些比赛信息和创新创业相关培训，组织学生参加，让学生在比赛或培训中获取创新创业经验，明白自身不足，不断完善、提高自身能力。

四、搞好学生创新创业服务，为学生提供全方位指导和帮扶

辅导员是学生最信任的知心朋友，是学生的最佳倾听者，是学生遇到困难时最先想到的人。在创新创业人才培养中，辅导员要引导学生树立自强不息、不断拼搏、勇于奋斗的创新创业信念，做好学生创新创业服务，为学生提供全方位的创新创业指导和帮助。

辅导员要理解学生的所思所想。当学生在创新创业活动中陷入困惑、处于十字路口无法抉择时，辅导员要对学生加以引导，鼓励他们振奋精神、拼搏向前；当学生在创新创业中取得一定的成绩或进步时，辅导员要给予学生热情的鼓舞；当学生在创新创业过程中犯了错误时，辅导员要及时指出学生的错误并帮助学生改正。同时，辅导员要不断跟进大学生创新创业的进度，深入了解学生的真实需求，为学生提供各项政策咨询服务，对大学生创新创业过程中需要的资金、场地、设备等物资问题及时向相关部门反馈，协调沟通，构建良好的沟通反馈机制，帮助学生解决创新创业过程中的实际问题，让学生走出困境，并对学生创新创业项目进行指导，协同专业教师、创新创业专家予以合理的指导意见，使学生充分发挥自主性，不断提升创新创业能力。

在创新创业活动中，学生往往会遇到各种各样的纠纷，会遭遇挫折，也会遇到各类突发事件，承受较大压力，辅导员作为学生在校最信任的教师和朋友，通常是学生最好的倾听者。在面对这些冲突时，辅导员要倾听他们对出现的问题的看法，了解他们的思想动态，运用心理学、教育学、管理学相关知识对学生加以引导，从客观的角度给予学生建议，帮助学生解决问题。当学生出现烦躁、焦虑、抑郁等心理问题时，辅导员要及时协调学校心理学

教师、心理健康中心开展心理辅导服务，增强学生的心理承受能力和自我修复能力，引导其寻求正确的解压方式，及时进行情绪疏导，开导学生走出误区，树立正确的创业观。

辅导员的主要职责之一是为学生提供职业规划和就业创业指导与服务，这就要求辅导员不断收集行业信息，了解专业发展的前沿动态信息。辅导员要关注学科发展的动态信息，及时向学生传达国家、各级政府发布的相关行业报告，深入学生的生活，了解学生的专业需求，为学生创新创业提供一些专业信息。在日常学生管理工作中，辅导员应该抓住学生不同阶段的特性，针对性地进行创新创业思想引导。针对大一新生，辅导员要抓住新生对大学生活的好奇心，开启创新创业思想启蒙，为他们种下一个“想创业”的种子；大二、大三年级学生已经有一定的专业基础，辅导员可以协同专业课教师一同为学生提供专业指导，鼓励学生参加校内外各项创新创业比赛，在比赛中获得实践经验，让学生“敢创业”；对于即将毕业的学生，辅导员可以筛选出真正想创业的学生，为他们提供创新创业政策咨询服务，搭建平台，最终使学生“能创业”。

大学生在创新创业过程中不仅要具有扎实的理论知识，还要具有良好的道德修养与诚信守法的品质。在参与创新创业人才培养工作的过程中，辅导员要以社会主义核心价值观为思想引领，突出品德教育和法制教育的重要性。辅导员深受学生信赖，所以在创新创业过程中遇到一些冲突时，如知识产权、项目专利、财产等方面的纠纷，大学生就会第一时间想到自己的辅导员，而辅导员在处理这些冲突的时候，要将品德教育与法制教育统一起来，不能片面处理。辅导员在参与创新创业人才培养工作的过程中必须做到品德教育、法制教育两手抓，构建品德教育和法制教育良性反馈机制。

在创新创业人才培养过程中，辅导员要引导学生自主学习、自主思考，引导学生锻炼自身的想象力和创造力，加强学生理想信念教育和品质教育，培育学生理性平和的健康心态，让学生快乐学习，在学习中获得幸福感，促进学生身心健康发展。在创新创业人才培养过程中，辅导员要针对学生的非功利化教育，从促进学生全面发展出发，培养学生绿色健康的生活方式，助力创新创业人才培养绿色健康发展。

参考文献

[1] 吴巧慧 . 高校辅导员标准研究 [M]. 北京：北京交通大学出版社，2017.

[2] 史仁民 . 高校辅导员专业发展论 [M]. 北京：中央编译出版社，2018.

[3] 赵辉 . 高校辅导员胜任力研究 [M]. 北京：北京交通大学出版社，2020.

[4] 程树武 . 高校辅导员工作机制研究 [M]. 南昌：江西高校出版社，2020.

[5] 孙艳梅 . 高校辅导员工作理论与实务 [M]. 长春：吉林人民出版社，2020.

[6] 郑晓娜 . 高校辅导员职业化研究 [M]. 沈阳：辽宁大学出版社，2019.

[7] 林碧霞 . 高校辅导员的语言艺术 [J]. 下一代，2020（1）：34–35.

[8] 王永利 . 高校辅导员工作思考 [J]. 经济与社会发展研究，2020（7）：267–268.

[9] 聂永江 . 我国高校辅导员制度变迁研究 [J]. 学校党建与思想教育，2021（4）：73–75.

[10] 王潇潇 . 浅谈高校辅导员队伍建设 [J]. 辽宁师专学报（社会科学版），2021（1）：127–128.

[11] 袁勤勤 . 高校辅导员胜任力研究述评 [J]. 西部素质教育，2021，7（3）：10–12，16.

[12] 吴非 . 高校辅导员工作的难点热点与对策 [J]. 科教导刊（电子版）（上旬），2021（1）：69–70.

[13] 魏莉莉，王志华 . 高校辅导员人格涵养的价值与路径 [J]. 中国高等教育，2021（Z1）：39–41.

[14] 周晓月 . 高校辅导员“线上”工作创新研究 [J]. 佳木斯职业学院学报，2021，37（3）：128–129.

[15] 王薇薇 . 高校辅导员职能研究 [J]. 北极光，2019（4）：176–177.

[16] 黎婧 . 高校辅导员职业发展路径研究 [J]. 就业与保障，2021（5）：153–154.

[17] 徐梦琪，张解和 . 高校辅导员网络话语能力研究 [J]. 锦州医科大学学报（社会科学版），2021，19（2）：89–92.

[18] 曹晶 . 高校辅导员法律素质培养研究 [J]. 法制博览，2021（17）：183–184.
[19] 万思言 . 高校辅导员思政育人实例 [J]. 文渊（中学版），2020（6）：4–5.
[20] 谢玉娇，宋会玲 . 新时代高校辅导员的使命担当 [J]. 名汇，2020（5）：115–116.
[21] 朱吉玉，朱丹 . 新时期高校辅导员角色与素养 [J]. 安徽商贸职业技术学院学报（社会科学版），2020，19（4）：69–72.
[22] 张溪，桑秀杰 . 浅谈高校辅导员核心能力提升 [J]. 魅力中国，2020（41）：280.
[23] 祝文明 . 高校辅导员分类发展模式研究 [J]. 教育观察，2020（14）：97–99.
[24] 王天乙 . 新时代高校辅导员的使命与担当 [J]. 科教导刊，2020（5）：57–58.
[25] 刘健康 . 高校辅导员领导力的三重意蕴 [J]. 学校党建与思想教育，2020（2）：68–70.
[26] 张澜馨 . 高校辅导员支撑团队建设研究 [J]. 卷宗，2020，10（15）：251–252.
[27] 王立便，张迪，张丽丽，等 . 高校辅导员学生管理工作的创新 [J]. 新教育时代电子杂志（学生版），2020（26）：195.
[28] 李琦 . 高校辅导员理论思维的建构 [J]. 高校辅导员学刊，2020，12（5）：39–42.
[29] 胡忠浩 . 高校辅导员形象塑造的路径研究 [J]. 学校党建与思想教育，2020（9）：34–36.
[30] 桂腾茸，张丽芳 . 提升高校辅导员职业地位的对策 [J]. 卷宗，2020，10（18）：250.
[31] 王思源 . 新时代高校辅导员的使命 [J]. 汉江师范学院学报，2020，40（3）：20–24.
[32] 侯栋梁 . 高校辅导员心理教育能力探究 [J]. 内蒙古财经大学学报，2020，18（6）：11–13.
[33] 冷红，王宗新 . 高校辅导员职业伦理现状与展望 [J]. 佳木斯职业学院学报，2020，36（12）：179–181，184.
[34] 魏鹏 . 新媒体与高校辅导员工作创新 [J]. 文教资料，2020（5）：123–124，62.
[35] 冯云珠，张春莲 . 论高校辅导员的育人工作 [J]. 青年与社会，2020（6）：95–96.
[36] 刘江 . 浅谈高校辅导员的“工匠精神” [J]. 科学咨询，2020（6）：114–115.

[37] 孙桃花．高校辅导员职业精神培育思考 [J]. 中国科技投资，2020（2）：186-187.

[38] 娄结平．浅谈高校辅导员自身能力建设 [J]. 当代教育实践与教学研究，2020（14）：129-130.

[39] 董丹辉，华冬芳．高校辅导员情绪能力干预研究 [J]. 作家天地，2020（14）：73-74.

[40] 刘力行．高校辅导员法律素养探析 [J]. 法制博览，2020（13）：245-246.

[41] 张毅韬．高校辅导员队伍专业化探析 [J]. 中文信息，2020（10）：212.

[42] 林雪菲．高校辅导员核心能力的建设研究 [J]. 文艺生活（下旬刊），2020（30）：210.

[43] 李梦莹．高校辅导员学生管理工作初探 [J]. 魅力中国，2020（7）：223-224.

[44] 许攀利．高校辅导员心理健康问题探讨 [J]. 消费导刊，2020（44）：82.

[45] 张海燕．新时代高校辅导员的使命与担当 [J]. 西部学刊，2020（10）:89-92.

[46] 韦晨珺娃．高校辅导员——新时代拓荒者 [J]. 青年时代，2020（17）：191-192.

[47] 孙玉玲，孙晓红．高校辅导员职业角色的审美向度 [J]. 高校辅导员，2020（4）：49-52.

[48] 王培森．高校辅导员工作投入现状调查 [J]. 科学大众（科学教育），2020（12）：173，117.

[49] 王劝．高校辅导员职业倦怠的原因及对策 [J]. 科学咨询（教育科研），2020（12）：39.

[50] 李卫东．高校辅导员文化育人途径探析 [J]. 高校辅导员学刊，2020，12（2）：14-18.

[51] 周玮俐，季萍，张田田．新时代高校辅导员的新使命 [J]. 科技风，2020（2）：187-188.

[52] 冯学珍．高校辅导员工作效率提高的路径 [J]. 西部素质教育，2020，6（6）：181，201.

[53] 刘正艳．高校辅导员面临的问题及策略研究 [J]. 环渤海经济瞭望，2020（3）：111.

[54] 高天阳．浅谈高校辅导员基本素质养成 [J]. 人文之友，2020（7）：91.

[55] 王泽洵．高校辅导员与学生的有效交流探析 [J]. 区域治理，2020（28）：249.

[56] 杜威振，白雪峰 . 高校辅导员工作思路探讨 [J]. 文教资料，2020（25）：126–127.

[57] 骆伟森，方国银，余囡 . 高校辅导员专业化发展刍议 [J]. 通信与信息技术，2020（3）：66–68.

[58] 牛赫男 . 高校辅导员践行立德树人的举措 [J]. 安徽水利水电职业技术学院学报，2020，20（2）：94–96.

[59] 赖蔺 . 浅谈高校辅导员形象与魅力建设 [J]. 文学少年，2020（11）：205.

[60] 杨容 . 高校辅导员队伍建设问题探究 [J]. 知识窗（8–14 日刊），2020（3）：124–125.

[61] 寇先琼 . 新时代高校辅导员的角色担当 [J]. 中华传奇，2020（2）：62–63.

[62] 朱卫琪 . 高校辅导员的自我成长 [J]. 智库时代，2018（31）：273，292.

[63] 王春凤 . 浅谈高校辅导员的角色定位 [J]. 青春岁月，2020（2）：143.

[64] 邢馨方 . 浅谈高校辅导员的日常管理工作 [J]. 青春岁月，2020（18）：6–7.

[65] 沈佳 . 试论高校辅导员的教师身份 [J]. 青春岁月，2020（33）：12–14.

[66] 胡娟 . 高校辅导员职业能力提升研究 [J]. 区域治理，2020（41）：204，206.

[67] 张艺馨 . 高校辅导员职业能力的形成与提升 [J]. 青春岁月，2020（8）：118.

[68] 麦尔哈巴 · 阿迪力 . 高校辅导员学生管理工作研究 [J]. 年轻人，2020（42）：58.

[69] 毛义清 . 高校辅导员学生管理工作研究 [J]. 国际援助，2020（8）：61.

[70] 严艺函 . 高校辅导员的工作内容和职责定位 [J]. 爱情婚姻家庭（教育观察），2020（10）：51–52.

[71] 肖祯雁 . 高校辅导员心理健康问题探讨 [J]. 文学教育，2019（15）：152–153.

[72] 张瀛尹 . 高校辅导员的角色冲突与对策研究 [J]. 中华传奇，2019（25）：176.

[73] 许良 ."互联网 +"与高校辅导员思想政治教育 [J]. 文教资料，2019（8）：115–116.

[74] 韩维 . 高校辅导员育人职能刍议 [J]. 现代交际，2019（12）：10–11.

[75] 毛丽连 . 高校辅导员资助工作案例分析 [J]. 福建质量管理，2019（23）：207.

[76] 周晓娜 . 高校辅导员能力建设探究 [J]. 山海经（教育前沿），2019（3）：335，338.

[77] 刘夏，刘东旭，颜琳 . 高校辅导员角色定位及其扮演 [J]. 智库时代，2019（18）：97，101.

[78] 秦亚南，杨宗坤 . 高校辅导员新型职能构建 [J]. 中国多媒体与网络教学学报（上旬刊），2019（5）：101–102，149.
[79] 徐笑晗 . 论高校辅导员素质能力的培养 [J]. 才智，2019（28）：128.
[80] 黄文秀 . 高校辅导员与学生和谐关系的构建 [J]. 缔客世界，2019（11）：98–99.
[81] 茹常谱 . 高校辅导员和学生的深度沟通研究 [J]. 智富时代，2019（12）：400.
[82] 管君 . 浅论如何做好高校辅导员工作 [J]. 读书文摘（中），2019（1）：236.
[83] 孙焕志 . 高校辅导员的综合素质培养研究 [J]. 活力，2019（6）：193.
[84] 郭红斌 . 高校辅导员工作效能感研究 [J]. 办公室业务，2019（20）：84.
[85] 陈志峰 . 高校辅导员腐败问题及防治路径 [J]. 教师教育论坛，2019，32（3）：37–41.
[86] 王芬 . 高校辅导员职业倦怠的成因及对策 [J]. 丝路视野，2019（7）：54–55.
[87] 刘安琪 . 高校辅导员工作方法探讨 [J]. 人文之友，2019（1）：93.
[88] 李群 . 浅谈如何做好高校辅导员工作 [J]. 数字化用户，2019，25（29）：273.
[89] 关明明 . 高校辅导员职业素质的提升策略 [J]. 西部素质教育，2019，5（19）：75.
[90] 翟锐 . 浅谈高校辅导员工作的创新 [J]. 商情，2019（31）：238.
[91] 丁鼎 . 高校辅导员职业发展研究 [J]. 教育现代化，2019（91）：89–90.
[92] 许鑫，朱培培 . 高校辅导员心理焦虑的应对策略 [J]. 山西青年，2019（3）：239.
[93] 石生铁 . 小议高校辅导员角色定位 [J]. 中文信息，2019（7）：128.
[94] 王鑫 . 高校辅导员核心素养浅析 [J]. 卷宗，2019（29）：291.
[95] 徐晶晶 . 浅议如何做好高校辅导员工作 [J]. 商情，2019（17）：93.
[96] 师慧 . 高校辅导员的管理创新分析 [J]. 百科论坛电子杂志，2019（14）：740.
[97] 王倩莹，袁喆颖，张畅郁 . 谈互联网思维与高校辅导员工作 [J]. 北京教育（德育），2019（Z1）：144–146.
[98] 刘秋思 . 高校辅导员班级管理策略探究 [J]. 文存阅刊，2019（15）：79.
[99] 覃宇华，王舜，王溟禹，等 . 高校辅导员组织社会化探索 [J]. 环球市场，2019（25）：287.
[100] 李娜 . 高校辅导员工作模式创新研究 [J]. 环球市场，2019（26）：266.
[101] 赵伟烨，宋洁，杨青青 . 对新时代高校辅导员的认知 [J]. 中国多媒体与网络

教学学报（电子版），2019（4）：121–122.
[102] 魏园园 . 高校辅导员的综合素质培养 [J]. 现代交际，2019（1）：158–159.
[103] 赵长红 . 浅谈高校辅导员工作创新路径 [J]. 中国高新区，2019（7）：73.
[104] 张慧 . 高校辅导员班级管理工作探索 [J]. 当代教育实践与教学研究，2019（11）：85–86.
[105] 赫婷婷，张鹏举，刘云苹 . 浅谈当前高校辅导员的角色定位 [J]. 商情，2019（34）：120.
[106] 赵长红 . 高校辅导员应具备的素质探讨 [J]. 赤子，2019（21）：103.
[107] 谭娇 . 高校辅导员工作思路及方法刍议 [J]. 文科爱好者（教育教学版），2019（1）：48.
[108] 冯祥，王红松，吴亦菲 . 高校辅导员考核评价体系的构建 [J]. 文教资料，2019（29）：138–139，137.